정락유 수상록

흰구름이 흘러가듯

엘맨
하나님의 사랑을 만들어 가는 ELMAN

흰구름이 흘러가듯

정락유 수상록

초판1쇄 2022년 3월 30일

지은이 : 정락유
펴낸이 : 이규종
펴낸곳 : 엘맨출판사
등록번호 : 제13-1562호(1985.10.29.)
등록된곳 : 서울시 마포구 토정로222
            한국출판콘텐츠센터 422-3
전화 : (02) 323-4060,6401-7004
팩스 : (02) 323-6416
이메일 : elman1985@hanmail.net

www.elman.kr

ISBN : 978-89-5515-017-9 03230

값 20,000 원

정락유 수상록

흰구름이 흘러가듯

엘맨

하나님의 사람을 만들어 가는 ELMAN

여는 말

대지에는 강물이 창공에는 구름이

흐르는 것이 어디 강물 뿐이랴! 세월도 흐르고 인생도 흐른다. 흐르는 강물을 따라 걷다보니 강물 속에서 뭉게구름이 흐른다 아니, 눈을 들어 저 하늘을 보니 파란 창공으로 하얀 구름이 둥실,둥실, 평화로이 흘러 간다.

푸르른 대지를 가로질러 강물만 흐르는 줄 알았는데 저 광활한 하늘 멀리로는 흰구름이 흐르는구나 강물 따라 구름이 흐르는가? 구름 따라 강물이 흐르는가? 강물 따라 흐르는 것은 세월이요, 구름 따라 흐르는 것은 인생이라.

어디서 생겨나서 어디로 사라지는가~ 강물이 흘러가는 곳은 알겠는데 구름이 흘러가는 곳은 어딜까? 은유하여 보니 강물은 육신이요 구름은 영혼이로구나. 육신이 가는 곳은 잘들 알련만 영혼이 가는 곳을 잘 아는 이는 누구들일까?

나는 지금까지 강물따라 강물처럼 살아 왔다 이제부턴 구름따라 구름처럼 살아 가련다. 신령한 바람타고 영원을 향하여 유영하리라 땅에 속한 자 되어 강물따라 강물처럼 살아온 내 인생, 하늘에 속하여 저 홀가분한 흰구름처럼 흐르듯이 살아 가노라.

주후 2022년 4월에

소야 정락유 씀

축하의 글

님은 평소에 지병과 맞싸우며 온갖 세파를 헤쳐 오시느라 지친 육신으로 팔망(八望)에 이른 즈음에도 이토록 내실한 교훈과 중량감 있는 수상집을 출간하심에 진심으로 축하하며 큰 박수를 치는 바입니다. 가까이 있을 때나 멀리서 있을 때나 님과의 우애와 신의가 오늘날까지정금처럼 불변함에 새삼 감사가 우러납니다.

오랜 교제를 통해 알고 느꼈던 님의 살아오신 여정과 모든 일상들은 기승전결이 뚜렷한 한편의 소설과 같다고 여겨지는데 그 주제는 하나님의 정의를 추구함과 순결한 진리를 사수하려는 정신과 실천이었습니다.

"얼어붙은 동토였나 싶다가도 그 동토를 뚫고 나오는 봄날의 새순으로 피어나고 태산에라도 두딪쳐 온 천하를 굉음으로 일깨울듯한데 온유하게 흐르는 강물이 되셨습니다"

님의 곁에 있으면 좋은 친구를 만남과 같아 곤고함 끝에 찾아가는 휴식처가 아니었나 하는 생각이 됩니다. 문득, 님께서 제가 몸담고 있던 교회에 담임목사로 부임하셨을 때가 떠오릅니다 그 첫번째 설교를 들었을 때에 저는 50평생에 이르도록 신앙의 길을 걸어오며 뭔지 모를 것에 체하여 불편했던 위장이 뻥~하고 뚫리는 영혼의 통쾌함과 상쾌함은!!

뭐라 말해야 할지~직접 경험해 보시지 못한 분들은 잘 모르실 겁니다.

님은 때와 장소를 가림없이 아닌 것은 아니고 불의는 불의라고 말씀 하셨기에 많이 외로우셨을테고 가여워지시기도 하였습니다 그렇지만 하늘에 계신 분은 님의 친구가 되어 주셨기에 여전히 처한 곳에서 신실한 제자들과 아가페교회를 이루어 복음을 설교 하시면서 황혼녁의 인생을 아름답게 물들이시는구나,하는 확신을 하게 됩니다 바로 이같은 중에서 님은 누에가 실을 뽑아내어 깨끗한 고치를 만들듯이 주옥같은 시와 수필을 자아내시는 게 아닐까요?아무쪼록 님의 수상록을 읽으시는 모든 분들께는 님을 통한 말씀들이 마음의 영양식이 될줄을 믿습니다 하여 〈흰구름이 흘러가듯〉의 출간을 우리 선교회원들 모두와 함께 진심,축하하며 하나님께 영광을 돌립니다 할렐루야!

작은예수선교회회장

장로 신동천

출간을 축하드리며

제가 정락유 목사님을 처음 뵌 것은 지금부터 50년 전인 1972년의 어느 화창한 봄날이었습니다. 천둥벌거숭이 17세 고등학교 1학년생으로 조그만 개척교회 청년 전도사로 계시던 목사님을 처음 만나 존경하고 따르며 지낸 3년여의 시간은 저는 잊을 수가 없습니다. 어느 땐 친형 같은 다정함으로, 또 어떨 땐 엄격한 스승의 진리를 향한 꾸짖음으로 그리고 지칠 줄 모르는 열정으로 저의 가슴을 온통 헤집어 하나님을 향한 신앙의 불씨를 깊이깊이 심어 주셨기 때문이지요. 그러나 영원할 것만 같았던 우리의 소중한 시간들은 어떤 사정으로 청년 전도사가 이임하면서 안타까운 석별로 끝을 맺었습니다.

그렇게 소중해서 더 아쉬운 목사님과의 인연은 그리운 추억으로만 머물 줄 알았었는데 5년 전 늦가을에 못난 옛 제자를 찾으시는 스승의 전화로 다시 뵙게 되는 행복을 맞이하였습니다. 25세의 청년 전도사는 칠순의 노인이 되어있었고 지난 세월의 무게를 느끼게 하는 편치만은 않은 몸이셨습니다. 저 역시도 살아온 지난날 세상에 꺾이고 뒹굴며 상처받아 억지로 겸손해진 환갑을 지난 남루한 모습이었었지요. 그런데도 목사님이 45년 전 저를 처음 만날 때와 똑같이 아니 더욱더 다정한 말씀과 온화한 미소로 따뜻이 손잡아 주셨지요. 저는 반가움과 함께 돌아온 탕자의 마음으로 목사님 품에 안겼습니다. 그리곤 영혼의 평온함을 느끼며 다짐하였습니다. 하나님의 말씀 따라 목사님이 행하시려는 모든 일에 아주 작은 나사못 역할이라도 하리라고요.

　목사님의 인도로 동참한 목사님의 마지막 사역처 아가페교회는 올해로 설립 5주년을 맞이합니다. 모든 성도가 12명에 불과한 아주 작은 시골 개척교회이지요. 그러나 성도들의 가슴엔 따뜻함이 가득합니다. 그 이유는 목사님의 가르침을 따라 그리스도를 본받아 예수님 닮아 살기를 원하는 순수한 신앙과 서로 사랑하며 이웃을 섬기려는 신앙의 기본에 충실하기 때문입니다. 목사님은 예나 지금이나 한결같으십니다. 순백의 도화지 같은 깨끗한 영혼에 오직 하나님의 말씀만을 그려 넣은 우직하고 충성된 종이시지요. 거기에 더해 많은 공부와 풍부한 경험을 통해 세상을 바라보고 정확히 읽어내는 뛰어난 안목을 가지고 계시며 설교를 통해 말씀의 씨를 뿌리고 가꾸는 능력은 최고의 농부에 비견됩니다. 그런 목사님이 세상 영화와 욕심을 버리고 마지막 사역처로 시골 조그만 교회를 선택하신 것입니다. 제 눈엔 거친 들판에서 주인으로부터 맡겨진 양들을 볼보는 소임에 충성하며 깨어 기도하며 두 번째 크리스마스(예수 재림)를 기다리고 계시는 모습이 제가 아는 선한 목자의 모습으로 보여 그 헌신에 저절로 머리가 숙여 집니다. 그래서 저와 아가페 성도들은 자랑거리도 내세울 것도 없지만 그저 선산을 지키는 굽은 소나무처럼 목사님 곁을 외롭지 않게 지켜 드리며 그날을 함께하려 애쓰고 있습니다.

　평소에도 엄청난 독서량과 끝없는 묵상 중의 깨달음을 글로 남겨 저희가 읽고 느끼게 하길 즐겨하시는 목사님께서 "흰구름이 흘러가듯"이란 제목의 수상록을 출간하심을 진심으로 축하드립니다. 총 14장의 글에는 순수한 눈으로 바라본 세상과 사람에 대한 느낌도, 세속화되어 가는 교회와 신앙에 대한 아픈 지적도, 묵상 중에 얻은 심오한 깨달음도, 노후의 쓸쓸함도 쓰여 있습니다. 아무쪼록 출산의 고통에 비교되는 몸부림으로 몸과 마음을 학대하여 짜낸 목사님의 글들이 희망 없어 어려운 시기를 살아가는 많은 분께 읽혀서 영혼을 맑게 하고, 오염된 신앙을 되돌리며, 상처받은 이들에게 위로가 되는 선한 울림이 되었으면 참 좋겠습니다. 또 이글을 통하여 목사님의 예수님께로의 뜨거운 사랑과 예수님 닮기 위한 노력이 독자들의 가슴속에 공유되기를 원합니다. 다시 한번 "흰구름이 흘러가듯"의 출간을 축하드리며 이 수상록을 통하여 만나게 되는 독자 여러분께 하나님이 주시는 은총이 가득하시길 두 손 모아 기도합니다. 샬롬.

아가페교회 문서선교위원 집사 이양원

목차

제 3 장 · 인생에 대하여 89

제 4 장 · 인연에 대하여 121

제 5 장 · 사랑에 대하여 155

제 6 장 · 신앙에 대하여 187

제 7 장 · 기도에 대하여 227

제 8 장 · 교회에 대하여 257

제 11 장 · 자아에 대하여 387

제 12 장 · 노년에 대하여 403

제 13 장 · 소명에 대하여 461

제 14 장 · 영성에 대하여 491

제1장

계절에 대하여

。

새해를 맞으며

잿빛 구름이 하늘을 가리어 잔뜩 찌푸렸던 어젯날 한밤중엔 눈이 내렸다 들판에 내려 쌓인 하얀 눈이 밝아온 아침 햇살을 받아 눈부시도록 반짝인다.

새해 첫날이다. 어제까지 우울했던 궂은일들은 모두 잊어버리고 파란 하늘 아래 양털 융단을 펼쳐 놓음과 같이 깨끗하게 반짝이는 들판처럼 정갈하고 희망차자!

세상살이 아무리 어둡고 험한 일로 질척이어도 마음만 새로이 먹으면 무엇이든 새롭다. 또한 새롭게 할 수 있다. 눈 쌓여 하~얀 벌판이 밝은 햇살을 받아 무량한 빛을 발한다.

새해를 또 맞이하여 살게 하신 뜻은

새해 첫날을 맞이한 지 열두 날이 되었건만 작년 세밑에 세상을 떠난 친구의 생각이 쉬이 떠나지 않는다. 하루만 더 버텼어도 나처럼 새해를 맞았을 텐데~부질없다 좀 더 산다는 게 무슨 대사인가 한 많은 세상을 훌쩍 떠나갔으니 차라리 편치 않았을까? 그러나 어쨌든간에 나는 살고 있다 하나님께서 나를 살려두신 것으로 생각한다.

무슨 연유실까? 내 친구는 데려가시고 날 보고는 어쩌라고 살아 있게 하신 걸까? 이걸 안다면야 나는 그야말로 生의 達人이랴 할 수 있겠다. 홀로 궁구할 수밖에~ 기도로써 응답을 받는다면 얼마나 기쁠까? 희미한 영성으로나마 밝혀 본다 아~ 날마다 내 십자가를 지고 예수님을 따라가는 중에 그 정답이 숨겨져 있겠구나!

입춘(立春)에 즈음하여

겨울은 가고 봄이 오는 것을 생각보다는 몸이 먼저 느낌으로 알고는 반색을 하는군요.

봄이 와서 한 일 년을 또 가슴에 듬뿍 안겨주면서 파란 하늘을 바라보며 원 없이 살라네요.

다시금 맞이하는 4계절, 작년보단 더욱 행복하고 아름답게 살리라고 희망을 띄웁니다.

희망아, 내 영혼의 눈을 밝게 하여 주려무나 저 높은 곳을 향하여 가는 길을 잃지 않도록~.

새 봄을 맞으며

　새 봄을 맞노라니 또 한 해를 은혜로이 살게 되었구나 추운 겨울이 내 생의 마감 때이려니 짐작도 해봤는데 하늘은 또 다시 종신을 유예하셨구나 아직 내게 사명이 남은 것인가? 그렇다면 나의 생명 다 할 때까지 오직 그 사명을 위해 불태워야 하리라 재가 되야 하리라 그 사명은 하나님의 말씀으로 내게 맡겨주신 하나님의 자녀들을 힘써 섬기는 일! 이를 위해 나는 도구된 나의 몸을 잘 보호하고 관리해야 되겠구나!

사순절의 진실

　요즘 사순절, 사순절 하는데 초대교회 성도들에 비견하면 참 가소롭기 그지 없다. 기특하게도 예수님의 고난에 참여하겠노라며 금식하고, 철야기도하며, 희생(구제)도 한다고 웅성대고 있다만 년중행사로써 종교의례가 아닌지? 초대교회 성도들을 생각하면 반성할 여지가 많아 보인다. 사실상 초대교회 때에는 사순절이니, 고난주간이니 하는 절기라는게 없었다. 후대에 로마제국의 국교가 되고 나서부터 이방종교의 신들을 숭배하는 절기들을 기독교회의 절기로 각색, 또는 모방하여 로마교회(오늘날의 천주교)가 예전화시킨 것이다. 즉 우상종교에서 비롯한 것이니 삼가해야 할 일이다. 초대교회는 사순절이니, 고난 주간이니, 수난절(예수께서 십자가에 못박혀 죽으신 날)이니, 하는 것도 없었고 오직 부활절만 있었으니 그게 바로 일주일마다 모이는 주일이다. 그러므로 주일은 예수님의 부활을 기뻐하여 모이기 시작한 날이다. 때문에 주일은 부활절이다. 그렇다. 초대교회 성도들은 부활절만 지켰다. 그것도 일년에 한 번만이 아니라 매주간에 한 번씩 지켰다. 굳이 초대교인들이 사순절을 지키고 고난주간과 수난절을 지켰다면 년중 모든 날이 사순절이었고 고난주간이었으며 수난절이었다고 할 수 있겠다. 왜냐하면 초대교회 성도들은 수십년동안 아니면 평생을 온갖 핍박과 환난 중에 있었기 때문이다. 진실을 말하건대 그리스도인이 경건훈련과 경건생활이 왜 사순절만이고 왜 고난 주간 뿐만이고 왜 수난절 뿐만이겠는가? 모든날을 그렇게 살아야지 않겠는가? 딱히 이런 날을 정해놓고 지키는 것은 다른 날은 아무렇거나 살아도 되고 또한 그렇게 살겠다는 심산인가? 괜히 잘 알지도 못하면서 사순절, 사순절 하지 말자. 1년 365일을 사순절 못지 않게 경건하게 사는 것이 그리스도인의 올바른 삶이 아니겠는가?

2017 식목일에

인생이란 심은대로 거두는 것, 나는 그동안 무엇을 심고 거뒀는가? 돌이켜보자니 딱히 무엇을 심어야겠다는 것과 심는다는 것을 알거나 의식하지도 못하면서 그저 살았더니 이것저것 심게 되었고 거두게 된 듯하다. 진즉 알고 심었더라면 내 인생은 좀 더 규모가 있고 실속이 많은 것을 모르고 살다보니 심어야 할 것들을 제대로 심지 못했기에 거두는 것 역시 변변찮구나.

아, 하나님의 은혜로다. 철없을적부터 하나님의 말씀에 붙잡혀(행 18:5) 이제껏 많은 사람들의 가슴에 복음을 심으며 살았으니! 고맙고도 영광스러워라 그리고 큰 사랑은 아녔지만 내 작은 사랑이나마 외로운 영혼들의 가슴에 심노라고 나름 애도 써왔으니 다행이다. 자라나게 하시는 이는 하나님이시니(고전 3:6-7) 열매도 그분의 것이다. 물론 열매를 넉넉히 맛보게도 하신다.

이제 나의 인생이 얼마일지 모르겠지만 거둘 것은 별로 없으니 기회가 닿으면 힘이 닿는대로 사람들의 가슴 속에 내가 갖고 있는 예수님의 복음과 사랑을 심으며 살아 갈지라 과연 내게 그런 지복이 주어질까? 주어지든, 아니 주어지든 그건 하나님의 소관, 난 그저 그런 맘만이라도 먹으면서 살련다. 어릴적 식목일에 민둥산에 올라가 애솔나무를 심던 그 정성으로 ...

2021년 부활절 후

고된 기도의 일정으로 고난주간을 지낸 다음에 애써 맞이한 부활절! 은혜롭고 잘 마쳤으니 보람스럽다 그럼 다 되는 건가? 아니다 아직은 숙제가 남아 있다 주 예수님의 십자가와 부활은 이제 내가 어떠한 자가 되어? 어떻게 살 것인가? 늘 절절하게 묻고 있는 것 같다.

주여~어찌하오리이까? 묵상 중에 해답을 궁구한다. 마음이 흡족하게 정리가 되어진다 그것은 흑암 중에 등불이다.

내 주 예수님을 본받고 그렇게 모든 이들에게 본이 되는 자가 되는 것! 이것이 예수님의 십자가와 부활이 내게 촉구하고 당부하는 호소다.

내가 그리스도를 본받는 자 된 것 같이 너희는 나를 본받는 자 되라(고전11:1)사도 바울의 이 말씀은 얼마나 존재감이 빛나는 언어인가! 나 또한 이렇게 말할 수 있다면~. 지금 내 성품에 가장 허물인 것은 성내는 것 곧 악을 보고 신경질이 나서 분노하는 것이다.

인간악, 정치악, 교회악, 삼악(三惡) 때문에 나는 화병이 들 정도로 성질을 내니 이것이 주님을 닮는데 내게 가장 큰 장애물이다. "분을 그치고 노를 버리며 불평치 말라 오히려 악을 만들 뿐이라"(시37:8) 분노는 그것이 비록 의분(義憤)일찌라도 악이라는 것이다.

분노는 애써 쌓은 덕성을 한순간에 파손시킴을 나는 종종 경험하였다. 미워하는 자는 성을 내고 사랑하는 자는 성내지 않는다. 어리석은 자는 성을 내고 지혜로운 자는 성내지 않는다. 악인은 걸핏하면 성을 내고 성인은 웬만해도 성내지 않는다 이 얼마나 양극적인가! 그동안 나는 어느 쪽이었던가!

예수님의 부활절을 매번 행사로만 보낼 수는 없다. 이제까지 부활절을 허망하게 지켜왔었나? 이제는 두 번 다시 의미 없이 지날 수는 없다 나는 정녕 예수님의 십자가에 못 박히어 죽고 예수님과 함께 다시 살아나서 예수님을 본받는 자로서 사랑하는 사람들에게 본이 되어 살고 지리라!

목련꽃 사랑

식전 나절에는 아직도 꽃샘추위가 가시지 않은 것 같아 방 한구석에 움츠려 있던 탓에 목련이 벌써 망울을 터트린 줄 아예 몰랐구나.

목련아 미안하다 작년까지만 해도 난 네가 꽃피우기를 기다렸었는데 금년은 게으름을 피운 바람에 나는 널 그만 마중 못 하였다.

벌써 수년 전 서해바다 외딴섬에서 외로이 지낼 때 난 목련 나무 그늘 아래 작은 집에서 병들어 연약한 몸을 요양하고 있었다.

봄이 오면 목련은 일찍이 학 같은 하얀 꽃들을 햇살 받아 만개시켜 나의 거처를 꽃 대궐로 만들어 나는 왕자가 된 기분으로 지냈었다.

목련아, 그러나 내가 완쾌되어 그 섬에서 이사 나오게 될 때 난 네가 꽃피우는 것을 마저 보고 떠나려 했지만 아쉬움만 남기고 말았지~.

그때 그날을 생각하며 나는 너와의 정다운 추억을 잊지 못하누나 그래~, 내 가슴에 순결하게 안겨준 사랑을 나는 언제나 간직하련다.

벚꽃 감상

일년 삼백 육십 오일을 십여일 미만의 단기일에 살고 말려는듯 벚꽃이 한 잎도 미루잖고 한꺼번에 모두 다 피워내는구나 정말 성질 한번 앗쌀하다.

말도 많고 탈도 많은 세상, 괜시리 오래오래 살려다가 구질구질하게 될것을 우려함인가? 아무 미련도 남겨둠이 없어 보인다 정말 성질 한번 화끈하다.

그래, 벚꽃은 나름 고상하고 결백해 보인다. 처음 피어날 때 미미하게 연분홍빛을 자아내더니 절정에 이른 즈음은 백설같이 하얀빛을 자아내누나

아아, 참으로 곱고 아름답다. 내일은 비가 내린다는 기상예보가 들려온다. 너의 화려한 때가 사라지겠구나. 허무하다 그러나 너의 삶은 이 순간 정녕 위대하다.

화이트 플라워

아주 아름다운 꽃은 대개 백설같이 새하얗다. 장미가 그러하고 국화가 그러하며 백합이 그러하다. 정말 눈이 부실만큼 깨끗하다. 얼마나 정결하고 고아한지!

나도 저처럼 깨끗햇으면, 그러나 사람은 나이가 들어가며 피부가 천하게 늙고 너무스러 몰골이 헉해지고 추해진다. 하지만 품격만은 정갈하고 싶다.

정녕 그러려면 마음에서 노욕을 온통 닦아내 버려야 하겠지? 이것들이 사람을 추하게 만들던가! 아아, 육신은 추해져도 영혼만은 하얀꽃과 다름없기를.

5월의 축복

立夏를 사흘 앞둔 5月의 상큼한
바람은 에덴의 生氣와 같다.
아아, 우리 先祖 아담은
이 생기를 마시고 사람으로 깨어나
인류의 역사를 첫걸음 한 것이겠지?

냇물과 강물도 생기를 머금고서
활기차게 흐르는구나!
드넓은 草原은 한없이 푸르른데
노루와 사슴들이 즐거워 벌판을
거침없이 달음질 쳐댄다.

이렇게 보는 것만으로도 나는
살아 있음이 흡족해진다.
저 넓은 초원이 끝가는 것과 같이
마음을 크게 열고 파아란 하늘을
우러르니 삶이란 희망이다!

어린이날의 비망록

세든 집 2층에서 밖을 내려다보면 작은 공원이 조성되어 있다 마침 서넛 아이들이 놀고 있다 대여섯 살쯤의 아가들? 나이가 칠십이 넘은 할배는 창문을 열고 내려다보면서 아하아, 참 예쁘고도 반갑구나! 나도 저렇게 귀여운 시절이 있었었지?

그때 어른들은 나를 땅꼬마! 라며 놀리셨어도 무척 귀여워해 주셨다 문득, 동네 사람들 앞에서 어린 아길 품에 안고 자랑하시던 엄마, 엄마를 생각한다는 오늘은 마침 어린이날, 어릴 적의 자기 엄마를 새삼 그리워하시는 할배의 얼굴이 측은하다.

어버이 날에 어버이 마음

오늘은 어버이날~ 이제는 세상에서 부모가 계신 자식으로서가 아닌 집안에서 제일 늙은 할배가 되어 맞고 있구나! 하는 생각이 문득 듭니다. 어버이 날에 이제는 효를 하는 입장이 아니고 효를 받는 입장만 되었습니다. 저는 늦으막히 제가 좋아하는 일을 하다 보니 본의 아니게 이른바 독거노인이 되었습니다. 오늘도 홀로 잠에거 깨어 벽면에 걸어놓은 달력을 보니까 5월 8일 어버이날이더군요. 저의 부모님께서 세상을 떠나신지 벌써 오래된 마당에 이 날이 제게 무슨 의미가 있겠습니까?

하지만 버릇처럼 특별한 생각이 들었습니다. 우리 자식들에게서는 아직 소식이 없습니다. 그러나 그들에게 무슨 효도의 선물을 바라기보다는 너무 많은 고생들을 말고 유복하여 행복하게 살길 바라는 마음이 간절합니다. 그래요. 이것이 바로 어버이의 마음인가 봅니다. 혹여 불효를 하더라도 저주보다는 허물은 감싸고 축복을 마다않는 아버지의 마음 말입니다. 이런 아버지의 마음이 바로 하나님 마음이 아닐까요? 제가 71세의 나이에 이르러 비로서 하늘 아버지의 마음을 알고 품게 된 것같아 숙연합니다.

못난이 부부와 잘난이 부부

한 동네에 못난이 부부와 잘난이 부부가 이웃하여 살고 있었습니다. 어느 가정이 행복할까요? 못난이 부부는 너무나 못나서 노총각 노처녀가 되기까지 결혼을 못 하다가 서로를 만나 겨우 결혼을 하였습니다. 그래서 못난이 부부는 서로가 서로에게"날 구제해 줘서 정말 고마워요" 하면서 남편은 아내에게~아내는 남편에게~늘 감사하며 살고 있었습니다. 그러니 오순도순 아껴주니 행복할 수밖에 없었지요.

한편 잘난이부부는 어땠을까요? 서로가 서로에게 자기 잘난 것만 내세우며 "당신은 내게 고마운 줄 알아야 해!" 하면서 알아주고 존대하여 주기만을 바라며 살고 있었습니다. 그러니 티격태격 잦은 다툼으로 불행할 수밖에 없었지요. 그렇군요. 아무리 부부지간이라도 잘난체하지 말고 겸손한 못난이가 되어 아내에게 또한 남편에게 고마운 마음을 가지고 늘 감사한다면 어이 행복하지 않을 수 있겠습니까!♡♡♡

입추에

뜨거운 삶의 한 복판 여름 속인가 했는데 두어 차례 장마가 오고 가니 조석으로 소슬 바람이 붑니다. 반갑지 않네요. 그만큼 세월이 훌쩍 떠나가는 거니까요. 세월은 그동안 내게서 청춘을, 젊음을, 야망을 앗아 갔지요. 이제는 나 자신 마져 앗아 가려 채비를 채리는 것 같습니다.

그렇군요. 세월이란 가니까 아쉬운 거군요. 가지 않으면 아쉬운 줄도 모를테지요. 남은 세월은 얼마일지? 소중히 아끼면서 값지게 살아야겠지요! 새삼 어느 정도나마 내게 세월이 남아 있다는 사실로 하나님께 감사합니다. 그 뜻대로 보람되어 살겠습니다.

그러나 남은 여생을 어떻게 사는 것이 하나님 뜻대로 보람 되이 사는 것일까요? 살아 오면서 모르는 것을 배우고 깨달은 게 많건만은 삶에 대해서는 아직도 철부지입니다. 생각은 제법 아는 것 같은데 몸이 너무 모릅니다. 하지만 세월은 상관않고 뛰어 갑니다.

그러나 사랑하는 벗이여 이 한 세상에서 그대가 나와 같은 하늘 아래 함께 있다 하니 가을이 와도 쓸쓸치는 않구료. 자주 만나지는 못해도 그대가 거기에 존재하고 있다는 사실만으로도 삶의 버팀목이 됨 같아 고맙다오. 내 생의 종점에 이를 때까지 그대는 나의 절친이요.

9월에

텃밭에서 고추들이 빠알갛게 여무는데 과수원의 능금알들은 덩달아서 빠알갛게 탐스러워지고 뜨락의 대추나무 열매들은 내리쬐는 햇살을 받아 빠알갛게 반짝이며 영글은다.

여름날 못다 한 정열을 초가을에 불사르는가? 내 마음도 새삼 옛 청춘이 붉으레 상기되며 울렁인다. 길가의 코스모스는 하양 빨강 분홍의 삼색으로 너울~ 너울~한껏 높아만 가는 파란 하늘을 사모한다.

어릴 적 잠자리채 높이 쳐들고 너른 마당 공중 위를 모여 날으는 빠알간 고추잠자리를 쫓던 시절이 생각난다. 이제껏 나는 내 인생의 고추잠자리를 잡았던가?

또 다시 가을날을 맞이하며

작년 가을~ 마을 공원의 은행나무 가로수 잎새들이 어두워지는 저녁에 등불을 켜는 듯 노오랗게 단풍들 때 그 황홀함이란 멘탈을 스톱시킬 정도였다 그 순간 홀연히 두뇌를 찌르는 생각, 아~내년에도 저 고운 단풍을 볼 수 있을까? 하였는데 난 금년에 등불처럼 밝혀지고 있는 저 은행나무 잎새들을 보고 있으니 또 한해를 유여받아 살았다는 감개가 무량하다.

하지만 내년을 또다시 장담할 순 없기에 나는 한해 한해를 카운트 다운을 하며 살게 된다 내년일까? 아니면 후년일까? 의 긴박감을 한 시도 늦추지 못한 채 내 생각은 늘 깨어 있을 수밖에 없다 왜 이러는 걸까~ 그냥 되는대로 살아도 되지 않나? 이는 내가 나의 생을 제대로 살고 있지 못함에서 비롯한 열등감 때문인 것 같다 그렇다면 분발하자 때가 얼마 남지 않은 것 같으니~.

나는 삶에 대하여 욕심이 참 많다 가치롭고 보람있게 살고 싶어 하는 욕심 말이다 이른바 헛되이 살고 싶지 않은 것이다 그러나 인생사에 헛되지 않은 것이 그 무엇이랴! 인생사에 헛되지 않은 것, 난 과연 그것을 알고 찾았는가? 다만 한가지~예수를 믿으면 영생을 얻어 헛되지 않음을 확신하고 살고 있을 뿐인데 하지만 이마저 헛된 일이라면 난 뭐란 말인가….

추석단상

가을이 왔습니다. 오곡백과들이 찬서리가 내리기 전 마져 영글려고 햇살을 마음을 머금고 왔습니다.

이제 보름 후면 추석 명절이 다가 오리라는 기대감에 아이들이나 어른들의 마음을 설레이게 하네요.

그래도 다행입니다. 불길한 소문들이 나라 안팎에서 떠들썩한 와중에도 밝은 날을 고대하니 말입니다.

선조들은 참 지혜로우셨습니다.
모든 고생하는 날들 가운데서도 명절을 정해놓고 즐겼으니 말입니다.

그렇습니다. 요란한 일들로 흉흉한 세상이지만 보름달 같은 희망을 품고 살아야 함을 일찍이 깨우친 것이었지요.

가을 나비

여태껏 나비는 봄에만 날아다니는 줄 알았는데 가을에도 날으는 것을 보니 정말 생경하다. 국화꽃 향기 머금은 가을바람에 문득 깨어났나? 봄날처럼 너울너울 공중유희를 한다.

기껏해야 20여 일 남짓, 하지만 하루살이는 하루밖에 살지 못하는데 이게 얼마냐! 고 기뻐하는 듯이 꽃필 줄도 모르는 무명초에게 왈츠를 추자며 정중히 인사를 건넨다.

벌들과 나비들은 대개 화창한 봄철에 태어나서 각양각색 꽃들의 향기에 취하고 풍성한 꿀송이를 탐닉하건만 향기도 짙잖고 꿀도 넉넉잖은 가을날 꽃들의 동무가 되어주니 군자로구나

짧은 일생이나 일말의 아쉬움이 없이 현존을 족히 즐기는 가을 나비야, 아무것에도 얽매임 없이 살고 지는 너는 정녕 신선이다. 백 년 일생을 살고 있는 내게 초연함을 일깨워주어 고맙구나!

가을날 저녁에

해지는 저녁 무렵 소슬바람이 불어오니 스산하다 깊어가는 가을이 실감된다. 가을 가면 겨울이 와서 한세월은 지나고 말겠지~ 가는 세월을 어찌지도 못하고 발만 동동 구르는 심정, 인간이란 존재가 이토록 무력할 줄이야! 아까운 세월을 덧없이 흘려보내노라니 실로 안타깝다.

그러나 하루라는 순간을 스쳐 지나가면서 무언가를 한다는 것처럼 다행한 일이 어딨으며 누군가를 만난다는 것처럼 소중한 일이 어딨겠는가? 사람이 산다는 것은 노동이고 만남일진대 주어진 직무에 충실하고 함께한 만남을 반가이 하자! 이것이 인생을 값지게 하는 것이리라~

가을밤에 어머니를 생각하며

어머니~ 가을 저녁 바람이 선선하다 못해 이제는 약간 춥네요. 두툼한 이불을 꺼내어 포근히 덮어야겠나 봅니다. 가을은 올 때마다 세월의 빠른 흐름을 실감시키네요. 28년 전 어머니께서는 이 세월을 따라 세상을 떠나가셨지요 초가을 밤 어머님이 그립다 보니 가신지가 바로 어젯날 같습니다.

어머니~가 계신 곳에서는 아무 걱정 없이 평안하신지요? 세상에선 이 못난 자식 때문에 많은 걱정하신 것 매우 죄송합니다.
어머니~제가 벌써 어머니께서 사신 연세에 다다르고 있습니다. 이젠 저도 차근차근 세상 떠날 채비를 차려야겠지요. 그런데 그만 날 사랑하는 이들이 날 붙들고 간절히 당부하지 뭐예요.

어머님보다 10년이나 아니 그 이상을 함께 살아야 한대요. 저도 사실은 그랬으면 좋겠어요. 그들을 너무나 사랑하니까요.
계신 곳 그 나라에서 절 위해 주님께 잘 좀 부탁드려 주세요. 함께하는 이들과 하던 일을 마저 한 후 어머님께 바로 가겠습니다. 금년에도 가을은 내게 와서 세월을 아끼라고 당부하네요. 아, 어머니~.

만추에 들려오는 소리

인생들아 가을을 보느냐? 가을은 이제 모든 걸 내려놓고 금년에서 떠나가려 한다. 울창한 푸르름부터 황금빛 열매들도 그리고 가엾은 단풍 잎새들도 한결같이 다 내려놓고 빈손으로 떠나 가려 누나.

인생들아 너희들은 왜 아무것도 내려놓을 줄을 모르느냐? 떠날 때는 실오라기 하나 쥐고 갈 수 없을 것을~손에 쥐고 있는 것은 물론이고 묵은 감정조차도 털어 내지 못하는구나!

저 가을은 홀로 떠나간다 그 많은 결실 중에 무엇 하나 가지지 않고 무명 나그네처럼 홀가분히 떠나간다 인생들아~너희도 저 가을과 같이 결국은 내려놓을 것을 내려놓으면서 홀가분 해지려무나.

동짓날에

동지에는 밤이 가장 길고 낮은 가장 짧다.
이제껏 우울했던 밤은 내일부터 짧아지고 명랑한 낮이 길어진다.

길어지고 짧아지고 짧아지고 길어지고 인생사가 모두 그러하다. 밤인가 하면 낮이 오고 낮인가 하면 밤이 오고~.

밤은 왜 길어지고 낮은 왜 짧아지는가? 지구가 해에게서 멀어지면 밤이 길고 해에게로 가까우면 낮이 길다.

옳다! 그리스도인이 영혼의 태양이신 예수님을 멀리하면 긴 밤을 살게되고 예수님을 가까이 하면 긴 낮을 살게 된다.

밤이 길고 긴 동짓 날, 이 날도 내일부턴 짧아진다. 주님을 가까이 하면 대낮같은 삶이 점점 밝고 길어지리라.

오늘, 12월을 맞으면서

지난 봄날부터 부산하던 드넓은 산야(山野)가 잠잠하고 고요해진 12월이 되었습니다. 그 대신 구주탄생의 기쁜 소식을 널~리 알려주려 성탄 종이 은은히 울려오는 하얀 겨울입니다.

하지만 이 시대는 나 어릴 때처럼 성탄 종이 울려오질 않네요. 캐럴도 아니 들려 오고요. 예수님을 진심으로 사랑하는 사람들의 마음속에만 들려 오고 또 그들만이 캐럴을 부를 것입니다.

아메리카 인디언들은 12월을 무소유(無所有)라 했답니다 모든 것을 내려놓는다는 뜻이겠지요. 농사를 짓던 쟁기와 괭이를 내려놓고 사냥과 전쟁을 위한 활과 창도 내려놓고 평안을 누렸대요.

그래요 먼 옛날 첫번째 성탄절에 베들레헴 사람들은 여관에 빈방이 없어 아기 예수를 맞지 못했지요. 우리도 그렇습니다. 마음속에 거짓 증오 탐욕 자만 분노가 가득 찼는데 어이 맞을 수가 있겠어요?

나목(裸木)이 되어 초연히 겨울을 맞고 서 있는 정원수와 가로수들을 봅니다. 얼마나 홀가분한지요 12월은 마음이 가난해지는 달~그 마음으로는 하늘에는 영광! 땅에는 평화! 의 축복이 내릴 것입니다.

첫 눈

첫 눈이었다.

어젯밤 나 잠든 사이에 몰래 내려 쌓였다.

평소에 많이 기다렸었는데 직접 맞이하질 못해 아쉽다. 펄펄, 아니면 펑펑, 쏟아지는 눈발 속에서 내 영혼이 훨훨 나르는 새가 되어 눈 쏟는 구름 위로 오르고 싶다.

지난밤 몰래 몰래 첫 눈이 왔듯이 세상 일은 나 모르는 중에 일어난다. 허나, 아는 것이 힘인 것 같이 모르는 것이 힘일 때고 있다. 많이 알아 복잡함 보다는 전혀 몰라 단순함이 낫잖은가? 첫 눈은 온 땅을 하얗게 덮어 버렸다.

마침, 낼 모래가 새 해이다. 그 동안 나의 삶은 참 기구했기에 심경은 복잡했다. 이제는 일사만사를 첫 눈처럼 차분히 내려 앉히고 바보라는 소릴 듣더라도 순백하게 살아가자!

아 참 영악스러운 세상속에서 난 이미 바보가 아니었던가...

이 추운 날에

춥다. 방 안에 있는데도
이렇게 추운 날에 생계를 위해
밖에서 떨며 푼돈에 매달리고 있는
빈민들을 생각하니 눈물이 난다.

나도 빈민 중에 하나이긴 하지만
난 그래도 지금 방 안에서
찬바람을 피해 글을 쓰고 있잖은가?
미안하고 미안하다. 보다 고생스런 이들에게

차라리 그들을 찾아가서
얼음처럼 차디찬 두 손을 꼬옥 붙잡고
동병상련의 마음으로 울고 싶다.
그리하면 맘이나마 편하리라. 주여~

메리 크리스마스!

　나 어릴 적 일 년 중에 가장 즐거운 날은 크리스마스였어요. 이날은 설날보다~추석날보다~심지어 내 생일보다~더 좋은 날이었지요.

　난 그래서 교회를 열심히 다녔어요. 집에 있는 것보다 학교에 다니는 것보다 교회를 다니는 것이 너무나 좋았거든요.

　그리하여 믿음이 자라고 소망이 자라고 사랑이 자랐어요. 마침내 자랑스럽게도 복음을 전파하는 예수님의 종이 되었지요.

　크리스마스는 나를 구원했어요. 그리고 성장시켜 주었어요. 지금 내가 여전히 복된 길을 걷고 있는 것은 크리스마스 덕분이에요.

　고마워라 크리스마스! 우리 주님 탄생하신 날, 이날이 없었다면 난 영영 구원받지 못했을 텐데….

　메리 크리스마스! 만만세 하여라.

포스트 크리스마스

　조용히 지냈든 요란히 지냈든 크리스마스는 이제 지나갔습니다. 크리스마스라는 말은 그리스도께 경배라는 뜻입니다. 이 뜻에 따르면 그리스도를 주님과 임금으로 경배하지 않았다면 크리스마스를 참되게 지낸 것은 아닙니다. 그저 빙자하여 놀고 즐겼을 뿐이지요.

　진정 크리스마스를 크리스마스하였습니까? 그렇다면 무엇이 달라졌습니까? 맨처음 예수탄생의 소식을 들은 베들레헴의 목자들은 크리스마스 이후부턴 전에 없던 기쁨과 평화를 누리며 살게 되었고 또한 동방박사 세 사람은 하나님의 인도를 받으며 사는 사람들이 되었습니다.

　이 순간 우리는 어떻습니까? 크리스마스의 이전과 이후가 어떻게 다릅니까? 퍼스트 크리스마스보다 중요한 것은 포스트 크리스마스입니다. 진심으로 크리스마스를 하였다면 이후의 우리의 삶과 태도는 분명 그리스도를 경배하는 자로서 그리스도를 따라가야 할 것입니다.

송년의 정점에서

날이 가고 달이 가고 해는 가지만 당신은 가지 않고 나와 함께 있어 주어 고맙습니다. 당신마져 가신다면 온 세상이 다 가버린 것처럼 황무하겠지만 당신은 내 마음 내 곁에 여전하시니 세상을 살만합니다.

저 가는 세월 처럼 우리 서로 언젠가는 누군가가 먼저가고 나중 가겠지만 그 때까진 피차의 우애로써 의지가 될 것인즉 남은 삶이 소망 중에 복스러울 뿐입니다. 날 떠나 가지 않는 당신! 한 없이 고맙습니다. 임마누엘!

이제까지와 이제부터
Until Now and From Now

이제까지는 이제 그만이다. 모두 다 지나간 것들이다. 잘했건 못했건 다시 어떻게 할 것이나 할 수 있는 것도 아니다. 좋은 일도 나쁜 일도 하룻밤의 꿈같이 되었다 이제까지 잘했다고 하자 이제부터 잘못하면 어찌 될까? 이제까지 못했다고 하자 이제부터 잘한다면 어찌 될까?

잘한 것이나 못한 것이나 이제까지는 사실상 언급하거나 재고할 가치도 없다 삶은 언제나 진행형이다. 이제까지의 삶은 현재 죽은 것이나 다름없다. 중요한 사실은 이제까지 아무리 잘했어도 이제부터 못한다면 그 인생은 못된 인생이 될 것이고 이제까지 아무리 못했어도 이제부터 잘한다면 그 인생은 잘된 인생이 될 것이다.

이제부터라고 하는 시간은 창조주께서 인간에게 은사로 허락하신 순간순간 절호의 기회이다. 자~ 내가 이제까지 얼마 동안을 어떻게 살아왔든 생생한 삶은 이제부터이다. 이제부터 똑바로 멋지고 신나게 그리고 성스럽고 감사하게 살자 그러면 나는 원대로 사는 것이다.

제2장

인간에 대하여

악마와 천사

소망스런 하늘 아래 땅 위의 높은 산과 넓은 벌판 그 사이를 가로질러 흐르는 강 새들도 동물도 물고기들도 평화로움을 자아낸다. 태초에 하나님으 보시기에 좋았더라의 모습 그대로~ 나의 작은 시야에 들어오는 자연마다 참 아름답구나

앗! 훼방하는 악의 화신이여 만물의 으뜸이라 하는 너 인간이로구나 땅을 지배하는 저 세상의 높은 곳에 올라있는 자 교만이 극치에 달해 지극히 높은신 이와 겨루려고 하는가? 그분께서 창조하신 평화를 탐욕으로 파괴하느냐

나 자신은 인간이면서 왜 인간이 싫은가? 인간은 본래 천사였는데 타락하여 악마로 변신됐나? 하지만 사실이 그렇대도 모든 인간이 다 그런 건 아니다. 여전히 천사의 본성을 잃지 않은 이들이 있어 세상엔 아직도 희망이 있는 것이다.

가장 존경하는 사람

내가 세상에서 제일 존경하는 사람은 대형 교회를 이루어 목회를 성
공하는 목사가 아니요 무소유를 실천하는 승려도 아니요. 고결한 사상
으로 청렴하게 산다는 선생도 아니며 모진 역경을 이겨고 인간승리를
이뤘다는 영웅들도 아니다. 다만 자기자신도 부자가 아니면서 자기자
신의 것을 희생하여 자기 자신보다 더 어려운 이웃을 도와 주는 평민
들이다.

나는 이런 사람들이 인증이나 공증은 못받았어도 진정한 목사요, 승
려요, 선생이요, 영웅이라, 인정한다. 아니 더 나아가 예수님들이라고
생각하게 된다. 나는 목사 중에 하나지만 솔직히 이분들의 발끝만도 못
하다. 그래도 나는 이분들을 존경하는 나머지 이분들을 본받아 이분들
처럼 되고 싶다. 그렇게 사는 것이 나의 주님 예수님을 내가 사는 것이
기 때문이다.

약초 같은 사람이 되려면

산야에는 점잖게 들초라고 하며 하시하여 잡초라고도 일컫는 풀들이 많이 있다. 그런데 그 가운데는 잘 알려지진 않고 있으나 약초라는 아주 귀한 풀들이 있다. 이는 아무나 알아볼 수 있는 것은 아니고 약초꾼 즉 심마니라는 사람들만이 알아볼 수 있는 특별한 풀이다. 약초는 약한 체질을 강한 체질로 바꿔주고 고질병을 치료하여 죽을 사람도 살려낸다. 이런 약초는 화초처럼 아름다운 것도 아니고 곡초 처럼 귀해 보이는 것도 아니다. 그저 보잘 것이 없어 눈 여겨지지 않는 들풀인즉 그야말로 잡초이다.

이렇게 본다면 난 어떤 존재일까? 난 화초 같은 귀인이 아니요 곡초 같은 부자도 아니다. 그저 잡초 같은 서민 중의 하나이다. 하지만 나는 약초 같은 사람이고 싶다. 약초같이 살고 싶은 것이다. 난 예수 그리스도의 사람이니까 약초 같은 사람! 누구일까? 기능적으로는 의사가 아니지만 인격적으로는 다친 마음과 지친 몸을 치유하여 주는 사랑의 사람! 이를테면 신유의 은사가 있는 사람! 그가 바로 약초 같은 사람 곧 약초가 아닐까?

약초는 자기 지체를 찢거나 데려서 환자를 치료하듯이 약초 같은 사람은 자기를 희생하여 상처 입은 자와 고통 하는 자를 치유하는 것이다. 세상에 이런 사람이 어디있을까? 왜 많다 많되 잡초들 속의 평범한 잡초가 되어 은밀히 숨겨져 있기에 잘 나타나거나 잘 보이지 않는 것이다. 그렇다. 세상 속의 약초인 사람은 겸손하다. 하지만 어떡하면 이 세상을 살아가면서 약초같은 사람이 될 수 있을까? 이 문제를 가지고 나름 깊이 생각하여보니 그리스도인으로서 나는 세 가지 답이 떠올랐다.

첫째는 하나님께 기도해야 한다는 사실이다. 왜냐하면 하나님께서는 잡초같은 자를 능히 약초 같은 자로 새롭게 만들 수 있는 창조주이시기 때문이다. 둘째는 하나님의 말씀을 순종해야 한다. 그리하면 심령이 말씀에 우려져서 약초 같은 능력이 배어나기 때문이다. 하나님의 말씀은 萬藥이다. 셋째는 욕심이 없어야 한다. 즉 욕심을 버려야 한다는 말씀이다. 욕심은 사람을 毒草가 되게 하여 상대를 죽게 할 뿐만 아니라 자기 자신 마저도 사망에 이르게 한다.

믿을 수 있는 사람

세상에서 가장 훌륭한 사람은 믿을 수 있는 사람이다. 즉 어떠한 경우에서라도 신의를 저버리지 않는 사람 말이다. 그만큼 세상에는 믿을 만한 사람이 드물어서 그렇다고 할까? 어제까지만 해도 강철같았는데 오늘 와선 양철같다. 어떻게 그렇게 하루아침에 달라질까? 천하에 못 믿을 건 사람마음이랬던가? 인간만사 참 부질없다. 도무지 믿을 게 못 되니까 말이다.

다른 사람 얘기할 것 없다. 나 자신은 어떠한가? 나는 과연 믿을만한 사람인가? 믿어도 괜찮은 사람인가? 사람 잘못 믿었다가 낭패를 보는 경우가 허다하다. 실력이니, 매력이니, 심지어 신앙이니, 하지만 보다 중요한 것은 믿을 수 있느냐? 이다. 난 정녕 믿을 수 있는 사람이어야만 한다 왜냐하면 난 크리스천이고 더군다나 목사이기 때문이다.

가장 좋은 부자

꼭 돈이 많아야 부자인가? 돈이 많으면 돈부자일 뿐이다. 동일한 의미에서 땅이 많으면 땅부자이듯이 지식이 많으면 지식부자이고 웃음이 많으면 웃음부자이고 사랑이 많으면 사랑부자이고 덕이 많으면 덕부자인것이다. 부자가 되는것은 좋은 일이다. 그렇다고 해서 돈부자만 좋은 것은 아니다. 오히려 가장 좋은 부자는 사랑부자, 또는 덕부자가 아니겠는가? 난 돈보자, 땅부자는 아니지만 될 수도 없다 하지만 지식부자, 웃음부자는 노력하변 될 수 있겠고 필히 사랑부자, 덕부자는 되고 싶다. 또한 이제라도 될 수 있다는 자신감이 드니 다행이다. 가까이는 사랑부자요, 멀리로는 덕부자가 되어 남부러운 삶을 살고 잔다. 사랑부자가 되어 산다? 덕부자가 되어 산다? 생각만해도 신이 난다.

옛 사람과 새 사람

내게는 사람들도 옛 사람이 있고 새 사람이 있다. 옛 사람은 어제까지 친했지만 오늘부터 멀어진 사람이요 새 사람은 오늘부터 친해진 사람이다. 옛 사람은 묵은 해를 보내듯이 보내야 한다. 자꾸 붙들어 봐야 이미 멀어진 사람이기에 변죽을 울리는 꼴만 된다. 슬퍼도 아쉬워도 잊어줘야 한다. 이제는 새 사람에 정성을 다할 일이다.

옛 사람은 이미 남의 사람이 되어 버렸다. 새 사람만이 나의 사람이다. 부디 새 사람에게 잘하고 잘해서 행여라도 그를 옛 사람이 되게 말자 세월이 길거나 짧거나 진정한 사랑과 우정으로 나와 늘 함께하는 사람이라면 그는 진정한 나의 새 사람이다. 그는 또한 나의 은인이요 절친이다. 나 자신도 그에게 여전한 새 사람이되어 언제까지나 행복하자.

영과 육의 인간

인간은 사람人에 사이間인즉 사이에 있는 존재이다. 무엇과 무엇사이? 신성성과 동물성의 중간이다. 즉 인간은 그 본질이 신성적이면서도 동물적이다. 성경은 사람이 하나님의 형상대로 지음을 받았다 했지만 이는 신성적인 사실이고 또한 짐승들의 모양을 따라 지음을 받았으니 동물적인 사실이다.

그러므로 인간은 본능이란 것이 동물이나 천사처럼 단성이 아니라 복성이다. 짐승은 육성뿐이고 천사는 영성뿐이나 인간은 육성과 영성 둘 다 갖고 있다. 그리하여 인간은 때와 장소와 사건의 상황에 따라 신성적이기도하고 동물적이기도 하다. 이를 가리켜 철학은 형이상학과 형이하학으로 구분하여 가르치지만 중론은 인간은 천사이기도 동물이기도 하는 것이다. 천사는 영혼은 있으나 육체는 없고 동물은 육체는 있으나 영혼은 없다. 그러나 인간은 영혼도 육체도 있다. 그렇기에 천사도 되고 동물도 된다.

바로 여기에서 고귀한 인간과 비루한 인간이 구분되어지는데 영성을 추구하면 천사처럼 고귀한 인간이 되려니와 육성을 추구하면 동물처럼 비루한 인간이 되는 것이다. 그러나 나 자신이나 어느 누가 동물적이라서 비하하거나 죄악시할 것은 아니다. 그저 인간이기에 그런 것이다. 육체를 가졌기에 동물적일 수밖에 없잖은가? 이를테면 대표적으로 성행위가 그렇다. 암수 관계의 법칙에 놓여있기에 남녀는 피차 끌려 짝 짓기를 하는 것이다. 다만 과제가 있다면 영은 영구하나 육은 유한하니 그리고 영의 일은 숭고하나 육의 일은 누추하니 궁극적으로는 영적수 고에 결론을 두고 살아야함이 마땅하다.

두 부류의 사람

일하다가 싸우다가 혹은 뜻밖의 사고로 몸과 마음이 다친 자국을 상처하고 한다. 아물지 않으면 여전히 쑤시고 아프며 아물었어도 보기에 흉측하다 상처가 없는 사람이 어딨을까? 세상을 사노라면 누구든지 상처를 입는다는 사실이다.

상대적으로 내게는 두 부류의 사람이 있다. 하나는 내게 상처를 안겨 주는 사람이요. 다른 하나는 나의 상처를 고쳐 주는 사람이다. 역설로 오늘 나는 어떤 사람인가? 상처를 안겨주는 사람인가 상처를 고쳐주는 사람인가?

잘 되는 사람 안되는 사람

무얼해도 잘 안되는 사람, 하다가 결국은 실패하는 사람, 왜 그럴까? 참으로 가련하여 불쌍하지만 그 자신이 이미 안된다고 말하거나 생각해서 안되는 것이고 실패할 것을 상상하기 때문에 실패하는 것이다.

무얼해도 다 잘되는 사람, 안될 것 같은데 기어이 성공하는 사람 왜일까? 참 희안할 정도이지만 그 사람은 어쨋든 된다고 말하고 된다고 생각해서 되는 것이고 성공한 것을 미리 상상하기 때문에 성공하는 것이다.

말의 힘은 쎄다. 생각의 힘은 더욱 쎄다. 마음과 몸을 사로잡을 뿐만 아니라 천지의 기운조차 좌우할 수 있는 초능력이 있는 까닭이다. 말과 생각을 좋게 하자 말은 인생의 키요 생각은 동력이다.

사람의 종류

凡人 평범한 사람

罪人 죄가 많은 사람

惡人 질적으로 나쁜 사람

達人 무언가를 통달한 사람

義人 죄가 없고 양심이 깨끗한 사람

善人 착한 사람

哲人 생각이 깊고 이치에 밝은 사람

賢人 어질고 인자한 사람

道人 진리를 깨우친 사람

眞人 진실한 사람

聖人 신과 동행하는 거룩한 사람

생각하는 벌레

　벌레도 생각이 있어 생각을 하는건지? 나는 사람이라지만 벌레, 생각하는 벌레이다. 나 자신에 대하여 생각이 있음은 물론, 나를 지으신 조물주에 대한 생각도 있다. 그리고 여타의 피조물에 관한 생각을 한다. 그런데 나는 벌레이다. 왜냐하면 해 놓은 것이나 하는 일이 별로이고 제 자리서 딩굴딩굴 살고 있기 때문이다. 어떤 자는 벌레만도 못하다고 하더마는 어째서 그런지는 잘 모르겠다. 어떻든 나는 벌레이다. 아니라면 벌레같다고 할까? 생각하는 벌레로서 말이다. 생각! 이것 때문에 나는 사람으로 인정받을 때도 있다. 생각? 도대체 생각이 뭣이길래? 성서에 의하면 생각은 마음이 하는 작용이라던데 마음은 또 무엇인고? 마음은 의식의 총체로서 자아라는 영혼이라 하겠다. 그렇다 나는 육체로서는 벌레에 지나지 않는다. 그러나 영혼으로서는 자아의식과 우주(신) 의식이 있는 벌레 이상의 존재이다. 하여 내 자신이 벌레나 짐승이 아닌 하나님의 형상을 닮은 지고한 존재임은 하나님을 생각하기 때문이다. 그러므로 사람은 벌레이지만 하나님을 생각하기에 벌레 아닌 사람인 것이다.

인간됨의 변명

나는 연약하다 나는 부족하다. 그러므로 나는 인간이다. 인간의 인간 됨의 본질은 연약하고 부족하다는 것이다. 전능하고 완전하다면 신인 거지 그 어찌 인간이랴! 그럴 수도 없다. 그러려는 자체가 절대자에 대한 불경이다. 하나님은 당신의 형상대로 인간을 조성하셨으나 연약함과 부족함이라는 한계를 정하셨다. 나는 이 사실을 인지하고 인간됨을 즐긴다. 즉 연약함과 부족함을 즐긴다는 말이다. 연약함과 부족함을 즐긴다? 이는 바로 겸손이다. 나는 나의 약함에 실망하지 않는다. 나의 부족에 원망하지 않는다.

약함으로 주님을 의지하고 부족으로 주님께 기도하니 다행이고 감사하다. 이것이 신앙이다. 하나님 앞에서 내게 매력이 있다면 그것은 연약함과 부족함이다. 그러므로 당신 사랑의 대상이 되고 당신 은혜의 대상이 되는 까닭이다. 내가 연약하지 않다면 사랑이신 하나님은 누구를 긍휼히 여기시고 내가 부족하지 않다면 은혜로우신 하나님은 누구에게 복을 베푸시겠는가? 나는 언제까지나 연약하고 부족하다. 그리하여 실수가 잦고 헛점이 많다. 하지만 이 때문에 주님은 나를 찾아 주시고 나는 주님께로 나아간다. 이 얼마나 조화로운가!

나는 하나님의 숨

　사람의 생명은 창조주 하나님의 숨이다. 또한 그 삶은 숨결이다 그런
즉 사람이란 존재는 하나님의 호흡 중에 있는 것이다. 구체적으로 사람
의 살아있음은 하나님께서 숨을 呼(호)~하고 불어내심이고 사람이 죽
게 됨은 그 숨을 吸(흡)~ 하고 들이마심이다.

　하나님의 숨이란 무엇인가? 그것은 사람의 영혼이다. 지금 내가 살
고 있는 것은 하나님께서 나를 세상에 불어내셨기 때문이다. 언제인가
는 하나님께서 나를 들이마실 때가 올 터인데 그때는 내가 죽는 날로
서 하나님께로 돌아가는 날이다. 나는 하나님의 작은 숨이기 때문이다.

사람의 어떠함에 대하여

결코 쉽지 않은 일이지만 일반적으론 태도와 행실을 보고 나름대로 사람됨의 어떠함을 알았었다.

생의 연륜이 어느 정도 쌓였다 싶었을 땐 얼굴만 보고서도 사람됨의 어떠함을 알게 되었다.

살 만큼 살게 되니 신선을 닮아가나? 말소리만 듣고도 사람됨 즉 그 성질과 성품의 어떠함을 알만하다.

사람의 선과 악이 행실과 얼굴과 말에서 드러나나니 스스로를 일깨우고 살피는 수양을 게을리 말자.

인간, 이 허약함의 실상

태풍이 불어 닥치고 폭우가 쏟아져 내려도 사과나무는 능금알을 빠알갛게 익혀내고 곡식들은 영글고 있으며 가을의 꽃들은 차질없이 피어나고 있다.

쩔쩔매는 것은 만물의 영장이란 인간들뿐, 산천의 초목들은 의연하다. 자연 질서에 순응하는 초목은 코로나바이러스에도 감염되지 않아 끄떡없다 유독히 자연 질서를 거역하는 인간만이 감염되어 고통하고 절망하다가 멸절되고 만다.

풀 한 포기 나무 한 그루가 존경스럽다. 따지고 보니 한 사람의 인간은 풀 한 포기 나무 한 그루보다 훨씬 못하다. 코로나바이러스에 걸리지 않는 풀과 나무가 정말 부럽다.

사람은 희망이 아니다

사람이 희망이다! 라는 어느 시인의 시가 있지만, 사람은 실망이다! 싶을 때가 얼마나 많은가! 그런데 나는 이 두 가지 말이 사실이 아니라는 생각을 하게 되었다 사람은 희망이 아니고 실망도 아니다 그럼 뭐냐? 사람은 희망하는 존재이면서 또한 실망하는 존재이지 희망할 대상이거나 실망할 대상은 아니다.

그렇기에 사람은 사람을 희망하지 않는 것이 오히려 좋다 사람이 사람에게 실망하는 것은 사람을 희망했기 때문이다. 사람은 희망을 먹고 사는 존재이지만 희망 자체는 아니다 사람을 희망한다는 것은 신이 아닌 것을 섬기는 우상숭배와 같다 희망은 하나님께 하자 그리고 사람에겐 희망을 주자.

인간의 가치

천하보다 귀히 여겨온 사람의 목숨이 하루살이의 생명처럼 하찮아지고 있다 우한에서 발생된 코로나19 바이러스의 대유행으로 감염됐다 하면 속절없이 죽어가는 사람들이 사방에서 생겨나 허무한 생각이 드니 그렇다.

전 세계의 사람들은 바이러스가 옮겨붙을까 두려워 옴짝달싹을 못 할 지경에 이르렀다. 이토록 사람이 무력할 줄이야! 大國小國할 것 없이 온 인류가 전전긍긍이다. 가면 갈수록 헤쳐나갈 길은 보이지 않고 어두움만 깊어가는 중이다.

스스로 만물의 영장이라 자만했던 우리가 아녔던가 헌데 이게 뭔가? 눈에 보이지도 않는 미미한 적(敵)의 기습에 속수무책으로 당하고만 있다니? 아불싸~우리들 인간이 얼마나 미약한 존재인가를 비로소 깨닫게 되는 것 같다.

도대체 인간이란 어떤 가치가 있을까? 과연 있는 것일까~.

인생의 마지막 숙제

결혼이란 인생의 숙제를 하는 것이라고 합니다만 인생의 숙제가 어디 결혼뿐이겠습니까? 산다는 것 자체가 숙제를 하는 것이라고 할 정도로 인생은 숙제투성이입니다.

인생 70을 넘어서고 보니 이제는 그 많던 숙제도 얼마 남지 않은 것 같습니다. 마지막 숙제가 무엇인지 궁금합니다. 아아, 그게 무엇인지 모르고 있었다니! 참 한심합니다.

곰곰이 생각해 봅니다. 내게 있는 마지막 숙제가 무엇인지? 분명 선생님께서 내어 주셨을 터인데 그걸 모르고 있다니! 인생 공부를 잘못했다는 사실이 들통났네요~.

그렇습니다. 낙제를 겨우 면하고 여기까지 왔습니다. 그런데 이제 마지막 남은 숙제를 해야 되는데 그것을 잊고 말았다니! 정말 큰일 났네요.

...아, 알았습니다. 생각이 납니다. 나의 마지막 숙제는"편히 살라"는 것입니다. 그동안 평생을 괴롭고 힘들게 살아왔으니 여생은 편히 살라는 것이었습니다

편히 살라? 육신을 두고 하는 말이 아니라 마음을 두고 하는 말이지요. 어찌 맘편히 살 수 있는 걸까요? 이 문제를 잘 풀어가는 것이 내 인생의 마지막 숙제이네요.

편히 살려면 맘 편해야 하는데 맘 편하려면? 삿된 욕심을 다 버려야 되겠지요. 심지어는 선한 것과 선한 일에 대해서도 욕심스럽지 말아야 하겠습니다.

이승에서 저승으로

살다가 살다가 죽고 마는 것이 인생인가! 죽으려고 사는 것이 삶인 것 같아 인생이라는 게 정녕 허무하다.

아아, 죽으면 죽으면 모든 것이 끝장인가? 그럴 거면 무엇 하러 태어나서 온갖 고생을 다 하면서 사는 건가?

아니야 아니야 죽는 것이 끝장은 아닐 거야 산다는 건 살기 위해 사는 거지 죽기 위해 사는 거는 분명히 아니잖아.

생전의 삶은 반드시 죽음 이후로 이어질 거야 이승에서의 삶에 대한 보상이 저승에서 이어질 거야 꼭 그럴 거야.

그러니까 이 세상에서의 삶을 잘 살아야 해~ 의롭고 성실하게 말야 이 모양 그대로 저 죽음 너머에로 갈 테니까.

인류의 악과 십자가

물은 땅과 싸우지 않고 땅은 식물과 싸우지 않으며 식물은 동물과 싸우지 않는다 또한 저들끼리도 싸우지 않는다 한마디로 자연은 서로가 조화를 이루며 평화롭게 공존한다. 싸우는 것은 인간뿐이다 자연의 일부이면서도 자연과 조화를 못이루거나 이루잖고 자연을 훼손하고 파괴한다 그리고 자기들끼리도 끊임없이 싸우고 죽이며 망친다

어느 누가 지구의 악은 오직 인간이라더니~신의 형상으로 지어진 존재가 왜 이렇게 악질이 되었는가? 그래서 하나님의 아들이 인류를 구제코자 십자가에 못박혀 죽었다지 않는가! 그 흘린 보배피로 인하여 인류에겐 새생명의 새싹이 돋아나고 새로운 지평이 열렸다 오라 인류여,십자가 앞으로~우리 모두 구원의 길로 향하여 영원한 평화에 다달으자.

성자가 되려면

나는 감히 성자가 되고 싶다. 어느 땐가 성자가 되려면 바보가 되어야 한다는 사실을 문득 깨닫게 되었다. 바보가 모두 성자인 것은 아니지만 성자는 모두 바보거나 바보 같다는 것을 알았던 것이다.

성자: 참된 이치를 알고 의롭고 선하여 모든 사람들이 우러러보고 스승으로 따르는 사람.

바보: 어리석어 이기적 셈을 할 줄 몰라 늘 손해 보고 조롱을 당하는 사람, 그래도 웃기만 하는 사람.

이 둘의 공통점은 잇속이나 속셈이 없다는 것이다. 정말 바보는 잇속을 모르고 진짜 성자는 속셈을 따지지 않는다. 도대체 욕심이 없고 체면도 없어 그 성품이 온유하고 교만함이 전혀 없다. 바보와 성인은 번뇌와 탐욕이 없다. 또한 세상 물정은 모르지만 자기가 못난 줄을 알고 남들이 잘난 줄은 안다.

바보는 자기 자신이 바보인 것을 모르는 것같이 성인도 자기가 성인인 걸 모른다. 바보는 남에게 이용만 당한다. 성자는 남에게 이용당하여 준다. 이러나저러나 둘은 마찬가지다. 바보가 되려면 성자가 되어야 함은 아니지만, 성자가 되려면 바보가 되어야 한다. 주여, 저를 도우소서.

세번 태어난 사람

어느 누구든지 진정한 사람이기 위해서는 세 번 태어나야 합니다. 첫번은 몸으로 태어납니다. 이는 육체적인 출생입니다. 두 번은 혼으로 태어납니다. 이는 정신적인 출생입니다. 끝번은 영으로 태어납니다. 이는 신령적인 출생입니다.

각각의 이름은 육인(肉人), 혼인(魂人), 영인(靈人), 이라 합니다. 육인 육체의 본능을 쫓아 사는 짐승 같은 사람입니다. 혼인은 지식과 이념을 쫓아 사는 기계 같은 사람입니다. 영인은 하늘의 명령을 쫓아 사는 예수 같은 사람입니다.

육은 늙어서 죽습니다. 혼은 흐려 흩어져 버립니다. 그러나 영은 날로 날로 새로워서 영원한 생명을 누립니다. 참된 그리스도인은 세 번 태어난 사람입니다. 즉, 땅으로부터 만이 아닌 하늘로서 태어난 하나님의 자녀입니다.

잘난이와 못난이

못난이는 공은 자기에게 돌리고 탓은 남들에게 돌리지만 잘난 이는 공을 남들에게 돌리고 탓은 자기들에게 돌린다. 어느 집단이든 잘난 이가 많으면 매우 화목하여 일취월장한다 허나 못난이가 하나라도 있으면 종종 흙탕물이 튕기어서 엉망 된다.

그런데 상상하여 보자! 여느 개인이 아닌 집단의 지도자가 남 탓만 하는 못난이라면 그 집단은 어떻겠는가 한심스럽기 짝이 없을 것이다. 작금 우리나라의 정권을 가지고 있는 문재인과 그 정부가 남 탓만을 일삼는 못난이 꼴이라서 넌더리가 날 정도이다

자신들이 일을 제대로 못 해 문제만 일으키면서 걸핏하면 야당, 전 정권, 친일, 언론들을 탓하면서 좀 잘한듯싶으면 자화자찬! 구역질이 난다. 정녕 잘난 자는 공은 남에게 돌리고 탓은 자기에게 돌리고 심지어 남의 탓마저도 자기 탓으로 돌린다 아아, 진정 영웅의 모습이 아닌가!

오늘날 우리나라에는 바로 이러한 영웅들이 일어나 국민을 다스려야 한다 이 어디 나라뿐인가? 곳곳의 공동체 가운데에서 일어나야 한다. 먼저 나부터 못난이에서 잘난 이로 거듭나자 이제부터는 제발 남 탓을 말고 내 탓만 살피고 공은 남들에게 돌리자~그러면 모두가 좋아지는 거다!

여는 사람과 닫는 사람

사람은 문으로 들어오고 나가기도 합니다. 문이 없으면 갇히거나 막혀 버립니다. 문이 열린다는 것은 행복에로 들어 올 수 있음이고 희망에로 나아 갈 수 있음입니다.

사람은 문을 드나드는 자입니다만 문을 열고 닫는 문지기(doorman)이기도 합니다. 문지기는 당연히 그 문을 드나드는 이들을 위하여 열고 닫아야 하지만 성격상 그렇지 않은 자가 있습니다.

이를테면 여는 사람이 있는가 하면 닫는 사람이 있습니다. 둘 중에 좋은 사람은 물론 여는 사람입니다. 실제로 복이 집안에 들어오려는데 문을 여는 자가 있는가 하면 문을 닫는 자가 있습니다.

또한 남의 앞길을 열어주는 자와 가로막는 자~이는 자기가 못 들어가니 남들도 못 들어가게 합니다. 당신은 누구십니까? 여는 자입니까 닫는 자입니까 여는 자가 되십시오. 그래야 당신은 좋은 사람입니다.

화이트스타인가 블랙스타인가

겨울밤인데도 하늘에는 별들은 반짝이며 보석같이 빛나네요. 천체의 왕 태양의 밝은 빛을 받아 반사하기에 저리 아름답게 빛나는 것이랍니다.

별들 가운데는 빛을 내지 않는 별들도 있대요. 블랙홀처럼 빛을 흡수하여 빨아들여 버리니까 그렇데요. 이른바 흑성(Blak Star) 이라 하지요.

그리스도인은 영혼의 태양이신 예수님의 빛을 받아 빛나는 별들입니다. 그런데 빛나지 않는 별들도 많아요. 은혜를 받기만 하고 베풀 줄을 몰라서 그렇지요.

별은 밝은 별과 어둔 별 두 종류가 있네요. 밝은 별은 천국의 별이고 어두운 별은 지옥의 별이랍니다 사랑을 흡수만 말고 후히 베푸는 화이트(White Star) 스타가 되기를....

좋은 사람 나쁜 사람

사람이면 누구든지 다 좋은 사람이리라고 생각되는데 어찌 나쁜 사람도 있는 건지 도무지 납득되질 않습니다.

같은 사람끼리면서도 좋은 사람을 만나느냐? 나쁜 사람을 만나느냐? 는 문제는 인생의 행복과 불행을 좌우하는 관건입니다.

사람은 어떤 사람을 상관하느냐? 에 따라 행복할 수도 불행할 수도 있기 때문입니다. 즉 행복하여지려면 좋은 사람을 만나야만 합니다.

그러면 좋은 사람은 누구입니까? 우선적으로 대답한다면 그 사람은 언제 어디서든 함께 있으면 편안한 사람입니다.

이상합니다만 똑같은 사람인데도 함께하면 편안한 사람이 있고 함께하면 불편한 사람이 있습니다. 좋은 사람과 나쁜 사람의 극한 차이죠.

내겐 과연 함께하면 마음이 편안한 사람이 몇이나 될는지요? 아니, 나 자신은 어느 누구들이 함께 할 때 과연 편안한 사람 인건지요?

내가 좋은 사람이라면 나와 함께 하는 이마다 편안해할 것이지만 내가 나쁜 사람이라면 나와 함께 하는 이마다 불편해하겠지요.

오~주님, 저로 하여금 좋은 사람이 되게 하여 주옵소서 만나는 이들이 저로 인해 편안함을 얻게 하옵시고 불편함을 느끼지 않게 하옵소서.

함께하면 편한 사람! 그는 마음이 예수님처럼 온유하고 겸손한 사람! 이기적이지 않고 이타적인 사람! 그 사람이 바로 좋은 사람입니다.

살고 싶은 사람 죽고 싶은 사람

사형선고를 받았거나 죽을병에 들었지만 살고 싶어서 애절하게 항소하고 의술에 매어 달리며 하나님께 간구하는 이들이 얼마나 많은가?

반면에 흉악한 죄를 지어 감옥에 갇힌 것도 아니고 큰 병이 든 것도 아닌데 일상생활 속에서 우울함이 생겨 죽고 싶어 하는 이들이 또한 얼마나 많은가?

이는 역설적으로 죽어야 할 사람은 살고 싶어 하고 살아야 할 사람은 죽고 싶어 하는 것과 같다 나 역시 살고 싶음과 죽고 싶음이 교차할 때가 있다.

살고 싶은 것만 본능인 줄 알았는데 죽고 싶은 것도 본능인가? 살고 싶은 것은 선이고 죽고 싶은 것은 악인가? 하지만 사는데 악이고 죽는데 선인 경우도 없잖던가?

살고 싶음이야 생존본능이기에 당연한 것이지만 죽고 싶은데는 심리적원인 두 가지가 있다 그것은 자존적 결핍증과 상대적 피곤증 때문이다

자존적 결핍증은 매사가 신통칠 않아 스스로에게 실망하여 생기고

상대적 피곤증은 필연적 인연으로 관계하는 사람에게 시달린다 싶을
때 생긴다.

　이 두 가지 부정적 심리는 사실상 정신질환이다. 치유는 어이할꼬?
첫째, 자기 자신을 사랑하고 존중하자! 둘째, 나를 피곤케 하는 상대의
언행적 배경을 최대한 이해하자!

어여쁘고 아름다운 여인들

요즘 젊은 숙녀들을 보노라면 나는 한결같다 싶을 정도로 모두 어여쁘고 아름답습니다. 한 세대 전만 해도 저렇게 예쁜 여인들은 배우나 탤런트나 아나운서 또는 모델들 뿐이었는데 이제는 숙녀들 대부분이 눈이 부실 정도입니다.

그런 여인들을 볼 때마다 나는 번번이 이런 의문을 품게 됩니다. 저토록 미모가 어여쁘고 아름답듯이 그 마음도 예쁘고 아름다울까? 그러면 얼마나 더 좋을까? 세상은 아마 천국이 될 거야 그런데 지금 우리가 사는 세상은 천국이 아닙니다.

이는 그녀들이 미모만 천사를 닮은 거지 마음은 오히려 마녀를 닮았기 때문이란 것이겠지요 하지만 남자! 남자들 책임이라고요? 예, 그렇기도 하겠지요. 그러나 역사는 남자가 만들지만, 그 남자를 만드는 것은 여자입니다.

언짢지만 이런 판단을 하게 됩니다. 인류의 희망과 절망은 여자에게 있고 남자에게 있지 않습니다. 오늘날 숙녀들의 외모가 모두 아름답고 어여쁘듯이 마음도 아름답고 어여뻐서 온 세상이 에덴동산이 되었으면 정말 좋겠습니다.

선한 동행자

사람들은 하기 좋은 말로 "꽃길만 걸으라"하지만 이는 말도 안 되는 소리이다. 인생길이 어디 꽃길만 있다던가? 가시밭길, 진흙탕 길, 자갈돌 길, 등 험악한 길이 많다.

어떤 길을 걷느냐보다는 어떻게 걷느냐가 관건이다. 즉 혼자 걷냐? 누구랑 함께 걷냐? 가 문제이다. 함께 가는 것이 중요하다. 아무리 아름다운 꽃길이라도 혼자서가면 무슨 재미인가? 결국 외로울 뿐,

갈수록 외롭고 쓸쓸할 뿐이다. 함께 가야 한다. 함께라면 험난한 산길도 거치른 들길도 즐거이 걸을 수 있다. 그러나 문제가 있다. 그 함께하는 자가 누구인가? 그가 강도, 또는 나쁜 인간이라면 큰일 난다.

차라리 혼자 감만 못하다. 그러므로 선한 동행자를 만나야 한다. 그이와 함께하면 어떤 길이든 꽃길이다. 선한 동행자를 만나려면 내가 우선 선한 동행자가 돼야 한다. 선이 있는 곳에 선이 찾아오기 때문이다.

최악의 적은 누구인가?

산다는 것은 일정한 곳에 거주하고 어떤 일을 하면서 지내는 거라지만 살 만큼 살아보니 싸우는 것이었다.

현재 살아 있다는 것은 크고 작은 싸움을 이겨냈다는 결과이다. 만일 패했다면 나는 이미 죽었다.

무엇과의 싸움이었던가? 일일이 헤아리긴 어렵지만, 최악의 숙적을 밝힌다면 바로 나 자신이었다.

그런즉 삶의 문제는 나 자신과의 싸움이요 삶의 정답은 나 자신을 이기는 데 있다.

인생 성패의 처절한 싸움은 밖이 아닌 안에 있다 안의 싸움에서 이겨야 밖의 싸움도 이길 수 있다.

아~철천지원수는 내 안에 있었고 그는 나 자신이었으니~나는 나만 이기면 참 승리자가 되는 것이다.

제3장

인생에 대하여

인생 정담

살면서 좋은 일이 많았나요. 나쁜 일이 많았나요. 생각해 보세요. 선뜻 어느 쪽이라고 할 순 없어도 꼭 나쁜 일이 많았던것 아녔잖아요. 좋은 일도 많았잖아요. 그런데 왜 나쁜 일이 더 많았던 것처럼 낙심하고 우울하세요? 기왕이면 좋은 일이 많았던 것처럼 하나하나 자꾸자꾸 좋은 기억만 떠 올리세요. 그리하면 불행한 마음은 사라져 버리고 어느새 행복한 마음이 자리를 잡는 답니다. 동화에 나오는 피터팬peterpen이 하늘을 날기 위해서는 행복한 생각을 하였다지요? 네 그래요. 사람은 좋은 생각을 하면 하늘을 날듯한 기분이 드는거죠!

할 수 있으면 인생을 괴로운 것으로 생각하지 말고 즐거운 것으로 생각합시다. 생각이란 씨앗 같아서 생각한대로 된다는 유명한 말도 있잖습니까? 세상을 어느 정도 살만큼 살다보니 인생이란 생각하기 나름이더군요. 행복하다 생각하면 행복하고 불행하다 생각하면 불행한거 말입니다. 행복해서 행복한 생각이 드는 것이 아니라 행복하다 생각하니 행복한 것입니다. 불행도 마찬가지구요. 생각을 잘하며 사십시다. 좋은 생각을 말입니다. 저의 경우 제일 좋은 생각은 주님 생각이더군요. 종종 예수님 생각을 하며 사실까요?!

인생의 졸업식

지난 한 주간은 각급 학교에서는 졸업식이 있었습니다. 마침, 정신제 체장애자들을 위한 부천혜림학교의 졸업식(20일)에 참석을 하였습니다. 원목으로서 축복기도의 순서를 맡은 까닭이었습니다.

초등부 6년, 중등부 3년, 고등부 3년의 졸업생들을 배출하는 모습은 일반학교들과 다를 바가 없었습니다. 다만, 재학생들이나 졸업생 자신들이 정신지체 장애를 타고 났기에 나이보다 훨씬 미진하고 미숙하다는 것이지요. 이르자면, 자기 스스로는 어디를 가거나 무엇하나 제대로 할 수가 없다는 말입니다.

졸업식의 백미(白眉)라 불리는 재학생의 송사와 졸업생의 답사도 그리 감동적이지는 않았습니다. 담당교사가 적어준 내용을 서툰 발음으로 겨우 읽어 내려갔기 때문에 잘 알아들을 수가 없었습니다. 그러나 졸업생 어머니의 감사말씀 중에는 물결치는 감동으로 눈시울이 젖었습니다.

그 어머니의 아들은 고등부졸업생이었습니다. 초등부 때부터 특수학교에 입학하여 중등부를 거쳐 고등부까지 장장 12년 동안 학교를 다닌 것이었습니다. 그 오랜 세월이 힘들었던 만큼 보람도 크기에 행복했다며 모두에게 감사 하였습니다.

그러나 12년 동안 끊임없이 공부를 하였건만 그 아들을 받아들일만한 곳은 그 가정외에 아무 곳도 없었습니다. 그러므로 그 졸업식은 기쁨의 졸업식이 아니라, 슬픔의 졸업식일 수밖에 없었습니다. 정말, 목이 메일 일이 어찌 아니겠습니까?

그렇습니다. 우리네 모든 인생이 그렇습니다. 죽음이란 인생의 졸업식이라 할 때에 그 후에 우리는 어디로 갈 것입니까? 졸업 후에 진로가 확실한 젊은이들처럼 우리는 죽음이라는 졸업 후에 갈 곳은 확실한 것입니까?

그러기에 오늘날 우리는 예수님을 믿고 교회생활을 하는 것입니다. 비록, 예수님을 믿고 신앙생활을 하는 이 공부가 아무리 어렵다 해도 졸업할 때까지 계속하는 것입니다. 왜냐하면 그래야만 인생의 졸업 후에 하나님의 나라라는 갈 곳이 보장되는 것이니깐요.

위대한 인생 허무한 인생

거룩한 뜻을 따라 세상에 태어나서 거룩한 뜻을 위해 세상을 살다가 거룩한 뜻을 이루고 세상을 떠나신 구주 예수시여~ 참으로 위대하시도다.

아무런 뜻도 모르고 세상에 태어나서 아무런 뜻도 모른채 세상을 살다가 아무런 뜻도 모르게 세상을 떠나는 허무한 인생이여~ 참으로 한심하도다.

아름다운 삶을 위하여
Beautiful life

이른바, 아름다운 삶이 얼마나 귀한 자산이고 후세에 남길 값진 유산일지! 많이 모은 재산이 귀하고 높은 지위가 귀하며 크게 쌓은 업적이 귀하다마는 하찮은 바람만 불어도 날아가 버릴 먼지요 검불에 불과한 것들이다. 그야말로 영원히 남는 것은 삶의 아름다운 뿐이다.

사람은 죽어 이름을 남긴다지만 사실은 삶을 남긴다. 어떤 삶을 남길 것인가? 선한 삶, 의로운 삶, 깨끗한 삶, 정직한 삶, 겸손한 삶, 인자한 삶, 거룩한 삶, 이 일곱가지가 조화된 무지개같은 삶은 얼마나 아름다울까 난 이런 삶을 살고 싶다. 그런만큼 길잖을 여생이나마 힘써 그렇게 살아가야겠다.

돌아보니 부질없이 부질없는 삶을 너무나 많이 살아왔다. 부자가 되어 보려고~ 높은 지위에 오르려고~ 남다른 업적을 세워 보려고~ 결국 남는건 하나도 없다. 재로 남았다가 그마져 날아가고 남는 것은 허탈과 허무! 창공의 별처럼 영원히 빛날 것은 아름다운 삶뿐이리라.

그런대로 살자구료

할 수 있으면 할 수 있는 대로 할 수 없으면 할 수 없는 대로 그냥 그렇게 사는 거지 억지로야 할 수 있나요?

우린 신이 아니기에 할 수 있는 거보다 할 수 없는게 더욱 많지요~ 이를 알고 산다면야 삶이 그리 버겁지는 않을 거예요.

꿈이 아닌 삶

샘솟는 듯한 기쁨도 강같이 흐르는 슬픔도 잠시 잠간의 한 꿈인 것을 장구한 것처럼 흥분하여 들뜨고 우울하여 까라질 것이 무엇인가?
한 때 뿐인 희비에 중독되어 채신머리가 사나워서야 되겠는가? 부귀와 영화가 꿈이란다. 누린대서 안주말고 못누린대서 설워말자 깨고나면 꾼 꿈을 모두 잊듯이 죽고나면 모든 것이 허무이다. 그러니 어쩌란 말인가? 꿈이 아닌 영원을 살것이라 꿈이 아닌 영원으로서의 삶? 그것은 예수님과 함께하는 삶이다.

삶의 참된 목적

사람들은 무엇 때문에 사는건지? 분명히는 모르겠으나 우선은 생존하려고 고생을 무릅쓰고 산다. 어쩌자고 그렇게 진력을 몽땅 쏟아대는지? 다만 숨을 쉬며 산다는 것 자체가 목표여서 그런가? 아니면 살아서 무언가를 성취하려는 의도가 있어서인가? 살아있는 자체를 목적처럼 여기고 사는 사람들도 많다마는 그렇지 않다고 하며 보다 흡족할 만한 의미를 찾느라 고뇌하는 사람들도 많은데 어느 쪽이 과연 사람다움인 것일까?

사람이 살아서 무언가를 성취하려는 것! 그것은 정작 무엇인가? 힘든 노동을 마다않고 어려운 소매장사를 하며 성패를 걸고 사업에 몰두하는 사람들~ 심지어 빌어 먹으면서라도 살아가려고 발버둥 치는 사람들까지~ 과연 그럴만한 가치가 있는 건가? 아니다. 생존 자체로만은 삶이 가치로울 수는 없다. 보다 깊고 높은 뜻이 있어 그 뜻을 성취하기 위해 살 때 진정 삶의 가치가 있는 것이 아닐까?

산다는 것

젊었을 때는 크든 작든 일을 하는 것이 산다 하는 것인 줄로 알았다만 늙어보니 그것만이 아니더구먼, 그저 하루하루를 지내는 것이 사는 것임을 알았지, 뭐야~ 하루를 지낸다? 이는 하루의 시간 속에 나 자신이 더불어(함께) 존재하는 거지 이 지낸다는 행위는 함께한다는 의미이지만 보낸다는 의미도 있어. 그래서 지낸다는 말과 보낸다는 말은 겸용해서 쓰기도 하잖아?

하여튼 산다는 것은 지낸다는 것이기도 한데 지낸다는 것은 일하면서 하루를 보내는 것이지만 일을 안 하고도 보내기도 하는 것인즉 그냥 존재하는 그대로의 모양으로 호흡하고 생각하고 움직이면 사는 것이 분명한 거야! 산다고 해서 무엇을 꼭 해야만 산다는 것은 아니라는 거지 딱히 무슨 일을 하지 않더라도 먹고 마시고 생각하고 말하고 걷고 움직인다면 그 역시 일인즉 사는 것이 틀림없지 뭐야!

다만 한 가지 아주 중요한 것은 마음속에 무얼 가지고 있느냐? 는 거냐지~곧 의(義)와 인(仁)과 신(信)과 정(正)의 선(善)을 가지고 있느냐? 가 중요하다는 거야! 아니고 악(惡)이 가득한 채로 산다면 그건 정말 사는 것이 아니지 그러려면 차라리 죽는 게 나은 거지~아무리 크고 많은 일을 한들 사람이 악(惡)하다면 그 삶이 무슨 가치가 있겠나? 사람이 사람인 것은 선(善)함으로서이지 악(惡)하면 사람이 아닌거야!

어느 날 삶에 대하여

먹을 것과 입을 것과 있으니 족한 줄로 여기며 살자 이 이상 더 무엇을 원하면 마음은 늘 핍절하여 불행해진다.

살아가면서 하는 일이 잘된다면 다행 이려니와 하는 일이 잘안되도 낙심 말자 잘되는 것이 삶이라면 안되는 것도 삶이다.

하루에는 밝은 대낮만 있는 것이 아니요 어둔 밤중도 있는 것 같이 사노라면 일이 잘될 때가 있는가 하면 안 될 때도 있는 법이다.

이래도 저래도 요동하지 말자 잘된대서 우쭐할 것도 안 된대서 기죽을 것도 아니다 어찌 됐든 참된 가치는 삶에 있는 것이니까.

삶은 흐르는 강물 같아 바다에 이르면 그 흐름이 멈추듯이 인생은 죽음, 또는 영원이라는 바다에 이르면 그 여정은 끝이 난다.

인간 일생의 끝은 아쉬움일지~ 즐거움일지~아는 이가 없다만 신앙인인 나로서는 즐거움일 것으로 소망한다. 다만 삶을 성실히 살아냈다고 하면….

삶은 기회이다

삶이란 기회입니다. 원하는 바를 할 수 있는 기회입니다. 죽음은 기회가 사라지는 것이기에 아무것도 할 수 없지요.

기회를 살려라! 는 말처럼 삶이란 기회를 살리는 것입니다. 무슨 기회 말인가요? 가만히 생각해 보십시오. 당신이 간절히 원하는 게 아닐까요.

사랑을 원하십니까?
평화를 원하십니까?
행복을 원하십니까?
정의를 원하십니까?

그렇다면 당신은 그 기회를 살려야 합니다. 그렇게 하는 것이 당신의 삶을 사는 것입니다. 기회를 살리지 않는 삶은 사는 것이 아니니까요.

하룻날과 같은 인생이여

태양은 아침에 동산에서 찬란하게 떠 올라서 정오에는 중천에 이르러 온 세상의 왕이 되어 천하를 다스린다. 그리고 저녁이 되어서는 마지막 열정을 발휘하여 노을을 아름답게 물들인 나머지 한시의 머뭇거림이 없이 서산으로 넘어간다.

인생은 모태로부터 환희와 희망의 중에 아침 해처럼 방긋 태어난다 젊어서는 중천의 태양같이 청춘을 불태우며 세상에 호령 친다 하지만 인생의 황혼에 이르러서는 마땅히 할 일도 없어 무료히 시간을 낭비하고 세상 떠날 시간이 됐어도 미적거림이 추하다.

아침에 찬란했던 태양은 저녁에도 찬란하다 하룻날 같은 인생 또한 태어날 때와 죽어갈 때가 한결같이 고귀할 순 없을까? 귀하게 태어나서 추하게 죽어갈까? 심히 우려된다. 태어날 땐 어땠는진 몰라도 죽어갈 땐 제발 추하지 않고 보다 아름답게 죽도록 해야겠다.

인생은 윷놀이 판과 같은데

오랜 삶을 살아 놓고 보니 내 운명은 내가 만들며 살아왔다는 결론을 맺게 된다.

세상이라는 운명의 놀이판에서 윷가락을 던져 생겨나는 결과에 따라 판이 결정되는 그것과 같다.

도개걸윷모를 맘대로 낼 순 없지만, 윷가락을 던지는 것은 나 자신이요 말(馬)을 쓰는 것도 나 자신이다

이처럼 윷판에서 결과를 만들어 내는 것이 나 자신의 선택으로 말미암듯 인생이란 운명이 그렇다.

그러므로 윷가락을 던지는 일과 말을 쓰는 일에 신중에 신중을 더해야만 한다.

단번에 도는 한 걸음 개는 두 걸음 걸은 세 걸음 윷은 네 걸음 모는 댓걸음 뒷도도 있단다.

직진할 때, 장애물이 앞을 가릴 때, 지름길로 꺾어질 때를 잘 분별하여 지혜롭게 말을 써야 한다.

윷놀이의 성패는 선택에 달려 있다. 인생이 또한 그러하다 그 선택이란 몇 차례의 기회를 잘 살려가자!!

어떻게 살 것인가

부음의 소식이 자꾸만 들려 온다. 나보다 연세가 많은 분들은 물론 나와 비슷한 연배의 사람들, 그리고 나보다 나이가 적은, 심지어 훨씬 적은 사람들의 부음이 쉼 없이 들려 온다.

이젠 나도 언제 죽을는지 모른다 그때가 조만간 닥쳐올 것이다 그날이 닥쳐오면 더 못살아 아쉬울 것이다 덜 아쉽기 위해 하루하루 맞이하는 나날들을 원 없이 살자! 원 없이 살자! 어찌 살면 원 없을까?

내 보고 싶은 것 보고 내 가고 싶은 곳 가고 내 하고 싶은 일 하는 거 다 다 할 수는 없겠지만 할 수 있는 만큼 하는 거다 못 보고 못 가고 못 하여서 죽어가며 아쉬워하지 말고 후회를 않도록 하자!

그러나 할 수 없는 것들은 억지로 하려고 말자, 못 하는 것은 못 하는 것이고 안되는 것은 안 되는 것이다 아아~ 부음을 들을 때마다 경각이 된다. 머지않아 서는 나도 내 부음을 알리는 바가 되겠지~.

삶은 좋다! 부하게 살아도 빈하게 살아도, 강하게 살아도 약하게 살아도, 유명하게 살아도 무명하게 살아도, 삶은 좋다! 그러므로 기쁘고 즐겁게 살자 무엇보다도 열심으로 사랑하며 살자 감사하며 살자~.

잘먹고 잘살자!

잘 먹고 잘살아라~이는 욕설인 듯하지만, 실제는 덕담이다. 세상사는 재미 중에 가장 귀한 재미는 먹는 재미인즉 먹는 재미가 없으면 일할 재미도 없고 노는 재미도 없으며 결국은 사는 재미가 없다 오죽하면 금강산도 식후경이라 하였을까? 먹는 재미가 없어질 때~그것은 곧 죽을 때가 다가오고 있는 징후이다. 그래서 노인은 죽을 때가 되면 곡기를 끊는다고 하잖던가?

먹는다는 사실은 삶에 의욕(意慾)이 있다는 뜻이다.

이는 먹으면 삶의 의욕이 생긴다는 뜻이기도 하다 잘살기를 원하는가 우선 잘 먹자 잘사는 사람을 보라! 잘 먹지 아니하던가? 잘 먹어야 잘살기 때문이다. 지혜자는 말했다 "너는 가서 기쁨으로 네 음식물을 먹고 즐거운 마음으로 네 포도주를 마실지어다 이는 하나님이 네가 하는 일들을 기쁘게 받으셨음이니라"(전9:7절)

오, 하나님이시여 저의 행하는 모든 일들이 당신의 기쁨이 되게 하옵소서 그리하여 잘 먹고 잘살게 하여 주시옵소서~아멘.

바람과 같이 살기를

그 누군가 인생은 바람과 같다 하였지만 오고 감이 그렇다는 뜻이지 실제로 그렇다는 뜻은 아니다 바람은 어디서 와서 어디로 가는가? 아무도 모른다 어쩜 바람 자신도 모를 것이다. 그러나 바람은 천하에 自由롭다.

누가, 무엇으로, 바람을 붙잡을 수 있는가? 바람이 덫이나 그물에 걸린 것을 보았는가? 잡을 수가 없고 잡히지도 않는다. 바람은 언제든지 오고 잘 때 오고 있고 잘 때 있으며 가고 잘 때 간다. 하지만 모든 것은 창조주의 攝理대로다.

사람이 어찌 바람과 같으리오? 그러나 "성령으로 난 사람은 바람과 같다"(요1:8)고 하였다 죄에 얽매이지 않고 생활고에 얽매이지도 않으며 사람과 그 제도에 얽매이지 않는다. 더 나아가선 自我의 욕심이나 근심로부터도 얽매이지 않는다.

이 얼마나 자유로운가? 그야말로 한운야학(閑雲野鶴)으로서 신선이 따로 없다 바람은 사람들에게 두 가지 지혜를 일깨운다. 인생무상과 삶의 자유! 인생이란 집착할 바가 아니니 무엇에든 얽매이지 말고 자유하여 살라는 의미이다 그러면 다 된다.

덤으로 사는 인생은

인생고희 칠십을 넘겨 살아왔다면 살만큼은 다 산 것이다 좋은 일 나쁜 일, 슬픈 일 기쁜 일, 호강과 고생, 성공과 실패, 고난과 영광, 행복과 불행, 단맛과 쓴맛을 다 봤을 것이다. 이제 더 살아 또 무슨 새론 맛을 볼 수 있겠는가?

칠순 이후의 삶은 정녕 덤이다 그만 살아도 되는 인생을 좀 더 즐기라고 하늘이 선심을 쓰신 것일까? 그렇다~하늘이 선하실진대는 설마 고생을 더 하라고 살려 두시는 것은 아닐 게다 살아온 경험에 비추어서 못 다산 즐거움을 마져 잘 살라는 자비하심일 게다.

덤으로 사는 여생은 아등바등 살지 말자 태연자약하게 살자 고생은 그간에 족했다. 또 무엇을 배우려 자초하겠는가? 이제부턴 즐길 자격만 있다 늙은 것도 서러운데 고생까지 덤해서야 되겠는가? 칠팔 학년 인생들이여~즐겁게 살라는 덤을 받고 있으니 아무튼 즐거워하며 살자.

기적을 캐는 광부 인생

끝없이 높고 넓은 파아란 하늘에 뭉게뭉게 피었다가 사라져 버리는 흰 구름처럼 이 세상에 존재하다가 없어져 버리는 인생이여~ 너는 도대체 무엇이더란 말이냐! 뜬금없이 왔다가 뜬금없이 없어져 버리나니 아무것도 아니잖냐?

잠깐 있다가 없어지는 것이면서 뭐 그리 잘나고 귀한 체하는가? 허망하기 짝이 없구나. 인간이란 존재가 이토록 무가치하다니! 스스로 속아 사는 것과 같으니 이렇다면 신중할 필요가 무엇이 있겠는가?

그렇다고 해서 아무렇게 살 순 없다. 태어나 살아 있음 자체가 귀중한 즉 단 한 번뿐인 인생은 억만 분지 일의 기적이요 신비이다. 이 기적의 삶을 어찌 살 것인가? 난 이제 결심했다. 금광에서 금을 캐는 광부처럼 삶의 기적을 캐는 신비를 살리라고~!

곤한 인생을 살면서

이 세상 살아가면서 곤하지 않은 자 그 누구이겠으랴! 소년은 약하고 청년은 지치며 노년은 쇠하니 인생은 모두 곤하다.

저마다가 쉴 곳을 찾으나 거기는 어디이겠는가? 타향은 물론 고향도 편히 쉴 곳은 없더라.

인생에는 어느 때 어느 곳에도 참 안식이 없단 말인가! 곤하여 애타게 살다가 죽는 것이 운명이란 말인가!

이 삶의 골짜기 너머에는 무엇이 있을까~저 삶이 기다린다 하던데 내 주 예수님은 내가 안식할 영원한 처소를 예비하여 놓으셨다지?!

나 거기 이르기까지 십자가지고서 내 앞의 길을 다 가리라 주님으로 부터 잘하였다 칭찬받는 착하고 충성된 삶을 다하리라.

삶이 괴로운 이유

산다는 게 왜 이리 괴로운 건가? 서로가 좋아서 하는 남녀 사이의 사랑이 괴로울 때가 많고 평안을 추구하는 신앙생활도 괴로울 때가 없지 않다 이를테면 즐거워야 할 일이 도리어 괴로운 일이 되는 역설적 현상이다. 이를 궁구하여 보니 까닭을 알겠다 욕심 때문인 것이다. 욕심이란 대개 재물과 명예와 향락에 대한 과도한 집착이지만 사랑하는 것과 신앙하는 것도 욕심으로 하면 괴로움이 될 것이다.

아, 나는 이제 깨달았다 세상에서 가장 아름다운 사랑하는 일이 괴롭고 세상에서 가장 성스러운 신앙생활이 의외로 괴로운 이유는 욕심이 서려 있어서라는 사실을~ 나 자신이 비록 재물이나 명예나 향락에 대한 욕심은 안 부린다 해도 의로워지려고 거룩해지려고 또한 완전한 사랑을 하겠다고 언감생심 하잖았나? 그래서 내 삶은 어렵고 힘들고 때로는 괴로웠던 것이다. 이제는 아무리 좋은 욕심일지라도 품지 말자.

지나치게 의인이 되려 하지 말고 특별하게 되려고도 말고 그냥 자연인으로서 평범하게 살자 나의 분수가 그에 미치지 못하는데 어찌하나? 실수와 허물은 당연할 수밖에 없는 연약한 인간임을 자인하고 그저 겸손하게만 살자 겸손은 내가 할 수 있는 일이니까 이미 죄인 된 내 자신이 예수님을 닮아 성인이 되는 것은 순전히 하나님의 섭리! 그만 마음의 부담을 내려놓고, 얼마일지 모를 여생을 사랑하고 신앙하며 기왕이면 즐거이 살아가자.

참된 삶, 헛된 삶

인생의 문제는 산다는 것이다. 또한 산다는 것의 문제는 어떻게 살아야 할 것인가? 보다는 무엇을 위해 살아야 할 것인가? 이다. 무엇이란 어떻게의 본질이기 때문이다. 쉬운 말로 참된 것을 위해 살면 참된 삶인 것이고 헛된 것을 위해 살면 헛된 삶인 것이다.

그렇다면 무엇이 참된 삶이고 무엇이 헛된 삶일까? 그 과정이 정의롭고 행복하며 그 결과는 아름답고 가치로운 것이라면 참된 삶임이 틀림없다. 그러나 그 과정이 불의하고 불행하며 그 결과가 추악하고 가치롭지 못하다면 헛된 삶임이 틀림없다.

인생 여행

인생이란 여행을 마치고 난 얼마 후 세상을 떠나 본향으로 돌아갈 게다 오랜 세월 동안 세상이란 타향에서, 많은 일을 겪었고 많은 것을 보았다.

그리고 친구들아, 어릴 적 동무들이 함께 놀아주고 다녀줘서 고마웠다 너희들이 나와 같이하여 주었기에 나의 여행은 재밌었고 즐거웠다.

나는 사실 세상에 여행을 온 것이 아니라 하늘 아버지의 심부름을 온 것인데 여행도 겸하게 되었다 이를테면 미션투어라고 할까?

나를 진정 사랑하기에 나와 함께 하여 나를 돕는 사랑하는 사람들아, 정녕 고맙고 또 고맙도다. 당신들과 함께하는 나의 인생은 참 행복하다.

인생의 고속도로

자동차를 운전하면서 고속도로를 달리다 보면 인생길을 달리는 것 같다 앞에 달려가는 차들은 나보다 먼저 세상을 떠나가고 있는 늙은 세대들이고 뒤에 쫓아오는 차들은 나보다 늦게 세상을 살고 있는 젊은 세대들로 비유된다.

나는 비교적 서행을 하는 편이다. 그런데 뒤에 따라오던 차들 중에는 갑갑해선지 재빠르게 나를 앞질러 달려가는 차들이 제법 있다 뭐 그리 바빠서 빨리 달려가는가? 웬만큼 달려도 어차피 빠른 길인데~그래 어여들 달려가거라 나는 천천히 운전하면서 세상의 풍경을 즐기고 오래오래 기분 좋게 살아가련다.

가겠다는 인생에게

인생아 인생아 너는 간다고 간다고 하지 마라.
네가 간다고 아니 해도 너는 이미 가고 있잖느냐?
네가 간다해서 가는 것이 아니고 아니 간다해서
아니 가는 것도 아닌 것이 너라는 인생이거늘~.

간다는 걸 생각하고 말하기 전에 지금 있는 순간에 집중하여
떠날 때 아쉬워서 후회하지 말고 보람있게 살 거라
네가 간다고 하는 거기에는 무엇이 기다릴 줄 알고
무작정 가겠다고 울부짖느냐!

아직은 사랑해야 할 일이 남았거든 마저 다 하거라.
아직도 울어야 할 눈물이 남았거든 마저 다 쏟거라.
더 이상 사랑할 일도 울 일도 없을 때에는 멈춤없는 세월이
너라는 인생을 데리고 갈 것인즉~.

인생은 모든 날들은 간다

따스하고 화창한 봄날은 그리 쉽게 오지 않는다. 꽃샘바람 봄샘추위가 이만저만 심통을 부리는 게 아니다 심지어 차가운 봄비가 후적거리며 여러 번 쏟아지고 난 후에야 봄날은 비로소 온천지를 감싸 안는다.

인생의 행복이란 봄날도 그러하다 모진 추위와 거친 바람 같은 고초와 차가운 빗물 같은 슬픔 뒤에 소리 소문 없이 찾아온다. 그리고 봄날은 수고로워야 할 여름을 불러 놓고는 가만히 물러간다.

행복 역시 그렇잖던가? 어느새 불행이란 불청객이 찾아서 주객전도하니 삶은 또다시 고달프다 하지만 봄날처럼 모든 날들은 간다. 그렇게 행복의 날이 가고~ 불행의 날도 가고~결국은 나도 가고~이런 게 인생이다.

영원을 사모하는 마음

춘하추동 사계절은 번번이 거듭되는데 인생은 왜 단 한 번뿐인가? 참 아쉽구나!

인생을 살 만큼 살아보니 그 귀중함은 한 번뿐인 삶을 산다는 자체가 귀중하다.

선함이 있고 의로움이 있고 눈물 어린 기쁨과 재미가 있고 장미꽃과 같은 행복이 있다.

한 번 더~살게 되었으면 단 한 번만 살고 말기에는 사는 게 너무 좋다고들 한다.

산천의 초목이 부러워라. 겨울에는 죽었다가 봄이 되면 또다시 살아나나니~.

나는 부활이요 생명이니 나를 믿는 자는 죽어도 **살겠고** 살아서 믿는 자는 죽지 아니하리라.

이 말씀이 정녕 사실일진대 예수님을 믿는다는 것은 원 없이 살게 되는 것이로구나.

인간일생 어이살고

인간일생을 천년만년 살 것처럼 할노릇은 아니지만 그렇다고 하루이틀 살고말 것처럼 할 것도 아니다. 적어도 수삼년 더는 십수년 이상은 살 것을 예비하고 살아감이 마땅하다. 영구히 살 것처럼 욕심을 부리는 것도 보기에 민망하지만 하루 이틀 살고말 것처럼 사는 것도 한심하다.

지나치지도 모자라지도 않게 살만큼 살줄을 생각하고 분수에 맞추어 사는 것이 만물의 영장다운 태도라고 할 수 있겠다 오래 살거라 장담하지 말고 내일 죽을거라 속단하지 말자 하루를 살아도 백년을 사는 것 같이 살고 백년을 살아도 하루를 사는 것 같이 살자 이것이 삶의 참다운 지혜가 아닐까~

유여받은 생명 어찌살까

나이가 칠십 팔십인데도 체력이 오십대의 장년처럼 건장해 보인다 저토록 건강한 모습으로 무엇을 위해 사는가?

산으로 바다로 휴양을 다니고 내외가 값진 차림을 하고 국내국외 명승지를 찾아 유명음식 사먹고 갖고싶은 명품을 부담없이 쇼핑하며 풍요로운 여행을 다니는구나

이미 모아놓은 많은 재산에 월세내준 상가에서 적잖은 금액이 꼬박꼬박 들어오니 무슨 걱정을 하랴!

내몸 안 아프고 애완견같은 내마누라랑 닭살돋게 살아가니 천하의 복을 다누리며 산다고 불룩배를 두드리며 매우 자신만만해 하는구나

이미 살아야할 삶을 다살고 황천행이 유예되어 천은으로 사는 고귀한 세월을 저만 돼지같이 호강하려 탐욕으로 가득 살 쪄있다

하늘이 항복한 돼지가 되어 기고만장하며 살라고 수명과 건강과 재산을 주신줄로만 알고있는 것일까?

아니다 그동안은 너만위해 살았으니 이젠 선한 뜻을 따라서 너보다 못한 이웃들을 위하여 살라고 건강과 수명과 그에 필요한 재물을 주신 것이 아닐까?

무엇으로 사는가?

모두들 무엇으로 사는 걸까? 아기는 엄마 젖으로 살고 나비와 벌은
꽃 속의 꿀로 살고 다람쥐는 도토리와 알밤으로 살고 신선초는 이슬을
먹고 사네~

대부분의 사람들은 어찌 살까? 밥과 술로 사네 돈과 노름으로 사네
명예와 권력으로 사네 멋과 향락으로 사네 성질과 기분으로 생각없이
살아가네

나는 무엇으로 사는가? 나도 밥으로 사는 건 마찬가진데 생활은 하
나님의 말씀으로 한다네 그 귀한 말씀을 날마다 묵상하고 실천에 옮기
고 전파하면서~.

인생의 잡초雜草일찌라도

　세상이라는 대지 위에는 여러부류의 사람들이 살고 있듯이 토지라
는 흙위에는 여러가지 풀들이 뿌리를 내린채 자라고 있다 花草 穀草 雜
草가 그것들이다. 화초는 아름다운 꽃을 피우고 곡초는 가축과 사람의
양식이 되는 열매를 맺는다 하지만 잡초는 어떤 꽃이나 아무 열매도 없
이 그냥 억센 줄기만 뻗고 모양없는 잎새만 무성하다. 사람들도 각각 분
류해 본다면 풀들과 같겠다 화초와 같이 존귀한 사람 곡초와 같이 부요
한 사람 잡초와 같이 비천한 사람이 바로 그렇다. 하지만 이는 어디까지
나 세상적 관점이다.　아뭏든 화초는 세상이 반기고 주목한다. 곡초 역
시 세상은 알아주고 귀히 여긴다. 그러나 잡초는 세상이 거들떠 보지도
않고 혹시 본다면 거추장스러워 한다. 결국 세상은 화초는 가꾸고 곡초
는 기르지만 잡초는 애써 뽑아 버린다.

　그런 관점으로 본다면 난 어떤 풀이라고 할까? 아무래도 잡초라고 해
야할 것 같다 위인도 아니요 귀인도 아니다. 그저 서민 중의 하나로서
民草라고 할까? 그러나 잡초에게도 장점은 있다. 첫째는 끈질긴 생명을
갖고 있다 차이고 밟히고 뽑혀 던져버림을 당해도 일어나고 또 일어나
어쨌든 살아 남는다. 둘째는 그렇게 푸대접받는 처지이지만 잡초에는
화초나 곡초에는 없는 특효가 있어 藥草가 된다는 사실이다 옳다구나
끈질긴 생명으로 사망의 세력을 맞서 이겨내고 지병으로 고생하는 자
들을 고쳐주고 죽음에서 살려내니 이 얼마나 화초와 곡초보다 귀하다

고 하지 않겠는가? 그렇다. 난 이제부터 잡초답게 끈질긴 생명의 능력
으로 약초인생이 되어 보다 연약한 자들을 고쳐주고 세워주며 보람과
감사의 여생을 살아 가련다.

얼굴

잘 살았으면 얼굴도 잘생기고 아름답게 살았으면 얼굴도 참 아름다
워진다. 나이 들어 못 생기고 추하게 보이는 것은 잘살지 못해서 그렇
고 더럽게 살아서 그렇다.

성내면서 살아온 험악한 얼굴, 욕심내며 살아온 퉁퉁스런 얼굴, 치사
하게 살아온 얄미운 얼굴, 웃으면서 살아온 명랑한 얼굴, 욕심 없이 살
아온 깨끗한 얼굴, 인자하게 살아온 후덕한 얼굴,

거울에 비춰보자 내 얼굴이 어떤지? 화장으로 못 감춘다. 분장으로
못 가린다. 이제라도 맘을 좀 곱게 먹는다면 볼만한 얼굴로 변화될까
나? 얼굴은 마음의 거울이다.

제4장

인연에 대하여

멀리있는 지우를 생각하며

　함께하면 늘 즐거웠고 기쁜 일이 생기면 얼싸안던 사이 수십년 전에
는 그랬다.

　이제는 그렇지 못하다. 헤어져 멀리 있어 삶의 공간을 달리하고 있으
니 어쩌다가의 만남조차 뜸하고 뜸하다.

　잊은것 같은 사이가 되어 버렸다. 인생이란 결국 그렇게 만났다가 그
렇게 헤어지고 마는가 지우여~.

어느날 뜬금없는 생각

내가 그를 생각하는 것처럼 그는 나를 생각하지 않은가 보다. 내가 그의 안부를 걱정하는 것처럼 그는 나의 안부를 걱정하지 않는가 보다. 나는 종종 그가 궁금해 가끔은 전화라도 걸고 반갑다며 호탕을 떨지만 그는 내게 전화 한번 먼저 걸지 않는다. 나는 그와의 인연으로 그를 상관하는 마음이 여전하지만 그는 나와 상관않고도 얼마든지 삶이 알차고 보람된가 보다 서운하긴하지만 그는 내가 안중에도 없는데 나는 그를 심중에 두고 있는가 보다 이런 나를 그가 안다면 부담스러워할지 모르니 그만 나도 그를 잊어줘야겠나보다.

송죽지정을 생각하며

우리의 첫 만남이 48년전 여름이었던가요? 이젠 총기도 흐려져서 뚜렷이 기억도 못하네요. 언제 어디에서 왜 무슨일로 어떻게 만나기 시작했는지 희미하지만 참으로 진솔하고 풋풋한 우정, 또한 모정의 만남이었던 것으로는 지금껏 마음에 새겨져 있습니다. 헤어져 십 수 년만에 천우신조로 만나 광야처럼 힘들고 외로운 개척목회의 동역자가 되어 주셨지요. 그렇게 20여년 이상을 격려와 의지의 우애로운 교통을 하던 중 까닭 모르게 갑자기 소식이 끊겨(다 제 탓이지요) 첫 번째 헤어진 기간처럼 또 다시 십 수 년 이상을 소식 한 번 못나누고 무심하지 않으면서 무심한듯 지내 왔습니다. 이번에도 천우신조겠지요. 그 동안의 그리움이 이러우져 이제 한 시 뒤엔 극적인 재회를 하게 되었으니 어떤 몸새와 맘새로 만나야 마땅할지 사뭇 설레이고 조심스럽습니다. 오늘 새벽 일어나 벅찬 만남을 예상하면서 주님께서 서원하였습니다. 다시 그렇게 사랑하는 그대를 만납니다. 주님께 기쁨되시는 아름다운 만남이길 소원합니다. 젊은 날 우리의 믿음과 소망과 사랑이 아름다웠듯이 말입니다. 주님 우리의 만남을 통하여 귀하신 뜻을 이루소서! 기적의 장소를 향하며.

꿈같은 현실에서

50수년전 철없던 소년 시절에 딱 한번 만났던 누이, 그리고 조금 뒤 늦게 태어나 알지도 못했던 어린 누이들까지 예수 사랑에 이끌려 재회와 초면을 하였던 어젯날이 한 밤을 자고나니 꿈을 꾼 것 같네. 우리들 사이에는 반세기의 공백이 아득 하였지만 살아 역사 하는 말씀과 마음을 같이 하는 기도 속에서 공백은 순식간에 연기처럼 사라지고 혈연 이전의 영생하는 형제 자매로서 우애를 돈독히 나눴다네 오랫만에, 또는 처음 만났으면서도 우린 가까이 지내고 있던 친밀한 사이 같이 서로는 예수님 안에서 자석처럼 한 마음 한 듯으로 하나가 되었네

아니 만세 전부터 하나님 아버지의 사랑 안에서 우리들은 하나였었음을 확인하였다네. 누이들이여, 정말 고마워 백합처럼 곱고 순결한 신앙의 아름다운 여인들이 내 누이들이라니! 주님 감사합니다. 제게 귀한 누이들을 한다발로 선물해 주시다니요? 오랫만에 한 번 만나 반갑다며 웃고 떠들다 헤어지고 맒이 아니고 또한 영원을 향한 선한 싸움의 여정을 함께하는 동반자들로서 십자가의 행군을 함께 하기로 언약한 형제 자매가 되었으니 잠을 깨며 아침에 떠오르는 태양처럼 우리들의 희망이 앞날을 찬란하게 펼쳐보이네.

첫눈에 반했어요

그 때 우리의 만남이 결코,
우연이라 생각지 않았어요.
신의 섭리라고 믿었기에!

혹시 그대는 내 이름이라도
미리 들었는진 모르겠으나
나는 그대가 생면부지였어요.

여러사람 중에 그대와 시선이 마주쳤을 때
온화하고 자애로운 그대 모습은
내 마음에 사진처럼 찍혀 버렸어요.

지금은 헤어진지 여러 날이지만
내 마음의 그대 모습은 지워질 줄 모르고
이제나 저제나 또 만나길 고대하고 있어요.

우리의 만남이 영원으로 이어갈지...
그런 소망을 품고서 그대에게
첫눈에 반했음을 살짝 고백하네요.

안부편지

그대 거기 잘 있는거죠? 피차 만나지도 않고 통화마저 아니하고 있
어 그리움만 생각속에 가득 쌓여 있어도 그대 거기 잘 있으려니 하는
마음으로 족하려 애씁니다. 어찌 지내고 있는지도 모르면서 혹시나 어
려운 삶을 살고 있진 않을까? 하여 노심하지만 사랑은 마음뿐! 아무런
아쉼없이 선한 목자님의 인자하심을 노래하며 의의 길을 평탄히 따르
겠지요. 나 역시 그 길을 따르기에 그대와 언제나 함께함을 믿으며 샬
롬! 합니다.

사랑의 은인들

육친의 가족 이상으로 예수님의 사랑으로 우애 깊었던 우리로 기억됩니다. 석별의 정도 변변히 나누지 못함의 아쉬움을 서글피 안고 길을 따로 향한지 어언 20여년이 지났군요. D와 S님, 내 사랑했던 아니, 이 미련한 자를 사랑함이 나보다 더 지극했던 형제와 누이여, 그 후로부터 언제나 였지만 초로에 들어서는 더욱 당신들이 그리웠습니다. 우리의 우정과 사랑이 속절없이 스러지는 모래성은 아니리라 믿었기에 그동안의 아쉬움은 말로 표현할 수가 없습니다.

다 저의 불찰이고 박복이었지요. 두 분과 평생을 함께 하며 주님의 일을 힘쓰리라고 소망했었습니다. 헤어진 오랜 세월 동안 만난을 헤쳐 지나온 지금 이젠 만날 때가 되었나 봅니다. 인생의 황혼길에 들어 우리의 여생이 얼마나 될는지? 분명 살아온 날들보다 살아갈 날들은 짧겠지요. 하지만 우리의 우정과 우애를 나누기에는 충분히 하리라 확신합니다. 피차 어느 처지 어느 형편에 놓여 있든지 주군이신 예수님을 위해 선한 싸움 승리하는 십자가 군병으로서의 충성을 다하는 동역자로 살기를 원합니다.

O권사님, J집사님, 험한 세상속에서 믿음을 지키고 건강하게 살고 계셔서 고맙습니다. 그리고 저에 대한 사랑도 변함 없으셔서 황송하고 감사합니다. 제가 오늘을 두 분 생각으로 많이 행복합니다. 다시 만나게

되는 것도 주님의 뜻이겠죠? 우리의 만남을 통해 주님은 또 어떠한 뜻을 이루실는지 신령한 기대를 하게 됩니다. 귀한 일을 하고 계심에 축하와 축복을 드립니다(내 속에 살아있는 두 분의 사랑과 우정을 끄집어 내어 보며).

소야 올림

이른 아침 벗에게

내게 사랑하는 벗이 있다는 사실은 행복한 일, 허나 사랑하는 벗이 어려움에 처했을 때 아무 것도 하여 주지 못하는 사실은 괴로운 일, 더구나 사랑하는 벗은 자기의 어려움을 내게 감추고 아무 일도 없는 듯 할땐 슬픔이 터질 일, 나의 진실한 벗이여, 자신의 크나 큰 어려움보다는 나의 작은 어려움을 더 크게 여기며 자신의 귀한 것으로 아낌없이 조력함은 어쩜인가? 자네의 우정 앞에 난 그저 무릎을 꿇고 그대를 위해 하늘과 땅의 복주심을 주님께 빌고 빌 뿐이네. 자네의 잔이 넘치기를 말일세.

지금 자네가 처한 어려움이 어느 정도인지는 몰라도 암흑한 절망의 나락조차 딛고 끝내는 굳게 일어선 자네의 꺼지지않은 신앙의 불꽃에 의한 내공을 나는 믿네. 내가 어려울 때 주님의 사자처럼 찾아와 의지가 되어 주고 위로와 기쁨이 되어준 나의 형제이며 소중한 벗이여, 황야같은 세상을 지나는 동안 나도 자네에게 그런 벗이 되고 싶네 내겐 자네가 있고 자네에겐 내가 있네. 그리고 우리에게는 주님이 함께 계심을 믿네. 그러니 언제 어디서라도 그렇게 살아 가세.

길벗 올림

새벽기도 후에

사랑하는 나의 제자 OS자매, 이렇게 감히 제자라 불러도 되는건지? 무릅쓰고 불렀어요. 양해하심을 믿고 말이에요. 주님 안에서 첫만남후 무려 35년만의 만남이라는 감회는 물론이지만 보다 순수하고 성숙한 영혼으로서의 해후였기에 솔직히 설레임 자체였어요. 잊지 않고 찾아주심이 어찌 그리 감격스럽고 행복했는지, 한두 번은 옛정이려니 하였지만 세 번째 재회와 네 번째 재회에서는 자매님의 진정성에 내 마음이 묶이고 말았답니다. 고마워요. 수많은 인고의 세월이 흘렀지만 주님을 향한 영혼을 첫사랑을 잃지않고 신앙의 정절을 고이 간직하여 지켜왔음에 칭찬을 아낄 수가 없네요. 그렇지 않고서야 어찌 저를 찾아줄 수 있었겠어요. 많은 고난 속에서도 믿음의 절개를 지켜 오셨음에 우리 주님의 은총이 더욱 충만하시리라 믿어지네요. 토한 이 미천한 자에 대하여 변함없는 사랑과 격려하는 예쁜 마음은 보다 원숙히 아름다워진 모습에 격이 어울려 더욱 고귀한 하나님의 따님이 아닐 수 없었어요. 더구나 마음과 마음, 뜻과 뜻이 통한다는 감정을 느꼈을 때는 아, 내 선한 싸움의 마지막 길을 함께 갈 수 있는 길벗이요, 동지였으면 좋겠다는 바램을 느꼈답니다. 그러나 주님 안에서의 일은 다만 성령의 감동에 따르게 되는 것이니까요. 하여튼 우리의 재회는 주님의 섭리가 있으리라는 믿음이 생기네요. 아무쪼록 우리의 만남이 제게 기쁨이고 행복인 것처럼 우리 옥신 자매에게도 저와의 다시 만남이 기쁨이고 행복임은 물론 더 나아가 영혼의 평강함과 삶의 형통함이 충만한 동기부여가 되었으면 하는 기도의 마음입니다. 두서가 어땠는지 이 메시지가 실례가 되지 않았기를 바랍니다.

오늘도 사랑하시는 가족들과 함께 복된 하루이길 빌며.

제자 예찬

언제라도 생각할 적마다 맑고 고운 수선화처럼 아늑히 가까워지는 소녀와 같았어라 보이는 모습도 아름답지만 속 깊음이 더욱 아름다운 현숙한 여인의 나의 제자여, 그 인애로운 헤아림이 하늘을 닮고 바다를 닮았는가?

만나면 만날 적마다 친정애비 대하는 듯이 정성으로 섬기고 헤어질 땐 얇은 지갑까지 채워 보낸다. 아니, 멀리 떨어져 있을 때에도 저 먼저 안부를 전해오고 노신하는 몸 챙기라고 당부하여 이르니 이 어찌 내 딸이라 아니 할손가?

육신의 양친 부모님을 공경하기도 어려울텐데 소시적 신앙의 스승이 뭣이라고, 그리도 알뜰이 살펴 주는가? 혈육으로 낳지 않고 맘으로도 낳지 않았으나 신앙 안에서 낳은 딸이여, 내게 크나 큰 복이로다, 그녀에게 은총이 무궁하여라.

사랑하는 제자에게(1)

수십년의 세월이 흘렀다. 그때 만나 함께 했던 사람들 잊을 사람은 까맣게 잊고도 남을 세월이었는데 우린 서로가 잊어주지 못한 미더운 사이가 되어 마침내 믿음과 소망과 사랑의 영구한 끈을 다시금 잇게 되었구나.

얼마 안 있음 하얀 목련이 활짝 피어 나겠지? 앳띤 청소년 시절, 너는 내게 해맑은 하얀 목련 같은 소녀였다고 기억되는구나. 너의 이름 역시 목련꽃 같아서 목련이 피는 날에는 네 모습이 종종 생각났단다.

H.L아, 이렇게 만나줘서 정말 고맙구나. 더욱이는 아름다운 크리스천으로 살고 있으니 너무 고마워. 이젠 제자가 아니라 주님안에서 뜻을 함께 할 수 있는 동역자로 만나게 되었다는 사실이 내 가슴을 벅차게 하는구나.

이제 남은 여생 세상 다하는 날까지 우리 함께 주님의 기뻐하시는 뜻을 위해 헌신하며 살자꾸나. 그러므로 곁의 가족이 덩달아 행복을 누리고 관계되는 이들에게 주님의 은총을 넉넉히 나눠주는 겸손한 도구로 쓰여지자꾸나.

사랑하는 제자에게(2)

　　45년전 그때 나는 너랑 K숙이, 등이랑 너희들을 사랑과 존중을 받고 또한 내가 너희들을 사랑하고 아끼며 지낼적에 평생 그렇게 웃으며 행복하게 살거라 생각했었는데 K숙인 이미 그 나라에 앞서 갔고 오랜 세월을 우린 헤어져 지냈구나. 이제라도 나의 착한 H.L과 함께 영원한 진리와 생명의 교제를 나누노라니 생각만해도 행복하고 우리 주님 예수께 엄청 감사하구나. 너도 그렇니?

제자의 답장

감사합니다. 목사님, 저 역시 ○○○형제님을 통해 처음 목사님 성함을 듣고 반가움과 설레임을 지금도 잊지 않고 있었어요. 그 옛날의 목사님의 따스함과 열정을, 은혜스러운 하나님의 말씀을 정말 제가 살아가는데 많은 도움과 말씀따라 살려고 노력했던 지난날이 생생하게 떠오르네요.

사모하는 목사님, 지금도 변함없이 저에게 사랑으로 맞이해 주셔서 다시 번 감사합니다. 항상 건강하셔서 하나님 말씀을 많은 영혼들에게 전파하셔서 살아계신 주님을 찬양할 수 있도록 인도해 주세요.

이 새벽에 목사님 문자에 감동과 하루의 시작이 행복합니다.

내 친구 옥이에게

　4월에 활짝 핀 백목련 같이 순결한 옥이야, 꽃다운 처자라고만 하기에는 현숙미를 풍기는 수려한 여인이로구나. 타고난 장애로 그늘진 영혼들의 불운이 눈물어린 연민을 품는 날개없는 천사여, 내가 처음 보았을 땐 너의 존귀함을 알아 보지 못했었지. 한동안 가까이 지내는 동안, 보석같이 빛나는 진실과 선함의 아름다움을 네게서 발견하고 난 그만 너에게 반해 버렸다.

　이상적 여인이라더니 그런 감정을 느낄 정도였단다. 늦어도 한참 늦은 나이의 내가 프로포즈를 할 수도 없고 좋은 낭군 만나 행복하기를 언제나 진심으로 빌 뿐이다. 이제는 헤어져서 멀리 있노라니 옥이가 보고 싶구나. 내가 너를 보고 싶어해도 괜찮겠니? 내 친구 옥이야!
　오늘도 네가 있는 장봉성에는 갈매기를 나르고 파도가 너울 거릴테지. 또한 가보고 싶구나.

소중한 순희에게

　아련한 추억 속에서 종종 떠올랐던 S.H야, 꿈인 듯 찾아지고 만나져서 얼마나 반가운지? 너와의 통화후 맘속에 행복한 기쁨이 샘처럼 솟음을 느꼈다. 그때 그 소녀가 그립고 궁금했는데 드디어 만나게 되었구나. 고마워, 험난한 세파에 굴하지 않고 오늘까지 당당히 버티고 이겨내어 우리의 만남이 승리의 환희가 되게 하여 줘서…. 이젠 너도 60고개를 넘어 황혼길에 접은 즈음에 주님의 사랑과 신뢰 안에서 우리 함께 인생의 노을을 아름답게 물들여 보자꾸나 사랑하는 제자야.

그리운 벗님들께

벌써 4반세기가 지났네요. 25년전, 신앙의 동지로서 누구보다도 가깝게 여겨지던 형제와 자매로서 함께하는 나머지 어느 날 두 분의 호위를 받으며 수정동성결교회 선교예배의 설교를 하러 갔었지요. 그때 그곳에서 저의 설교에 은혜받는 곁의 성도들을 보고 두 분은 저를 매우 자랑스러워 하시며 얼마나 좋아 하셨던지. 지금도 그 모습이 생생히 떠오릅니다. 그래요, 두분께서는 저를 그토록 사랑하시고 귀중히 여겨 주셨습니다. 그러니 제가 그 사랑을 어찌 (눈을 감는다 한들) 잊겠습니까?

저는 요즈음 감사하옵게는 그때처럼 여전히 강단에 서서 주님의 말씀을 전파하는 행복을 누리고 있습니다. 이러한 사실은 두 분의 진정한 축복 덕택이라 사료됩니다. 보내오신 메시지를 읽노라니 저에 대한 J현님, O자님의 사랑이 지금도 여전하시구나! 라는 감동을 숨길 수가 없습니다. 우리 비록 눈 멀리, 몸 멀리 있어 아쉬움이 가득하지만 예수님 안에서 맺어진 인연과 사랑은 영원함을 믿기에 서글퍼지지는 않습니다. 늘 주님 앞에서 순결한 영혼 되어 샬롬으로 함께 하길 빌겠습니다. 사랑합니다.

인연에 대하여

사람과 사람 사이에 맺어는 관계, 이를 가리켜 인연이라 한다. 인연은 여러 가지 형태가 있다마는 크게 세 가지로 나눠볼 수 있다. 첫째는 좋은 인연과 나쁜 인연이 있고 둘째는 긴 인연과 짧은 인연이 있고 셋째는 변찮는 인연과 변하는 인연이 있다. 좋은 인연, 즉 호연은 서로에게 유익을 끼치고 나쁜 인연, 즉 악연은 서로에게 유해를 끼친다. 그런 의미에서 호연은 길게 가야 좋고 악연은 짧게 가야 좋다.

동시에 마무리 호연이고 악연일지라도 변수가 있다는 것을 참고해 둘 필요가 있다. 변할 수 있다는 사실 때문이다. 경우에 따라서는 호연이 악연으로 악연이 호연으로 달라질 수 있다는 말이다. 가장 중요한 문제는 호연이든 악연이든간에 그 언연에 대한 나의 태도가 중요하다. 다시 말해 어떻게 관계하느냐에 따라 상황이 달라질 수 있다는 것이다. 한가지 비결! 호연이라 방심말고 악연이라 낙심말자!

인연의 끈

아무리 튼튼하고 견실했던 끈이라도 멀어져 있으면 눈 멀고 맘 멀어 삭아지는 사람에 소리없이 끊어지고 만다. 오랜만에 만나 옛 정을 되살려 다시 이어 보지만 며칠 안가 또 끊어지고 만다. 이런 인연은 참된 인연이라 할 수 없다. 참된 인연은 가까이 있든, 머얼리 있든, 또한 어떤 연유로든, 끊어지지 않는다. 이런 인연은 바로 예수 안에서 맺은 인연일 것이다. 인연은 만남에서 비롯한다. 만남에는 짧은 만남이 있고 긴 만남이 있다 하지만 만남이 길고 짧았대서 인연마저 길고 짧은 것은 아니다. 긴 만남이었어도 오래잖아 끊어지는 인연이 있고 짧은 만남이었어도 죽을 때까지 이어지는 인연이 있다 하지만 길고 짧은 것에 상관없이 중요한 것은 좋은 인연이냐? 나쁜 인연이냐? 이다. 비록 짧더라도 좋은 인연이라면 길면서도 나쁜 인연보단 낫고 좋은 인연으로서 길게 간다면은 더욱 복된 일이다. 그렇다면 좋은 인연이란 무엇인가? 이는 서로에게 이익이 되고 기쁨이 되고 도움이 되고 행복이 되는 관계이다. 이 끈이야말로 일평생 끊어질줄 모르는 사랑의 끈이다. 이런 인연의 끈이 이어지고 있는가?

가혹한 사랑의 인연

인간사의 모든 인연 중에 가장 기쁘고 행복한 인연은 남녀간 사랑의 인연인줄 안다마는 사실은 가장 슬프고 가혹한 인연이다. 그 슬픔과 가혹함은 그 사랑이 진실하면 진실할수록 더하다 잠시 불장난으로 하는 사랑은 오히려 슬프지 아니하고 가혹치도 않은데.

그렇다, 애초부터 사랑이 진실하지 않다면 가혹한 시련에 접할 까닭도 없다 진실하고 진실하려니까 시련에 맞닿게 되는 것이다. 진실한 사랑이란 무엇일까? 자기의 유익이나 행복을 구치않고 사랑하는 이의 유익과 행복을 위해 자신의 모든 것을 바치고 희생하는 것이다.

어떻게 아느냐고? 듣고 보아 안다 하겠지만 사실은 하고 있기에 너무나 잘 안다. 그러나 어떠한 사랑을 하든 진실하다면 결코 잘못일순 없다. 허나 진실한 사랑은 뭐라 할 수 없는 어떤 기운? 곧 악의 세력의 질투로 독한 고초를 당한다 이제 진실한 사랑의 과제는 참고 이겨내는 것 뿐이다.

이별 전날

마침내 이별의 날은 왔다 내일이 그날이니 나는 더 이상 서글퍼 아니 하고 떠날난다. 여기서는 이별이지만 거기서는 또 만남이다.

울어야 할 사이인가 싶더니 또 웃어야 할 사이가 되고 웃어야 할 사이 인가 싶더니 또 울어야 하는 이런게 인생이런가?

하얀 구름이 검은 구름되고 검은 구름이 하얀 구름되고, 햇볕이 날 때와 비와 눈이 내릴 때가 있다 삶이란 밤과 낮을 번거루 지나는 것,

기쁨도 슬픔도 조화시켜야 할 일이다. 기쁘기만 하면 마음이 가물고 슬프기만 하면 마음이 질퍽하니 희비는 교차되는 게 적당하다.

간다고 너무 슬퍼말고 온다고 너무 기뻐말자. 인생이란 올 때 되어 오 는 것이고 갈 때 되어 가는 것인즉, 때를 아는 것이 현자의 지혜이다.

이별하면 이별하는대로 떠나 보내고 마주하면 마주하는대로 맞이 하 자. 희비가 지나치면 맘과 몸이 상한다. 바로 내일 그렇게 하자.

핸드폰 속의 연락처

내 핸드폰에는 362개의 연락처가 있다. 그리 많다 할 순 없지만 적다 할 수도 없다. 언뜻 살펴보니 몇몇들을 말고는 모두 소용 없다 싶은 생각이 든다. 일년내내 소식 한번 없고 내 쪽에서 걸어야 겨우 통화를 해보는 정도이다.

인정이란 세월이 흐르면 흐를수록 깊어간다던데 그건 옛말이고 요샌 나날이 메말라 가는 것 같다. 그래도 무슨 미련이 있어 이들의 이름을 지워버리지 못하는 걸까? 혹시나 처음의 우정과 애정을 회복할지도 모른다는 기대감 때문이다.

어쨌든 내 핸드폰 속의 이름들은 나와 인연을 맺은 사람들이다. 그 인연의 끈이 단단한 사람들과 느슨한 사람들 또한 간당간당한 사람들로 분류하여 볼 수 있다. 내 인생의 여정을 다하는 날까지 끊기지 않을 인연은 얼마나 될까?

그리고 내 핸드폰 손의 전화번호 362개는 앞으로 더 늘어날까 줄어들까? 나이가 늙어가는 도중이라 늘어나기보다는 줄어들 확률이 더 많을 것으로 예상된다 하지만 보다 중한 것은 숫자가 아니라 그 인연이 얼마나 좋은 인연이냐? 에 있다.

잊을 수 없는 인연에게

작정하고 맺은 인연은 아녔다면 작정하여 맺은 인연보다 더더욱 깊었던 인연이었네 하지만 시공이 벌려 놓으니 언제 가까웠었냐는 듯 단절되고 말았네

내가 어리석어서인가? 그 인연의 끈을 나는 아직 놓지 않고 있다네 한 번쯤 잡아당겨 봤지만, 저쪽서 이미 끊었는지 늘어진 줄만 따라오고 말았네

못 잊어 사방팔방에 소식을 찾아 겨우 통화를 반가이는 나눴지만, 그것으로 그만이었네 나는 그를 맘속에 고이 간직하고 있었지만, 그는 나를 벌써 제쳐놨나 보네.

아 그렇구나, 그랬나 보다. 나 혼자 못 잊어 한 것이 남사스럽다 싶네 나는 왜 이다지 마음이 냉골차지 못할까? 없던 자존심이 생겨나서 상처를 입고 있네.

그래도 천성이 이런 걸 어쩌겠나? 비록 한 때였지만 다정한 인연을 맺었던 그 지우를 난 죽을 때까지 못 잊을 것 같으네. 그래, 소식 주지 않아도 괜찮네! 행복하기만 하게.

사랑과 축복

한밤중 혼자서 적적할 때 연락하고 싶은 사람으로 그 누가 제일 먼저 편안하게 떠오르는가? 그라 바로 나에게는 가장 친밀한 사람이다.

오 나의 친밀한 사람이여, 이 한밤중 무엇을 하시는지요? 내가 지금 당신을 생각하는 것처럼 당신도 날 생각하시는지요?

당장 보고 싶으나 참을 수 있으니 내 걱정은 마시고 평강의 마음으로 편안한 잠을 이루소서 그리하시면 난 감사하고 행복하겠습니다.

그들은 어디에서 무엇을

나의 목회사역에서 중대한 고비를 맞고 있던 30대 중엽, 성공이냐? 실패이냐? 흥하느냐? 망하느냐? 의 기로에서 주님께서는 같은 형편처럼 고생을 하고 있는중에 그들 부부를 동역자로 만나게 하셨다. 나와 함께 한 교회를 섬기면서 그들은 영육과 재물이 형통한 복을 받아 누리기 시작했고 교회는 부흥되고 성장하여 나의 목회는 그야말로 성공의 궤도에 올라서기 시작했다. 그 누구보다도 그들(박집사 노집사) 내외는 나를 사랑하고 존중하여 받들기를 온 교인들의 모범이 되어 교회는 모일 때마다 화기애애하여 은혜가 넘쳤고 날로 날로 믿는 사람들이 더해졌다. 그렇다보니 우린 한 가족 한 식구 이상으로 친해졌다. 온 교인들도 그렇게 알고 인정할 정도였다.

그러다가 나는 또 다른 교회로 청빙을 받아 우린 동역의 현장에서 헤어지고 말았다. 하지만 우리의 우애는 변치않고 좋은 인연을 계속 이어 갔다. 그러나 그들이 자녀교육을 위하여 캐나다로 이민을 간 후, 이런 저런 연고를 겪으면서 흐지부지 인연이 끊어지고 말았다. 다시 찾아 다시 이어보려고 나는 애썼지만 그쪽의 가정환경이 복잡해지다 보니 뜻대로 되지 못했다. 그후, 20여년이 훌쩍 흘렀다. 간신히 주어 들은 기별로는 그들의 나에 대한 우애가 전같지 않다는 것을 느꼈다. '그렇지, 그들도 이젠 있는 곳에서 새 목사와 친해지고 있어야 마땅하겠지.' 소식 한번 없지만 내 영혼은 그들을 못잊어선지 종종 꿈속에서 애절하게 만난다.

아, 사람의 정이란 이리도 부질없는가? 죽을 때까지 변함없을줄 알았는데…. 그 사랑 그 언약이 이제 와서는 아무 소용이 없구나. 난 사실 아직도 그들의 사랑을 못잊고 다시 만나고픈 마음이 늘 간절하다. 혹시 그들도 나를 이처럼 생각할까, 그렇다면 죽기전에 한번 만나 보고 싶다. 아니라면 말고. 다만, 샬롬을 빌 뿐이다. 그러나 한갈 아쉬움은 여전히 남아 있다. 그때 함께 했던 시절이 너무나 정다웠기 때문이다. 내가 그들에게 베푼 사랑은 잘 모르겠고 그들이 내게 베푼 사랑은 잊을 수가 없다. 그들은 나의 초년 목회가 성공하는데 결정적 역할을 하였다 생각하면 생각할수록 참 고맙다.

참된 친구

참된 친구라면 그는 정상적인 부모 형제 부부 자식 못지않게, 아니 그 이상으로도 좋은 사랑이기도 하다. 그런 친구는 구체적으로 네가 나요, 내가 너인 사이이고 위급한 경우엔 서로를 위하여 자기 목숨을 버리는 사이이다. 그리고 또 한 가지 중요한 것은 늘 가까이, 즉 몸과 맘이 곁에 있어 언제라도 만날 수 있고 돌봐줄 수 있는 사이이다. 아무리 절친이라 해도 멀리 있어 어쩌다 겨우 만나는 사이라면 이웃사촌만 못하다.

아, 내겐 정말 참된 친구가 몇이나 있을까? 몇 명은커녕 한 명이라도 있는 건지, 이마저도 확신이 없다. 칠순까지 넘겨온 인생을 난 헛산 것이다. 내게 그런 친구가 없고 내가 그런 친구가 못되었으니 심히 한심스럽다. 그러나 천만다행이다! 황송하옵게도 주님 예수께서 나의 참된 친구가 되셨으니 그분은 나를 당신같이 여기셨고, 날 구원하시기 위해 당신 목숨을 버리셨다. 그리고 지금도 성령으로 함께 하신다.

이제 문제는 내게만 있다. 주님께서 나에게 참된 친구가 되셨듯이 내가 주님께 참된 친구가 되는 문제이다. 첫째는 내가 주님을 본받아 주님이 되는 것이고 둘째는 주님 위에 나의 생명을 바치는 것이며 셋째는 항상 주님과 함께 하는 것이다. 한 걸음 더 나아가선 주님께서 내게 먼저 참된 친구가 되어주신 것처럼 나도 역시 형제와 자매에게 먼저 참된 친구가 됨으로써 그들 중의 한 사람이라도 나의 참된 친구로 삼을 일이다.

친하면 친할수록

개인적으로 원수는 처음부터 원수였던 것은 아니다. 사실은 친구였었다. 그것도 아주 친했던, 서로의 생각과 어느 때 어느 일로 이해관계가 틀리는 바람에 한마음 한뜻이 갈라지게 되었고 피차 물러서지 않는자존심으로 결국은 헤어져서 원수가 되고 마는 것이다.

아무리 이물 없는 친구라 해도 조심하자. 언제 무슨 일로 친천지원수로 돌변할지 모르니까. 지나 놓고 보면 아주 사소한 일이었는데 커다란일로 도져서 돌이킬 수 없는 사달이 일어난다. 친하면 친할수록 더욱예를 다하자. 함부로 했다간 원수지간이 되어 치명상을 입을 수 있다.

친구의 허물을 알거든

친구가 당신에게 자신의 허물을 비밀스럽게 말했거든 그 비밀을 마음 깊이 숨기십시오. 그는 당신을 신뢰하여 마치 강아지가 사랑하는 주인에게 벌렁~ 하고 배를 보여줌 같이 자신의 약점을 숨김없이 들어 내 보인 까닭입니다.

그런데 뜻밖의 사람 중에는 그 비밀스런 허물과 약점을 재미 삼아 남들에게 누설하는 허튼 자들이 있어 놀랍습니다. 심지어 믿고 말한 그 사람이 배신할 때는 그 사람을 공격하는 창칼로 이용하는 간악한 자도 있습니다.

이러면 안됩니다. 더구나 신의로 맺어진 사이에는 더욱 그렇습니다. 결국 신의를 깨트리는 망치가 되기 때문입니다. 물론 그가 여전히 그런 잘못을 저지르고 있으면 애정어린 충고는 가능합니다. 그 외엔 그에게 농담으로도 말아야 합니다.

사랑을 미움으로 바꾸려는 겁니까?, 아니면 친구를 원수로 돌려놓을 작정입니까? 마십시오. 요즘 세상에선 믿을만한 친구를 만나기도 어렵습니다. 이미 있는 좋은 친구! 무슨 일이 있어도 잃지 마세요. 그럼 자신까지 잃는 허망한 노릇이 되니깐요.
나의 친구는 제2의 나 자신이다.

우정별곡(友情別曲)

세월이 흘러 지나가거든 보아라 아무리 좋아라고 가깝게 사귀어온 사이라도 진정한 친구가 아니라면 마침내는 떨어져 나가고 만다. 그 많던 잎새는 어느새 다 어디로 떨어져 나갔는지 겨울나무는 벌거벗은 채 홀로 떨고 서 있구나.

오랫동안 다정했던 친구야, 너와 연락이 끊긴 지 더욱 오래된 지금, 이 순간이 너무 야속하구나. 그렇게 만났다가 이렇게 헤어지게 된 것이 우리의 인연이었나? 그래도 너와 나의 우정은 마지막 진실인 줄 알았건만 아니고야 말았구나.

이 어디 너와 나 뿐이겠느냐? 모든 인생사들이 다 그러한 것을. 내가 잠시 잊은듯이 말하였구나. 이보다 더 오랜 세월이 지난 후에는 잠시 뿐이었을지라도 너와의 친밀했던 그 시절만은 슬프겠지만 아름다운 추억으로 떠오를 거야.

친구

이른 아침 일찍부터 전화로나마 안부를 나누고 싶은 친구가 그리울 때가 있다. 식전참 이런저런 이야기하고 싶은, 마음 통하는 친구가 있었으면 좋겠다. 그런데 솔직히 말해서 그런 친구가 떠오르지를 않는다. 마음의 거리가 멀고 허물의 간격이 있어 막상 통화할 상대가 없다. 허울상 친구라곤 하지만 실상은 각각 딴 세계에 살고 있는 것 같다. 내가 이렇게 외톨박이였던 말인가? 이제껏 헛살았나보다. 허심탄회할 친구 하나도 새겨놓질 못했으니. 내 속의 비밀마저 숨김없이 털어놓을 친구가 예수님 말고는 아무도 없었단 말인가!

우리의 인연을 어떻게

이 세상 모든 것과 모든 사람은 다 떠나갑니다. 아니 가는 것은 무엇이며 아니 가는 사람은 누구일까요?

아니 가는 것은 없는 것 같네요. 사랑도 가고 행복도 다 가지요. 아니 가는 사람도 없는 것 같구요. 나도 갈 거고 그대도 갈 겁니다.

모든 것이, 모든 사람이, 다 이렇게 가는데 가기 전에 우리는 어떻게 해야 되는 걸까요? 바람처럼 그냥 스쳐 지나갈 순 없잖아요.

특히 그대와 나는 하늘의 섭리를 따라 귀한 인연을 맺었는데 어찌 이어가야 할까요? 생을 다하도록 합력하여 선을 이루었으면.

제5장

사랑에 대하여

。

참사랑에 대하여 1

무슨 문제가 있는가? 조건 없이 사랑하는데. 나도 그도 서로에게 무슨 조건을 걸고서 사랑하는가? 재물, 쾌락, 명예, 아무 조건이 없다. 그저 상대방이 사랑스러우니 사랑하고 귀히 여겨 베풀며 섬기는 것이다.

나는 사랑에게서 무엇을 바라는가? 사랑만을 바랄 뿐 아무것도 바라지 않는다. 글쎄, 사랑마저도 바라지 말아야 했던가? 여기에 누구를 사랑한들 무슨 허물이 있다 하겠는가? 조건 없는 사랑이야말로 참사랑이기에 아무런 문제가 생기지 않는다.

나는 조건 없이 당신을 사랑한다. 당신도 조건없이 나를 사랑한다. 이얼마나 부담없고 자유하는 사랑인가? 사랑이 부담스러운 것은 자신도 모르는 사이에 욕심에 미혹되어 조건이 생긴 까닭이다. 참사랑은 욕심이 없기에 무조건이다.

참사랑에 대하여 2

　누구는 사랑하고 누구는 사랑 않고. 이건 차별이다. 사랑은 차별하지 않는다. 여러 자녀의 엄마가 여러 자녀를 똑같이 사랑하듯이 참사랑은 보편적이어서 만인을 사랑한다. 이 사람을 사랑하느라고 저 사람을 따돌리지 않는다.

　바다는 흘러들어 오는 물은 모두 받아들인다. 창조주가 그리 만드신 바이지만 깨끗한 물이나 더러운 물이나, 뜨거운 물이나 차가운 물이나 차별 않고 가슴으로 품는다. 이게 바로 참사랑으로서의 보편적인 표상이다. 그래서 바다같은 사랑이라 하는 것이다.

　사랑의 결과는 가까이는 화목이다. 그리고 멀리는 평화이다. 누구는 사랑하고 누구는 사랑 않고 이는 본의는 아니겠지만 편 가르기고 불화이다. 끼리끼리는 동지를 만드는 행위이나 불행하게도 적을 만드는 행위이기도 하다. 완전한 사랑은 평화적이다.

사랑한다는 것

어렵게 생각 말자

좋아하고 반겨주고 함께하고 도와주고 존중하고 이해하고 용서하면 된다.

물론, 이 중에서 가장 힘든 것은 용서이겠지만.

완전한 사랑

완전한 사랑은 성숙한 사랑입니다. 성숙한 사랑은 쉬이 상처받지 않습니다.

완전한 사랑은 진실한 사랑입니다. 진실한 사랑은 추호의 거짓이 없습니다.

완전한 사랑은 굳건한 사랑입니다. 굳건한 사랑은 결코 흔들리지 않습니다.

완전한 사랑은 진실한 사랑입니다. 진실한 사랑은 조금도 변하지 않습니다.

완전한 사랑은 미더운 사랑입니다. 미더운 사랑은 전혀 의심이 없습니다.

완전한 사랑은 희망찬 사랑입니다. 희망찬 사랑은 낙망과 절망이 없습니다.

완전한 사랑은 영원한 사랑입니다. 영원한 사랑은 한도 끝도 없습니다.

사랑의 정체를 아는가

너와 나는 너와 나도 알 수 없는 사랑을 하고 있다 도대체 무엇 때문에 서로를 좋아하고 사랑을 하는건지 누가 먼저 그랬는지 무슨 축복이 있어선지 아직은 희미하고 여전히 막연하다. 그냥 때때로 진심에서 넘쳐나는 사랑의 감정만이 확실하다. 그 여세로 우리는 서로를 존귀히 여기고 아끼어 섬기며 보살핀다.

나는 왜 당신을 사랑하는 건지 당신은 왜 나를 사랑하는건지 알 듯 말 듯 사실은 모르겠다. 서로가 서로에게 무슨 이득을 바라는 생각은 추호도 없다. 당신은 내게 이익이 된다손 해도 나는 당신에게 아무런 이익이 안됨을 내가 이미 잘 안다. 그러므로 우리는 우리의 사랑을 아가페라고 할 수밖에 없다.

어떤 사랑

당신을 향한 나의 마음은 사랑의 꽃바구니입니다. 오직 당신께만 바치고자 정성으로 모아 놓은 꽃다발이 백만송이로 아람이 되었습니다.

바야흐로 송이 송이를 차례 차례 꺼내 들어 당신의 가슴에 안겨 드립니다. 오래 전부터 당신을 남몰래 기다려온 나의 사랑을 받아 주시겠습니까?

이 날이 오기를 나는 오래 기다렸지요. 수많은 사람들이 내 앞을 스쳐 지나갈 때 혹시나 하고 눈여겨 보았지만 나의 당신은 아니었습니다.

마침내 당신이 내게 오셨습니다. 나의 기다림은 헛되지 않았어요. 자, 나의 사랑을 홀로 받으십시오. 내 마음까지 당신께 모두 다 드립니다.

참된 사랑의 길은

사랑하는 연인들이 사랑을 하면서도 헤어지는 것은 사랑하기가 너무 힘들어서 마지못해 헤어지는 것 같아요. 사랑을 하노라면 자신들의 인격이 참된 사랑을 감당할 만큼 성숙하지 못해 힘이 들 수 있고 아니면 주변의 사람들이 힘들게 하여 견디다 못해 포기하는 경우도 있죠.

사람에게 사랑한다는 것 가장 좋은 일이기는 하지만 쉬운 일은 아니죠. 어영 부영 놀이 삼아 하는 것이라면 어려울 것이 없겠지만 진지하고 진실하게 한다면 결코 쉬운 일이 아니지요. 사랑은 장난이 아니니깐요. 온갖 정성과 노력이 부족하다면 마지막에는 목숨까지 바쳐야 하는 것이 참된 사랑입니다.

철이 없어 사랑이 어려운 줄 몰랐던가요? 기쁘고 즐거울 줄만 알았지 슬프고 괴로울 줄은 몰랐겠지요. 사랑엔 기쁨이 있지만 슬픔도 있고 사랑엔 쾌락이 있지만 고통도 있더이다. 사랑의 길은 꽃길이기도 하지만 사실은 가시밭길 이기도 합니다. 그러나 그 결말은 영원한 생명이요 행복입니다.

진짜 사랑을 하며 살자

사랑이 무엇인가는 웬만하면 다 아는 이치. 상대를 좋아하고 예뻐하고 아껴 주고 돌봐주는 마음이다. 사랑은 아는 것보다 행하는 것이 중요하다. 바로 여기에서 진짜 사랑과 가짜 사랑이 파생하기 때문이다.

진짜 사랑은 그 자체가 사랑의 완전함으로써 사람을 진정 사람이게 하고 삶 가운데서 행복의 극치를 누리게 한다. 하지만 가짜 사랑은 진짜 사랑보다 더욱 진짜스럽지만 그 결말은 허무와 슬픔으로 종식되니 절망이다.

삶이란 사랑하는 것일지니 진짜 사랑을 하며 살자. 아무런 조건이 없고 차별이 없으며 끝까지 변함이 없는 사랑 말이다. 가짜 사랑은 후회와 슬픔을 자아내지만 진짜 사랑은 삶의 보람과 기쁨을 자아낸다. 이 사랑은 곧 완전한 사랑이다.

우리 사랑의 모티브

당신이 나를 사랑하게 된 것은 이 부족한 나를 존경해서랬지요? 나도 당신을 사랑함에는 역시 동기가 있을지요. 그것은 당신이 예수님의 이름으로 나를 지극한 정성으로 섬겨주심에 대한 진실한 감사랍니다. 그렇군요, 너무나 감사하기에 사랑할 수도 있는 거군요. 예전엔 내가 미처 생각지도 못했던 사실이네요.

존경으로 시작되는 사랑은 참 겸손한 사랑이지요. 감사로 시작된 사랑은 어떤 사랑일까요? 역시 겸손한 사랑일 수밖에 없네요. 그렇습니다. 내게 대한 당신의 사랑이 겸손한 만큼 당신께 대한 나의 사랑도 겸손합니다. 우린 그렇게 서로에게 겸손히 사랑하고 있습니다. 참 착하고 순진한 사랑인 거지요. 그래서 참 아름답구요.

사랑해야 할 때

사랑할 때 더욱 사랑해야 할 때는 언제인가? 보통사람들은 좋을 때 곧 좋아할 때 죽어라고 사랑한다. 정녕 좋을 때 곧 좋아할 때만이 사랑의 적기인가? 아니다. 다른 사랑은 그렇다 할찌라도 예수 사랑은 아니다. 예수 안에서의 사랑은 오히려 안 좋을 때 곧 무진 미워질 때가 적기이다. 좋아서 하는 사랑은 아무나 할 수 있다. 그러나 미워도 하는 사랑은 예수 안에 있는 자만이 할 수 있다. 당연히 그래야만 그리스도인이다. 그렇지 않으면 그리스도인이 아닌 것이다. 그리스도인이 정작 사랑해야 할 때는 미울 때, 미워질 때 이다. 그럴 때 사랑해야만이 진짜 사랑하는 것이다. 누구나 미워질 때 마음속에 증오가 끓어올 때 그 때가 바로 용서하고 사랑해야 할 때이다.

임을 찾아 임을 따라

나의 사랑하는 임이시여, 임이 계신 곳이라면 어디인들 내 어이 찾아 가지 않으오리이까? 태평양의 넓은 바다라도 건너가고 티벳트의 높은 산맥이라도 넘어 가오리이다. 임은 나의 생명보다 더욱 귀한 사랑이시 온즉 임이 계신 곳이라면 천리만리 가시밭길 심지어 저승인들 어이 아니 가오리이까?

너무 멀어, 힘이 들어, 도저히 못가온다 함은 진정 사랑하는 임이 아니기에 핑계하는 것이겠죠. 오오 주여, 주님은 나의 임이시옵니다. 당신께서 계신 곳이라면 빈들이라도 찾아 가겠고 당신께서 오라시면 사막이라도 따라 가오리이다. 임을 향한 사랑의 불길이 내 생명을 태워 재가 되게 할 때까지.

사랑의 미래

　모든 일과 존재에는 미래가 있다. 그 미래가 절망이냐 희망이냐의 다름이 있을 뿐이다. 사랑의 미래는 무엇일까 희망일까? 절망일까? 사랑도 사랑 나름이리라 탐욕적 사랑의 미래는 절망일 것이나 희생적 사랑은 희망일 것이다. 탐욕적 사랑은 육체적이고 쾌락적이며 이기적인 반면 희생적 사랑은 영혼적이고 심미적이고 이타적이다. 탐욕적 사랑의 끝은 저주와 지옥이고 희생적 사랑의 끝은 축복이고 낙원이다. 지금 나와 너와의 사랑은 어떠한가? 탐욕적인가, 희생적인가, 그 미래는 벌써부터 각각 정해져 있다.

얼마 남지 않은 시간

나의 사랑하는 사람이여, 우리 서로 사랑할 시간이 많지 않습니다. 덧없이 지나 보낸 나날들이 너무나 많이 남아있는 나날들은 얼마 되지 않을 것이기 때문입니다. 그야말로 사랑하며 살기에도 모자란 나날들. 행여 이유가 타당하더라도 다투면서 보내기엔 너무나 아까운 시간, 시간들입니다.

나의 사랑하는 사람이여, 우리 함께 충성할 시간이 많지 않습니다. 어릴 적부터 진리의 소명을 받고 오직 한 길을 쫓아 황혼녘까지 살아온 세월. 이젠 얼마 남지 않음이 분명하건만 이렇다할 남긴 달란트는 매우 보잘 것이 없습니다. 끝까지 충성하여 주어진 사명의 달란트를 한 개라도 더 남겨야지 않겠습니까?

사랑은 떠나가도

사랑이 장구할줄 안다만 언젠가는 떠나갑니다. 남녀간의 사랑 말입니다. 오늘날에 와선 드뭅니다만 평생을 같이 하는 사랑도 있긴 있습니다. 참 아름답고 행복한 사랑입니다. 하지만 더욱 많은 경우들은 결국 본의 아니게 헤어지고 말더군요. 진정 헤어지지 않길 원한다면 극히 조심해야 합니다. 존재의 원리라는 것은 연합과 분열의 성질을 갖고 있는 까닭입니다. 사랑도 이 원리의 영향을 받고 있습니다.

까닭에 연인들은 만남을 행복해 하면서도 언젠가 닥쳐올 이별을 예견하며 불안해 마지 않습니다. 하지만 인생이란 만나고 헤어지는 것, 사랑도 예외는 아닙니다. 다만 사랑이 참되었다면 만남이 아름다웠던 만큼 이별도 아름다워야 할 것입니다. 그것은 미움으로 헤어지지 않는 것입니다.

정녕 진실한 사랑을 나눈 사이라면 증오와 원망으로 서로를 저주하는 원수가 아닌 연민과 존중으로 서로의 행복을 빌어주는 친구로 헤어져야 할 것입니다. 잘 만난 것처럼 잘 헤어져야 할 것입니다. 잘 헤어질 수가 없다면 방법은 간단합니다. 죽을 때까지 헤어지지 않으면 되는 것이지요.

사랑에 대하여

사랑에는 나름대로 정의(正義)가 참 많지요. 그러나 나는 단 한 가지 정의만을 수용합니다. 그 정의는 사랑은 함께 하는 것입니다. 이야말로 사랑의 본연이지요. 사랑은 함께 하고 싶어 하는 것 이상으로 함께 하는 것입니다. 몸만이 아니라 마음으로 함께하고 호강만이 아니라 고생도 함께 하고 어느 때 어느 곳 뿐만이 아니라 언제 어디라도 함께 하는 것이 사랑이라 나는 확신합니다.

당신은 지금 어딘가에서 홀로 있으면서 누군가와 함께 하고 싶은 마음이 생기나요? 그렇다면 당신은 그 누군가를 사랑하는 것입니다. 그가 가족이든 친구이든 동료이든 혹은 이성이든 당신은 진정 그를 사랑하기 때문에 그와 함께 하고 싶은 생각이 나는 것입니다. 그렇다면 그와 함께 하세요. 기쁨과 웃음을 함께 하고 슬픔과 울음도 함께 하세요. 그것이 삶으로서의 행복이니까요.

진실한 사랑에 대하여

분명히 알아 둘 것이 있습니다. 가족이든 연인이든 친구이든 죽을 때까지 함께하는 이가 나를 진정으로 사랑하는 사람입니다. 아무리 당신만을 사랑한다 서약을 했어도 그 약속을 죽기까지 지키지 않는다면 참된 사랑은 아닙니다. 사람에게 죽음이란 누가 먼저이고 나중이라 할 수 있는 것은 아니지만 대개 앞서거나 뒷서거나 어느 누가 먼저이든 바로 그때 죽기까지 함께 하고 있는 그가 진실로 나를 사랑하는 연인이요 친구임에 틀림이 없는 것입니다. 그런즉 누구든지 사랑한다면 죽을 때까지 함께 해야 합니다. 죽기 전에 떠난다면 배신자가 되는 것입니다. 왜냐하면 친정이든 연정이든 우정이든 사랑은 죽도록 함께 하는 것인 까닭입니다.

사랑의 성장을 바라며

사랑이 좋아서 사랑합니다만 종종 힘들 때가 있어요. 너무 힘이 들면 사랑을 못 하겠다는 생각이 들 때도 있었지요.

무슨 일이 힘든 건 그 일에 서툴기 때문이듯이 사랑이 힘든 것이 그 사랑이 서툰 까닭이겠지요. 그래도 난 사랑하기를 포기할 순 없어요.

왜냐구요? 내 사랑은 진정이니까요! 동시에 나를 사랑해주는 그 사랑들도 진정임을 아니까요. 어쨌든 사랑을 지속하면 언젠가는 익숙해지겠지요?

그때에는 사랑이 힘들지 않겠지요. 좋기만 할 거에요. 여보세요? 그때가 될 때까지 내 사랑을 참아 주실래요? 나는 마침내 성장할 테니까요.

그대에 비하면

나는 가난해도 괜찮아요 당신은 가난이 처음이라 힘들겠지만 나는 여러번 가난했으니까요.

나는 슬퍼져도 괜찮아요 당신은 슬프면 몸과 맘이 아프지만 나는 슬퍼도 아프지는 않으니까요.

나는 버려져도 괜찮아요 당신은 귀중한 사람이지만 나는 버려져도 아깝잖은 비천한 자이니까요.

나는 외로워도 괜찮아요 당신은 외로움이 힘들겠지만 내게는 외로움이 친구가 되었으니까요.

나는 죽어도 괜찮아요 당신은 아직 할 일이 많아 살아야만 되지만 나는 이제껏 살만큼 살았으니까요.

나는 불행해도 괜찮아요 당신은 마땅히 행복해야 되는 천사! 나는 당신으로 무척 행복했으니까요.

나는 어떤 처지에서 무슨 일을 만나도 괜찮아요 당신만 행복하면 나는 그것으로 족할테니까요.

사랑의 용기
The Vraveri of Love

사랑을 온전하게 하려면 용기가 필요함을 알았다. 그것도 작은 용기가 아닌 커다란 용기가 절실한 사실을 깨달은 것이다. 사랑이 실패하는 대부분의 경우는 용기가 부족해서 그렇다 시작할 때는 용기를 가지고 사랑했지만, 얼마쯤 가서는 그 용기가 모자라서 그만 포기하고 말기 때문이다.

커다란 용기란 사랑함으로 말미암아 겪게 되는 온갖 어려움을 마다않고 맞부딪쳐 나아가는 담대함 곧 불굴의 의지를 일컬음이다. 사랑한다는 사실은 희희낙락(喜喜樂樂)한 것만은 아니다. 애애고고(哀哀苦苦)한 것이기도 하다. 사랑하지 않았더라면 슬플 일도 괴로운 일도 없으련만 사랑했기 때문에 슬프고 괴로운 일들이 얼마나 허다한가?

그렇다 사랑을 하려면 용기가 절실하다. 무슨 용기? 슬퍼할 수 있는 용기! 괴로울 수 있는 용기! 말이다. 이는 그리스도인이 주님 예수 그리스도를 사랑함에 있어서도 마찬가지이다. 예수님을 사랑하려면 그에 합당한 용기가 있어야 한다. 즉 그 이름을 인하여 욕을 먹고 핍박을 당하며 모함에 휩쓸릴 용기가 있어야 되는 것이다.

아, 아, 사랑의 길은 꽃길 즉 행복의 길만은 아니다. 가시밭길 곧 고난의 길이기도 하다. 그러나 그 험한 가시밭길마저도 마다 않고서 꽃길처럼 기꺼운 마음으로 걷는 것이 참다운 사랑의 길이다. 이럴 용기가 있는가? 사랑할 자격이 충분하다! 이럴 용기가 없는가? 용기가 생길 때까지 기다리라 사랑은 장난이 아니니까.

사랑을 지켜가는 인내

사랑은 하는 것만이 아니라 믿음과 같이 지키는 것이기도 합니다. 사랑은 늘 해야 하는 것이지만 또한 지키기도 해야 하는 것입니다.

사랑을 하려면 무엇보다도 열정이 있어야 합니다. 마찬가지로 사랑을 지키려면 인내가 있어야 합니다. 왜냐면 시련이 닥치기 때문입니다.

사랑의 시련을 극복하려면 열정 한 가지고서는 불가능합니다. 열정은 태우는 성질이 있기에 지나칠 땐 사랑을 위험하게 할 수도 있습니다.

열정은 사랑을 활기롭게는 하지만 사랑을 지켜내지는 못합니다. 오직 인내로써만 사랑을 모든 위험에서 지켜낼 수가 있습니다.

이른바 성공적인 사랑을 하고 자면 인내해야 합니다. 많은 사랑 심지어 진실한 사랑 조차 실패하는 까닭은 모두 인내하지 않아서 그렇습니다.

사실상 사랑에는 인내라는 효소가 함유되어 있습니다. 성경에 "사랑은 오래 참고"(고전 13:40라는 말씀이 첫 번째로 나와 있습니다.

사랑의 행복은 지켜야 안전합니다. 사랑은 하는 것도 받는 것도 어렵지만 지켜가는 것이 더 어렵습니다. 이 사랑을 지켜가는 것이 인내입니다.

진실로 사랑을 하면은

그대가 누구를 사랑하든 진실로 사랑을 하면은 사랑하는 그이와 하나가 됩니다.

맘이 하나 되고 뜻이 하나 되고 말이 하나 되고 몸이 하나 되고 목숨조차 하나가 됩니다.

사랑을 한다면서도 하나가 되지 않는다면 그것은 사랑하는 것이 아닙니다.

그대는 지금 누구를 사랑합니까? 진정으로 누군가를 사랑한다면 그대는 그 누군가가 될 것입니다.

진실로 사랑을 사면은 그는 내가 되고 나는 그가 되어 나를 위해 살지 않고 그를 위해 살게 됩니다.

예수를 사랑하십니까? 아주 잘하는 일입니다. 그대는 이미 예수가 되었고 예수로 살게 되었습니다. 축하해요.

또 누군가를 사랑하십니까? 예수 안에서 사랑하십시오. 그리하면 그도 예수로 살게 될 것입니다.

나는 당신의 나룻배입니다

강을 건너야 하는데 물이 깊어 걸어갈 수가 없고 물살이 사나워 헤엄쳐 갈 수도 없습니다.

어쩔 줄을 몰라 강둑에 우두커니 서 있는 당신~ 당신을 위하여 나는 나룻배가 되어 기다립니다.

어서 내게 오르셔서 노저으세요. 나는 당신이 젓는 대로 저 건너편 언덕으로 향하겠습니다.

인생은 건너가야 하는 강, 나룻배가 없이는 건너갈 수 없사오니, 나는 당신의 나룻배 되어 함께 건너렵니다.

사랑하며 살자스라

사랑은 누구나 하는 게 아니지요
순정과 희생의 사람이 하는 거지요
사랑을 함부로 해서는 아니 되지요
마음과 정성을 다하여 해야 되지요

사랑엔 기쁨이 있고 슬픔도 있어요
즐거움도 괴로움도 번갈아 있어요
그렇기에 사랑은 누구나 할 수 없죠
인내와 끈기의 사람이 하는 거지요

사랑할 자격과 준비가 되었는가요
주저하지 마세요 미루지도 마세요
범~사에 때가 있듯이 사랑도 그래요
때를 놓친다면 사랑할 수가 없어요

사랑이 힘들다구요? 어렵다구요?
그래도 사랑을 하면서 사는 것이
사랑을 않고서 편히 사는 것 보다
인~생을 사람답게 사는 거랍니다

사람과 사랑

삶이 더욱 소중한 것은 사랑하는 사람 때문이다. 절망적인 순간이 닥쳐와 죽고 싶은 상황이 닥쳐도 사랑하는 사람 때문에 악마적인 죽음의 유혹을 물리치게 된다.

진실로 사랑은 죽음보다 강하다 사람은 사랑하기에 살고 사랑은 사람을 살게 하기 때문이다. 만일 사람들 가운데 사랑이 없다 하자 살 수 있을까?

사람으로 사람답게 살 수는 없을 것이다. 무릇 사람의 사람다움은 사랑으로 말미암고 또한 그렇게 살 수 있음도 사랑으로 말미암기 때문이다.

아아, 사람과 사랑, 사랑과 사람은 처음부터 둘 같은 하나 하나 같은 둘이다 사랑 없는 사람은 사람이 아니고 사람 없이 사람은 존재 이유조차 없다.

사람은 유한하나 영원을 사모한다. 사람은 과연 영원할 수 있는 걸까? 사람이 영원할 수 있다면 그 일은 사랑으로 가능할 것이다. 왜냐하면 사랑은 神처럼 영원하기 때문이다.

세상을 사는 동안에 돈, 명예, 성공, 호강, 건강, 향락, 이 아무리 귀하다 한들 사랑보다 더 귀할 수 있으랴! 사랑이 제일이다. 이 사실을 알고 있는가? 그대는 정녕 賢者 이다.

사랑은 그저 사랑입니다

사랑하는데 무슨 이유가 있나요? 또 어떤 목적이 있나요? 참사랑에는 이유가 없고 목적도 없어요. 그저 사랑할 뿐이지요.

이유가 있어 사랑한다면 그 이유가 없어지면 사랑도 없어지나요? 목적이 있어 사랑한다면 그 목적이 이뤄지면 사랑은 필요 없나요?

그렇다면 그 사랑은 수단이나 도구에 지나지 않으니 그리 중한 것이 아니네요. 사랑은 이유와 목적이 있어 있는 것이 아닙니다.

사랑엔 이유도 목적도 없습니다. 사랑은 그저 사랑이어서 사랑을 하는 것입니다. 어떤 까닭이 있는 사랑이라면 참사랑이 아닙니다.

사랑하니까

내가 누군가를 그리워한다는 것은 그 누군가를 사랑하기 때문이란 것을 벌써 나 혼자 알고 있었지요.

하지만 내가 누군가를 궁금해하는 것은 그 누군가를 사랑하는 것임을 알게 된 것은 당신 때문입니다.

어찌 지내시는지 늘 궁금합니다. 혹시 남다른 고생을 하시며 남몰래 눈물짓지는 않을까 늘 걱정입니다.

부디 평안하고 몸 건강히 지내세요. 좋은 일이 많으시고 행복하세요. 당신을 사랑하니까 비는 겁니다.

사랑이라는 것

사람이 특히 남녀가 사랑을 하게 되는 것은 서로에게 매력에 끌려서 즉 호감을 갖게 되어 사랑을 하기 시작한다. 그렇게 사랑을 하고부터는 언약이 되어져서 이제는 호감만이 아니라 비호감이 들어도 사랑을 하게 된다. 정녕 진정한 사랑이란 이러면 사랑을 하고 저러면 사랑을 안 하고가 아니다. 이래도 사랑하고 저래도 사랑한다. 그래서 평생을 해로하는 것이다. 다시말해 장점만 있대서 사랑하는 것이 아니라 단점이 있어도 사랑한 것이다. 참사랑이란 상대의 좋은 점만 얼싸안는 것이기보다는 나쁜 점 까지도 품어주는 것이다. 그래서 사랑은 쉬운 일이 아니고 힘든 일이다. 예수께서 죄인을 사랑하셨다 할 때 죄인이 뭐가 그리 좋아서 사랑하셨겠는가? 나쁨에도 사랑하신 것이 아니었던가? 결국 참사랑이란 그럼에도 불구하고 하는 것이다. 때문에 누구를 사랑한다면 이미 사랑을 하는만큼 그의 단점과 약점과 맘에 들지 않는 부분이 있다해도 그는 내가 사랑하는 사람이니까 끝까지 사랑할 것이다. 왜냐하면 나는 그를 참으로 사랑하니까.

아가페 필리아 에로스

아가페는 자비로우신 하나님의 성품으로서 보편적이어서 누구라도 함께할 수 있는 사랑이고 필리아는 친구들간의 우정이요 신의이기에 뜻맞는 사이라면 누구와도 함께할 수 있는 사랑이며 에로스는 성인남녀간의 애정으로 단 둘만의 비밀스러운 사귐으로서 독특한 사랑이다.

아가페는 빛나는 사랑, 필리아는 멋있는 사랑, 에로스는 달콤한 사랑, 세잎크로바 같은 꽃송이, 아가페는 필리아는 이타적이어서 사랑하는 마음이 늘 평온하고 즐거웁지만 에로스는 이타적이긴 하나 이기적이기도 하여 질투와 욕심이 소용돌이쳐 슬프고 괴로운 때가 많다. 에로스의 이 난제를 어찌 해결할까? 예수님 십자가에 못을 박아 아가페에 일치시킴만이 방법이다.

홀리아와 홀리스

홀리아는 거룩한 여인, 천사같이 아름답고 사랑가득한 크리스천, 마을과 교회의 가난한 이들과 병든 이들과 외로운 노인들이 흠모하고 존경하는 성녀, 주 예수님을 제일로 사랑하는 온유하고 겸손한 여종입니다. 평범한 서민에 지나지 않던 내가 비범한 홀리아를 만나 사랑을 입다보니 나 감히 영광스럽게 거룩한 홀리스가 되었습니다. 그래요 성녀 홀리아를 본받아서 나 역시 성자가 되어 하나님의 은총과 영광을 드러내는 크리스천이 되겠습니다.

사랑이 어렵고 힘들 때

사랑은 좋은 것이지만 사랑하기는 때때로 어렵고 힘이 든다. 세상에 쉬운 일이 어디있으랴마는 사랑 역시 쉬운 일은 아니다. 사랑은 왜 힘든 걸까? 사랑하는 상대와 다르기 때문이다. 성격이 다르고 생각이 다르고 관점이 다르고 취향이 다른 까닭에 종종 부딪혀서 어렵고 힘이 든다. 사랑이 좋기만 하도록 쉬울 수 있는 비결은 무엇일까? 다만 한 가지, 서로의 마음이 같으면 된다.

오오, 마음이 같다는 것, 내 마음이 네 마음이고 네 마음일 때 마음은 서로 같은 것이다! 이는 저절로 되는 것이 아니고 사랑하는 사람을 자기 자신보다 소중히 생각하고 누구보다도 가장 귀중히 여김으로써 비롯한다 생각을 해보자. 나는 지금 사랑하는 사람을 과연 소중히 생각하고 귀중히 여기는가? 정녕 그렇다면 사랑은 쉽고 사랑하기는 즐겁기만 할 것이다.

사랑하는 당신에게

진정 사랑하는 사람을 남겨두고 저 혼자서 떠날 수 있을까? 어떤 유명인사는 유서에 "여보, 사랑해" 라고 써놓고는 자살했다고 한다. 그 소식에 가슴이 먹먹했다만 진정 사랑한다면 함께 있던지 같이 떠나던지 할 것이지. 왜 저 혼자서 떠나는가? 그 속사정을 어찌 다 알랴마는 하여튼 말과 행실이 맞지 않는다. 나는 이제까지 당신을 그런식으로 사랑하지 아니했고 앞으로도 그럴 것이다.

어떤 사람들은 사랑해서 떠난다고도 하지만 그 말은 아닌 것 같다. 즉 거짓말이거나 잘못 알고 하는 소리요 행동이다. 진정 사랑한다면 어찌 떠날 수가 있겠는가? 살아서도 죽어서도 다만 함께할 뿐이다. 그렇지 않고서는 그 사랑이 거짓이 아니라면 모자라도 많이 모자란 사랑이다. 난 그런 사랑은 할 수가 없다. 괴로우나 즐거우나 어떤 형편에서도 나는 사랑하는 사람과 영원히 함께할 것이다. 왜냐하면 나는 당신을 진정으로 사랑하니까.

제6장

신앙에 대하여

교회에 왜 다니나?

학교에 다니면서 공부에는 관심 없는 열등생처럼 교회는 다니면서 예수께는 관심없는 엉터리 교인들이 심히 많아 보인다. 학교는 공부하러 가는 것이 옳고 교회는 예수님을 만나러 가는 것이 옳다. 그런데 공부에는 전혀 관심이 없으면서 학교는 왜 다니나? 그저 놀러 다니는 것이다. 마찬가지로 교회는 왜 다니나? 대부분 복 받을 속셈으로 다니는 것이다. 이는 우상숭배와 다름 없다. 그들에겐 복이 예수님이고 하나님일 뿐이기 때문이다. 그리하여 대다수의 목사들은 예수 그리스도의 사도라기보다는 복을 팔아 먹고 사는 장사꾼에 불과하다. 바로 이같은 가짜 목사들 까닭에 교회는 교회 아닌 복을 세일하는 마켓이 되고 말았다.

또한 그 복이라는 것이 어떤 것인가? 물질은 복, 건강의 복, 출세의 복, 성공의 복이라는 세속적인 것들 뿐이다. 예수께서 말씀하신 여덟 가지 참다운 복은 그중 하나에도 관심조차 없다. 참으로 기가 막힌다. 교회에서 복을 팔려면 예수께서 말씀하신 복을 팔 노릇이지 생선처럼 썩어져 버리거나 연기같이 사라져 버리는 속된 것들로 장사를 하다니? 이게 목사들이 할 노릇인가! 그 바람에 사람들은 예수님을 만나러 왔다가 예수님은 못 만나고 헛된 욕망 놀이만 하고 다니는 별난 인간들이 되고 마는 것이다. 교인들이여, 교회를 다닌다면 예수님을 만나러 다니자. 목사들이여, 기왕 복을 팔려거든 참되고도 영원한 생명의 복을 팔자!

신앙의 확실성을 위하여

　내게 확실한 것은 없다. 우선 하나님부터 그 말씀인 성서도 또한 성
서가 증언하는 진리와 천국이니 지옥이니 하는 것도 내겐 확실하지 않
다. 아울러서 신앙도 확실치 못하다. 왜냐하면 경험적이기보다는 관념
적이기 때문이다. 생각과 감정의 소산일 뿐이지 경험이 결여되어 있기
에 나의 신앙은 사실적이지 못하다. 그러므로 나는 경험적인 신앙을 소
원하고 간절히 사모한다. 하나님께서 언젠가는 이 갈원을 이루어주실
것을 기대한다.

　다만 확실한 것은 오감으로 체감하는 현실과 죽는다는 사실 뿐임을
자각하고 있는 나에게 당신 실존의 확실함을 경험시켜 주시길 원하옵
고 원한다. 나의 존재가 하나님께 희미한 것처럼 나에게는 하나님의 존
재가 희미한 것인가? 어느 쪽에 문제가 있는 것이고 어느 쪽이 열쇠를
갖고 있는가? 문제는 내게 있고 열쇠는 하나님께 있다고 인정함이 맞
지 싶다. 내게 열쇠가 있는 바라면 누슨 고민이 있게는가? 그냥 열기만
하면 그만일텐데….

　해결의 열쇠는 하나님께 있으니 죄송하지만 하나님께서 열어주셨으
면 더 원할 것이 없겠다. 나에 대한 하나님의 아심은 완전하시다. 왜냐
하면 하나님은 완전하시니까. 하지만 하나님에 대한 나의 앎은 온전하
지 않다. 왜냐하면 불가능하기 때문이다. 나로서는 그분께서 당신 자신

을 스스로 알려 주시지 않는 한에서는 조금도, 영원히 알 수 없다. 성경에 "나를 간절히 찾는 자가 나를 만날 것이니라"(잠 8:17) 라고 하였고 "저가 나를 사랑한즉 내가 그를 건져주고 저가 나를 안즉 내가 그를 높이며 저가 내게 간구한즉 내가 그를 건지리라"(★시 81:14-15) 하였으니 이것이 정녕 살아계신 이의 말씀일진대 그분은 내게 응답하실지라!

주님을 사랑한다면

진정 주님을 사랑하는가? 요즘 교회 안에 예수신자들 중에는 주님을 사랑한다는 자들이 꽤나 있어 보이고 찬양을 통해 주님을 사랑한다고 노래를 부르는 자들도 적잖아 보인다. 그런데 주님을 사랑한다는 것이 정말일까? 말과 노래만이 아닌 삶과 행동을 겸하여 보게 되면 의문을 갖게 된다. 주님께서는 "너희가 나를 사랑하면 나의 계명을 지키리라"(요 14:15) 하셨고 "내 계명은 내가 너희를 사랑한 것 같이 너희도 서로 사랑하라 하는 이것이니라"(요 15:12)고 일러 놓으셨다. 그런데 그렇게는 못해선지 그렇게 아니하는 교인들이 거의 다 싶어 보인다. 서로라는 말은 끼리끼리라는 뜻인데 이를테면 예수신자 끼리를 일컫는 말이다. 멀리 가서 외국사람들을 사랑하기 전에 가가이 교회의 형제들을 사랑하고 원수를 사랑하기 전에 원수 아닌 동료들을 먼저 사랑함의 뜻이다. 그런 의미에서 교인끼리 사랑하는가? 그렇지 않다면 주님을 사랑한다고 말도 말고 노래도 말라. 주님의 계명을 어기고 있으면서 뻔뻔하게 주님을 사랑한다고? 나는 소위 주님의 종이라고 하는 목사들끼리의 행태를 본다. 저들은 오늘날 예수님의 선두 제자임을 자인하는 모양인데 실제는 예수님의 제자가 아니고 마귀의 제자같을 때가 많다. 일례로 자기는 규모가 있는 교회의 담임목사로서 한 달에 천만원 가까운, 혹은 그 이상의 급료를 받으면서 주변의 작은 교회에서 4식구가 백만원도 못되는 급료로 살아가는 동료 목사에게 단돈 10만원도 나눌 줄을 모르는 노랭이를 종종 보았다. 그러면서도 기름진 목소리에 고가의 마이크를 대놓고 "내 구주 예수를 더욱 사랑"이라고 외쳐댄다. 가증스런 가짜 목사이다. 그러니 그 교회 교인들(장로, 권사, 집사 등)도 다 마찬가지! 주님의 계명대로 서로 사랑할 줄 모르는 가짜 목사에 가짜 교인들이다. 어느 누구든 주님을 사랑한다고 함부로 떠들지 말자. 먼저 자신 자신이 주님의 계명을 잘 지키고 있는가를 살피고 나서 삼가 거리낌이 없거든 사랑한다 말씀을 드려야 온당하다.

헌금에 대하여

누군가를 진심으로 사랑한다면 그에게는 자신의 귀한 것을 아낌없이 주고 싶고 또한 주게 된다. 가장 흔하게는 돈이라는 것을 주게 된다. 왜냐하면 돈은 어느 누구나 귀한 것이기 때문이다. 하나님을 사랑한다는 사실도 예외는 아니다. 진심으로 하나님을 사랑한다면 그분께 헌금을 하게 된다. 헌금을 하되 전혀 인색함이 없이 최상으로 하게 된다. 헌금에 인색하다? 진짜 하나님을 사랑하는 것이 아니다 하는 말을 듣다 보면 세상에 더없는 신앙을 가진 자 같으나 하나님께 헌금하는 것을 본의 아니게 보게 되노라면 그렇게 짠돌이일 수가 없다. 하긴 하는데 그야말로 애들 껌값밖에 아닐 정도의 낯간지러운 헌금을 낸다. 하나님을 향하여 나아갈 때 재물을 뛰어 넘지 못한다면 참된 신앙이라 하기 어렵다.

부자청년이 예수님께 와서 영생에 대하여 여쭈었다. 예수님의 대답은 네가 가진 것을 모두 팔아 빈자들에게 나눠주고 나를 따르라고 하셨다. 그러나 그 청년은 재물이 많은 고로 근심하며 예수님을 떠나 버렸다. 왜? 그는 하나님보다 재물을 더 사랑했던 까닭이었다. 오늘날에도 부자청년같이 온당치 못한 교인들이 너무나 많아 보인다. 하나님을 위해 재물을 사용하는 것인지? 반대로 재물을 위해 하나님을 이용하는 것인지? 하나님께로 온전히 나아가려면 가로놓인 장애물을 돌파하여 넘어서야 한다. 가장 먼저 뛰어넘어야 할 장애물은 하나님께 드리는 재물에 대한 인색함이다. 우선 이 장애물을 넘어서야 여타의 장애물도 거뜬히 넘어설 수 있다. 그러므로 하나님 앞에서 온전하려거든 우선 하나님께 드리는 재물에 아낌이 없어야 한다.

그리스도인에게

이른바 그리스도인은 예수 그리스도를 따르는 자를 일컬음입니다. 정녕 그리스도인은 그리스도를 쫓아가는 사람이란 말이지요. 그런데 그리스도인이라 이름하는 자들 중에는 그리스도는 따르지 않고 그리스도인이 아닌 자처럼 세상의 것들을 따르는 이들이 뜻밖에 많습니다. 직언하면 돈과 명예와 쾌락을 따른다는 말이에요. 아하, 보십시오. 돈이 있는 곳에, 명예가 있는 곳에, 쾌락이 있는 곳에, 얼마나 많은 사람들이 쫓아 가는는가를. 오물이 있는 곳에 파리떼가 몰리듯이 사람들은 돈과 명예와 쾌락이 있는 것에 달려 갑니다. 이는 뭐 세상 사람들에게는 당연한 노릇이긴 하겠지만 이른바 그리스도인이란 사람들이 그러면 안되지요. 왜냐하면 앞서 언급한 바대로 그리스도인은 그리스도를, 그리스도만, 따르는 자이기 때문입니다. 안 그래요?

선한 영향력

작게 존재하면서도 큰 영향을 끼치는 것이 있고 크게 존재하면서도 아무 영향도 못끼치는 것이 있다. 전자는 소금이요 등불이요 향기이고 후자는 바윗 돌덩이와 모래밭과 가시덩쿨이다. 이를테면 작아서 보잘 것은 없지만 절실한 곳에 꼭 필요하게 있는 사람과 덩치는 커서 자리만 넓게 차지하고 있는 사람을 빗대본 말이다.

신분과 지위와 세도는 낮으나 좋은 의미에서의 영향력이 큰 사람은 정녕 작은 거인이다. 반면에 신분과 지위와 세도는 높으나 좋은 의미에서의 영향력은 미미한 사람은 허우대만 큰 소인이다. 그리스도인은 세상의 소금이요 등불이요 향기라 일컫는다. 이는 지극히 작지만 좋은 의미에서의 큰 영향력을 끼치는 존재라는 것이다.

난 지금 세상속의 그리스도인으로서 어떠한가? 가깝게든 멀게든 사람들에게 좋은 영향력을 끼치고 있는가? 만일 그렇지 못하거나 도리어 악영향을 끼치고 있는 자라면 난 그리스도인이 아니다. 나 뿐만 아니라 모든 그리스도인이 그러하다. 왜냐하면 그리스도인은 구체적으로 예수 그리스도의 선한 영향력인 까닭이다.

십자가에 못 박혔는가

그리스도인은 예수 그리스도와 함께 십자가에 못박힌 사람이다(갈 2:20) 누구든지 그리스도인이라 하면서도 아직 십자가에 못박히지 않았다면 그는 참된 그리스도인이 아니다. 그것은 마치 제단에 바쳐진 제물이 온전히 죽지 않고 살아 움직이는 것과 같기 때문이다.

그러나 오늘의 그리스도인이라 일컬어지는 수많은 사람들의 대부분은 십자가에 못박히지 않은 생짜들이다. 어느 정도인가 하면 〈십자가에 못박힘의 이치〉도 모른다. 아니, 그 이치를 알고만 있다 해도 상당한 신앙의 수준에 이른 것으로 칭찬할 만한 정도이다.

하지만 너무 모른다. 십자가에 못박히는 것이 무엇인지, 또한 자기가 왜 십자가에 못박혀야 되는 것인지도 모른다. 모르기 때문에 그 좋은 신앙생활을 올바로 하지 못하는 것이다.

사도바울은 그의 편지에 이런 일깨움을 가르쳤다. "그리스도 예수의 사람들은 육체와 함께 그 정욕과 탐심을 십자가에 못박았느니라"(갈 5:24) 그리스도인은 자기 자신(육체와 정과 욕심)을 십자가에 못박은 사람들이다. 자기자신을 십자가에 못박지 않은 사람들은 그리스도인이 아니다. 앞서 밝힌대로 "그리스도인은 그리스도와 함께 십자가에 못박힌 사람이기" 때문이다.

그러므로 누구든지 참된 그리스도인이 되려면 십자가에 못박혀야 한다. 십자가에 못박히되 예수 그리스도와 함께 못박혀야 한다. 그리스도와 함께 십자가에 못박힌다? 여기에 참된 이치가 있음을 놓치지 말아야 한다.

예수 그리스도와 함께 십자가에 못박힌다함은 믿음의 문제이다. 즉예수께서 십자가에 못박혀 죽으셨음은 곧 〈나를 위하여〉 그리하신 것으로 믿을 때 나는 그와 동시에 예수 그리스도와 함께 십자가에 못박혀 죽은 바가 되는 것이다. 이것이 다름 아닌, 사도 바울이 전파한 복음으로써 하나님의 약속이다(롬 10:9).

이와 같이 그리스도인은 믿음으로 그리스도와 함께 십자가에 못박혀 죽은 사람이다. 그 믿음의 증거로써 확실한 열매가 있다. 그것은 "죄에 대하여는 죽고, 의 곧 하나님께 대하여는 사는"(벧전 2:24) 것이다.

고난중의 성도에게

험한 인생길에서 고난의 강을 만나 시련을 겪고 있는 신실한 성도여, 얼마나 참담하고 암울한가요? 가로 질러 건너는 강폭의 거리가 왜 그렇게 길고 긴지, 잠깐일줄 알았는데. 거세게 불어난 물쌀로 더욱 멀게만 느껴질 것입니다. 더구나 혼자서도 아니고 의식조차 잃어버린 남편을 홀로 업고 건너가야 하는 고난의 강은 너무나 야속하기만 하겠지요. 이제 육신이 부서지고 마음까지 무너져서 이러다가 함께 절망의 소용돌이에 휩쓸려 사라져 버릴까 낙담할 수도 있을 것입니다. 저라도 그럴 것이 뻔하니까요. 하지만 조금만 더 용기를 내시기를 기원합니다. 그렇게도 안된다면 하늘 뜻에 모든 것을 맡기시길 기도합니다. 주님께서는 당신의 손을 끝날까지 놓지 않고 계시답니다. 아시지요? 이 강은 당신만이 건너는 것이 아니라는 사실을. 일찍이 우리 주님께서도 건너셨고 그 뒤를 따라 천만 성도들이 건너갔고 지금도 자매님처럼 수많은 인생들이 눈물을 머금고 고난의 강을 건너고 있답니다. 거친 물쌀이 흉흉한 요단강을 건너야 젖과 꿀이 흐르는 가나안 복지에 이름같이 고난의 강을 건넌 후에는 영생과 영광의 복지에 이르는 것이라지요. 그래요, 제 소견에는 당신의 고난이 끝이 보입니다. 위로와 상급의 언덕이 눈앞에 있습니다. 조금만 더 참고 고난을 헤쳐 나가시길 응원합니다. 내 육신은 비록 당신의 고난에 동참하지 못하오나 삼가 내 영혼은 그대와 동참하고 있습니다. "현재의 고난은 장차 우리에게 나타날 영광과 비교할 수 없도다"(롬 8:18) 하였지요. 어차피 우리가 사는 세상은 고해랍니다. 이 고난의 강을 다 건너고 나면 저 하늘나라 영광의 항구에 우리 모두 기쁨으로 이를 것입니다. 오직 그것만이 우리의 마지막 소망입니다. 인생이 잠깐이듯이 고난은 그보다 더 잠깐이요 성도의 영광은 영원합니다. "모든 은혜의 하나님 곧 그리스도 안에서 너희를 부르사 자기의 영원한 영광에 들어가게 하신 이가 잠깐 고난을 당한 너희를 친히 온전하게 하시며 굳건하게 하시며 강하게 하시며 터를 견고하게 하시리라"(벧전 5:10)

금주를 권한다

일본 사람들이 장난삼아 개와 고양이와 돼지와 닭과 오리에게 술을 먹이고 찍은 동영상을 보았다. 가축들은 한결같이 어지러워 하면서 비틀거리다가 쓰러지고 일어났다 또 넘어지고 뒹구는 모습이 여간 우스운 게 아니었다.

사람이나 짐승이나 그 속에 술이 들어가면 어지러워 중심을 잃고 흔들리나 보다 흔들리면 쓰러지고 무너져 망가진다. 문제는 사람이다. 짐승은 스스로 술을 마시지 않는다. 늘상 사람이 술을 마신다 하지만 결국은 술이 사람을 마셔 버린다.

당신은 지금 삶이 어지러워 비틀거리는가? 당신의 인격 속에 술이라는 것이 들어가서 그렇다. 소주, 탁주, 맥주, 양주들을 마시면 온 몸이 흔들리듯 탐욕, 교만, 허영, 쾌락이라는 술을 마음으로 들이키면 인생 전체가 흔들리어 위험하게 된다.

아, 마시지 말자. 그 술. 곡주와 포도주는 혹, 약주가 될 수 있겠지만 심중에 마시는 술은 인생을 망치는 독주이다. 마시려거든 독배가 아닌 성배를 들자. 절제, 겸손, 진실, 정결이라는 성령의 술을 마시자. 정녕 그 술은 우리를 살린다.

자유를 위한 용기

탈북 용사 오청성, 그는 자유대한을 찾아 목숨을 걸고 탈출하였다. 5 개처에 원수들이 쏜 총탄을 맞고 죽을 수밖에 없었으나 천사같은 손길들에 의해 온전히 살게 되었다. 그야말로 기적을 이루어냈다. 그는 단한 번도 뒤돌아 봄이 없이 자유를 향해 앞만 보고 있는 힘을 다하여 달리고 달렸다. 그 결과 하늘이 돕고 땅이 돕고 사람들이 도와 그는 생지옥으로 부터의 탈출에 성공하였다. 장하도다, 그의 앞날에 자유와 행복 있으라!

예수 그리스도의 영원한 자유와 생명을 향한 그리스도인의 삶과 결단이 바로 이와 같아야 하지 않을까? 마치 탈북용사가 북한 것들을 모두 버리고 재우쳐 생각하거나 결단코 뒤돌아 봄도 없이 남한을 향하여 죽음까지 각오하고 달렸듯이 그리스도인은 뒤에 있는 세상의 헛되고 죄악된 것들을 가차없이 버리고 오직 그리스도만 향하여 달음질 해야 마땅하지 않은가? 비난과 저주와 핍박의 총탄이 무수히 날아와 박힌다 해도.

하지만 오늘날 그리스도인들 중에는 영원한 생명과 자유를 위하여 예수 그리스도를 향한다면서도 세상과 구별될 줄 모르고 구별되어 떠난다면서도 버릴 것을 못버리고 마지 못해 버린 듯이 롯의 처처럼(눅 17:32) 버리고 떠난 것들을 돌아보고 또 돌아 본다. 까닭에 오랜 세월이 지났어도 지질한 그리스도인이어서 예수 안에 있는 참된 자유와 평화를 여전히 누리지 못하고 있다. 탈출한 것 같으나 적의 총탄에 맞아 죽어가는 것 같다.

탈북 용사의 치열한 용기가 우리 그리스도인에게도 절실하다. 그런 용기가 아니고는 자유대한의 품에 안길 수가 없어듯이 세상과 그 악한 세력에 대한 용기가 없다면 누구든지 그리스도의 품에 안길 수가 없다. 자문하듯 묻노니 그대여, 예수 그리스도를 믿고 따름에 탈북 용사처럼 이전의 모든 것을 버리고 가장 귀한 그대 목숨을 걸었는가? 그러면 됐다! 그대의 가는 길, 하늘과 땅이 돕고 사람들과 천사들이 도우리라. 아멘. 임마누엘.

하나님 앞에서(코람데오)

말할 때와 일할 때와 어디에서 무엇을 하든, 하나님의 면전이 아닌 곳이 어디이랴! 하늘이 땅을 내려다 보듯이 하나님은 의인이나 악인이나 각 사람을 굽어 보신다고 성경은 증언한다(시 139:1-10★). 즉 한 개인이 의를 행할 때와 악을 행할 때도 살펴 보신다는 말씀이다. 그리고 행한대로 보응하신다. 그 결과 악을 행하는 자에게는 환난과 곤고가 있고 선을 행하는 자에게는 영광과 존귀가 있다(롬 2:6-11). 그러므로 현인 공자는 "순천자는 흥하고 역천자는 망한다"고 일렀던 것이리라. 이 사실을 알고 사는 것이 곧 신앙이다. 신앙하지 않는 사람이야 제 맘대로 겠지만 신앙하는 사람에게 〈코람데오〉는 절대 자세이다. 신앙인에게 선행이란 하나님께서 자기의 언행을 들으시고 보심을 인식하여 말하고 행하는 것이요 악행이란 하나님께서 안 보시고 안 들으시는 것처럼 말하고 행하는 것이다. 내가 언제 어디에서 무엇을 하든 하나님은 보시고 들으신다. 그러므로 삼가 말하고 행하자. 그리하면 삶이 형통하리라.

신앙의 근원적 소명

신앙은 인간을 소명한다. 무엇에로 소명하는가? 인생의 참된 목적에로 소명한다. 모든 인생사는 목적을 수반하고 지향한다. 존재함에 목적이 있고 행동함에 목적이 있는 것이다.

그럴진대 신앙 특히 기독신앙이 목적하는 바는 무엇인가? 흔한 생각처럼 천국과 영생인가? 물론 궁극적으로는 그렇다고도 하겠다. 그러나 원초적으로는 예수 닮음에로의 소명이다.

바로 그런 의미에서 그리스도인은 예수님을 닮은 자로서 작은 예수인 것이 신앙적 삶의 목적이다. 그렇다, 하나님께서 어느 한 사람을 불러 구원하심의 목적은 그 아들의 형상을 본받게 하심임을 명심하자.

예수님을 믿는다는 것

그녀는 그를 좋아한 것이 아니었다. 그의 능력, 그의 재물, 그의 지위와 그의 성공을 좋아한 것이었다. 그런 그와 함께 산다면 평생을 호강하며 살리라는 욕망에서 그를 사랑한다 고백하곤 결혼하였다. 호사다마란 이런 것이던가? 그제껏 호황스럽던 사업이 부도가 나서 망할 지경까지 이르렀고 그로 인해 남편은 충격을 받아 뇌경색으로 쓰러져 중환자가 되고 말았다. 유토피아와 같던 그 환경은 디스토피아가 되었으니. 그녀는 어찌하였을까? 놀랍게도 그녀는 병든 남편을 버려둔 채 다른 남자를 따라 집을 나가 버렸다. 아, 그녀는 본래 남편 삼은 사람을 사랑한 것이 아니었다. 그의 능력, 그의 재산, 그의 지위, 그의 환경을 좋아하였기에 결말이 그런 것이다.

무슨 얘기를 하겠다는 의도인가? 예수님을 믿노라는 사람들 중에는 바로 이런 여자와 같은 교인들이 많다는 사실을 밝히려는 얘기이다. 예수님을 믿는 사람은 예수님만을 사랑해야 한다. 그분 자신보다는 그분으로 말미암은 그 어떤 것을 바라고 예수님을 사랑함이어서는 아니 된다. 예를 들면 복과 영생을 얻어 범사가 잘 되기 위해서라거나 지옥에 안 가고 천국에 가기 위해서 예수님을 믿는 거라면 앞에 언급한 여인과 다를 바 없는 신자가 되고 말 것인즉 삼가야 한다. 다시 말하면 예수님이 좋고 예수님을 사랑해서 예수님을 믿고 추종하는 바가 되어야지 그분으로 말미암은 어떤 것들을 욕망하는 것이라면 이는 애초부터 잘못된 신앙이다.

즉문즉답

예수님을 믿는다는 것은 곧 예수님을 사랑하는 것이다. 예수님을 사랑한다는 것은 예수님을 귀중히 여기고 좋아하는 것이다.

사도 바울이 예수님을 사랑하지 않는 자는 저주를 받으리란(고전 16:22) 말은 믿는 자들에게 한 것이지 안 믿는 자들에게 한 것이 아니다.

즉 예수님을 믿는다면서도 예수님을 사랑하지 않는다면 그 자체가 저주받음이 된다는 뜻이다. 이는 무엇을 주지시키는 말일까?

옛날부터 예수님을 사랑한다는 사람들은 참 많았다. 그러나 실제로는 예수님을 사랑하지 않은 경우가 너무 많았다.

단지 예수님을 부귀영화에 이용했을 뿐이다. 이런 자들은 끝내 어찌 되었는가? 저주를 받아 지옥의 자식들이 되고 말았다.

예수님 믿는 것을 다시 생각하자! 예수님을 믿는다 함은 곧 예수님을 사랑함인즉 그가 우리를 사랑함 같이 우리도 그를 사랑하자.

고뇌하는 신앙의 현실 속에서

　주님, 전 그리스도인입니다. 그동안 제가 그리스도인이었던 것이 얼마나 자랑스러웠고 좋아던지. 그런데, 오늘에 와서는 그리스도인인 것이 부끄럽고 싫습니다. 왜냐하면 나와 다름없는 동료로서 그리스도인이라는 사람들이 그리스도인이 아닌 사람들 못지않게, 아니 어떤 경우에는 더욱더 악하여 사람답지 않기 때문입니다. 그래서 저는 차라리 그리스도인이 아니고 싶습니다. 그리스도인이 아닌 그리스도인이고 싶다 할까요?

　그리고 교회도 싫어졌습니다. 또 왜냐구요? 그리스도인이면서도 그리스도인이 아닌 자들이 많은 것 같이 교회이면서도 사실은 교회가 아닌 교회들이 놀랍게도 많기 때문입니다. 이를테면 교회는 세상이란 바다에서 구조선이어야 하는데 유람선 같습니다. 그리하여 교회는 바다에 빠진 사람들을 구원하기보다는 영업을 하는 듯이 세상이 최고로 여기는 돈을 벌고 세(勢)만 불리기에 혈안입니다. 그러하니 이게 무슨 교회인가요?

　주님, 저는 어쩔 바를 모르겠습니다. 그냥 그런대로 그리스도인으로 살아야 하는 건지, 그리스도인이 아닌 채로 살아야 하는 건지. 명목상으로만 그리스도인이고 사실상으로는 그리스도인이 아닌 자들과는 한통속이 되기 싫어서 그렇습니다. 거기다가 저는 또한 목사이기도 합니다. 그리스도인을 배출하고 양육해온 자요 그 교회를 성장시켜온 자입니다. 그러나 과연 참된 그리스도인을 양성하고 참된 교회를 성장시킨 것일까요?

아뿔싸, 저로 인하여 그리스도인이 아닌 그리스도인이 생겨나고 교회 아닌 교회가 생긴 것은 아닌지요? 개척이라는 명분으로 위선 집단을, 목회라는 명목으로 위선자를, 기른 것일까봐 심히 두렵습니다. 그러나 이제는 누구를 무어라 하고 교회를 무어라 할 때가 아닌 것 같습니다. 나 자신이 참된 그리스도인이냐? 또한 올바른 목사냐? 가 문제인즉 주님 나를 어루만지사 허물됨을 씻어 주시고 그릇됨을 바로 잡아 오직 주님 앞에 온전케 하옵소서.

거듭나지 않은 꼴통 신자

예수님을 믿는다고 해서 모두가 거듭난 것은 아니더군요. 거듭나면 옛사람을 벗어 버리고 새사람을 입는 법인데 예수님을 믿고서도 변한 게 하나도 없이 전과 똑같은 사람이라면 구원을 받지 못한 것이 뻔하지요.

참 한심합니다. 예수님을 믿는다며 십수 년 이상을 교회를 다녀놓고는 집사가 되고 장로가 되었어도 술과 담배를 못 끊고 여전히 탐욕스럽고 교만하고 하는 말이 쌍스러우니 어이 예수님을 믿는 사람이라 할 수 있으리오.

이는 예수님을 믿는 것이 아니라 예수님을 망신시키는 것이지요. 예수님을 믿고 교회를 다니면서 새사람이 되지 못했으면 차라리 안 믿는 것이 예수님과 교회를 돕는 바가 될 것입니다. 괜히 성전마당만 밟아 더럽히지 말고요.

요즘, 이런 사람들이 뜻밖에 많네요. 때문에 교회는 세상의 비난을 받고 천국 문은 점점 좁아지기만 합니다. 기독교인들이여, 제발 좀 새사람이 되세요. 십수 년 이상을 신앙생활을 했다면서도 변한 게 하나도 없으면 불신자보다 더 악한 꼴통이니까.

어느 권사의 고백

　오랜 세월 교회라는 곳을 다니면서 신앙생활이란 것을 하였다. 하나님이 계신 줄은 모르지만 계신다고 하길래 하나님을 믿었고 교회를 다니면 복을 받는다고 하길래 복을 받겠거니 하고 교회를 열심히 다녔다. 또한 천국과 지옥이 있는지 없는지도 모르지만, 천국이 있다면 가야겠고 지옥이 있다면 안 가야겠기에 예수님이 누군지도 잘 모르면서 믿으라니까 믿는 시늉을 하며 왔다만 솔직히 구원이 무엇이고 거듭남이 어떻게 되는 건지 지금도 모르겠다. 그런데 오랫동안 교회를 다녔다고 세례를 받으라 해서 뜻도 모르고 그냥 받았다. 그리고 1년후 집사라는 걸 줘서 받았더니 한 3년 지나니까 권사라는 걸 줄 때 돈을 한 3백만원 내라 해서 그 무슨 벼슬인가 싶어 내고 받았다. 그렇지만 나는 여전히 세상 욕심이 많고 시기와 질투도 많다.

　예수님을 닮으라는 목사님의 설교를 어쩌다 들었을 땐 양심에 찔리고 말았다. 권사라곤 하지만 예수님의 제자도 못되고 더구나 성도는 더욱 아니다. 이런 내가 죽고 나서 과연 천국이 있다 하면 난 거기 가기에 어려울 것 같고 만일 지옥이 있다면 난 거기가 기가 쉬울 것 같다. 그러나 나는 내가 다니는 교회에서 신앙이 좋다고! 모범이 된다고! 칭찬을 받고 상패도 여러 번 받았다. 이런 터무니없는 일이 어디 있나? 나 자신이 이런 엉터리 교인이지만 교회도 참 한심하다. 나 같은 교인을 권사라고 치켜세우고 상까지 주니 말이다. 그런데 이런 교인들이 나 뿐만 아닌 것 같다. 심지어 장로라는 자는 나보다 더해 보인다. 교회가 이러면 정말 안되는 것 같은데. 목사님이 제발 날 제대로 된 신자로 만들어 주었으면 그 얼마나 좋을까.

너는 무슨 옷을 입었느냐?

환상 이야기를 들려 드리겠습니다. 무수한 사람들이 가득한 세상이 한눈에 다 보였습니다. 사람들은 거의 다 검은 옷을 입고 있었습니다. 아, 그런데 검정 염소 떼 속에 하얀 영양 몇 마리가 섞여 있는 것처럼 열 명 중 한 명쯤은 깨끗한 흰옷을 입은 사람들이 있었습니다. 그때 홀연히 예수께서 천사들과 함께 구름을 타시고 강림하시는 모습이 보였습니다.

예수님으로부터 신비롭고 찬란한 빛이 땅 위에 내리비치자 사람들은 갑자기 변화되기 시작하였습니다. 먼저 흰옷 입은 사람들은 날개 달린 천사가 되어 영광스런 구름 위의 예수께로 춤을 추며 올라가지만 나머지 검은 옷을 입은 사람들은 흉측한 뱀들이 되어서 재빠르게 땅속으로 파고드는데 사실상 거기는 마귀와 악한 영들이 거처하고 있는 지옥이었습니다.

그때에 나는 천사가 된 흰옷 입은 사람들이 너무나 부러웠습니다. 하지만 흉측한 뱀이 되는 사람들은 무섭고 두려웠습니다. 바로 그때 공중에서 음성이 들려 왔습니다. "이것이 심판 날의 현상이니라 너는 무슨 옷을 입었느냐?" 나의 입은 옷을 살펴보니 바탕은 흰옷이었으나 죄악으로 인한 때가 많이 끼어 점차로 검은 옷이 되고 있었습니다.

난 너무 두려워 내 죄를 뼈아프게 뉘우치고 하나님께 용서를 빌며 심히 울었습니다. 그러자 하늘에서 피가 뿌려졌는데 그 피가 내 옷에 젖어서 다시 하얘지게 되었습니다. 할렐루야! 자기 두루마기를 빠는 자들은 복이 있나니 이는 그들이 생명 나무에 나아가며 문들을 통하여 천성에 들어갈 권세를 받으려 함이로다(계 22:14) 아멘 주 예수여 어서 오시옵소서.

사모하는 영혼

반세기 전만 해도 목마른 사슴이 시냇물을 찾아 헤매듯이 교회의 사람들은 신령한 은혜를 사모하고 진리의 말씀을 사모하고 예수님을 간절히 사모했지요. 왜냐하면 영혼이 순수했던 까닭이었습니다.

하지만 오늘날에는 교회가 세상과 다를 바 없어선지 교인들이 은혜와 진리와 예수님을 별로 사모하지 않습니다. 그 대신 세상 사람들과 똑같이 돈과 출세와 향락에 목말라 심령이 혼탁해지고 말았습니다.

예수님은 "의에 주리고 목마른 자는 복이 있나니" 라고 하셨습니다. 이는 은혜와 진리와 하나님을 사모하는 영혼의 모습입니다. 목마른 대지는 단비를 내리게 합니다. 사모하는 영혼에 성령은 충만하게 임합니다.

그리스도와 그리스도인

내게 그리스도를 맞춰야 할까? 그리스도께 나를 맞춰야 할까? 그야 물론 그리스도께 나를 맞춰야 하는 것이 옳고 마땅하다. 왜냐하면 나는 불완전하나 주 예수 그리스도는 완전하시기 때문이다.

그러하나 많은 그리스도인들은 그리스도를 자기에게 맞추고자는 경거망동을 신앙이라 행위하고 있으니 웬말인가? 즉 그리스도를 자기들의 입맛에 맞춰 사는 것을 예수님을 믿는 것인 줄 안다.

무슨 말이냐면 자기 자신이 기준이 되고 예수 그리스도는 부속으로써 자기 사업의 성공과 사회적인 출세, 강령의 도구로 이용한다는 것이다. 자기 자신이 그리스도께 사용되어야 함이 올바름에도.

진정한 그리스도인은 자기 자신을 그리스도께 맞추어 산다. 주 예수 그리스도를 삶의 기준으로 삼고 그 분을 본받아 그분과 함께 그분을 위하여 사는 것이다. 이런 사람만이 바로 진정한 그리스도인이다.

애벌레에서 노랑나비로

향기로운 꽃밭에서 훨훨 자유로이 비행하는 나비들은 두 번이나 태어납니다. 한번은 알에서 태어나서 벌레로 살다 또 한번은 고치 속의 번데기가 되었다가 그 고치를 뚫고 나비로 태어납니다. 이를테면 거듭 태어나는 것이지요.

이는 그리스도인을 연상케 합니다. 모태에서 육신으로 태어나서 벌레같이 땅에 속해 살다가 세상의 죄와 염려들로 말미암아 사람은 고치와 같은 사망에 갇혀 종노릇을 합니다. 그러나 하나님의 은혜로 사망에서 부활하는 것과 같습니다.

그렇습니다. 그리스도인은 두 번 태어납니다. 한번은 육(肉)으로 다시 한 번은 영(靈)으로 태어납니다. 육은 옛사람이요 영은 새사람입니다. 새사람은 예수님 같은 사람! 우리는 지금 그렇게 성화되고 있습니다.

믿을 수 있는 사람

거의 2천년 전 초대교회 당시에는 그리스도인은 로마인에게 신실한 곳 믿을만한 사람들이었죠.

오늘날은 어떤가요? 세속인들에게 그리스도인은 믿을만한 사람으로 여겨지고 있나요? 당연하지요.

그런데 막상 그렇지 못하네요. 기독교회 안의 사람들이 세상에서 신뢰를 얻지 못하고 있어요.

왜 그럴까요? 목사, 장로, 교인이긴 하지만 정작 그리스도인은 아니고 또 아니기 때문이지요.

애시당초 그리스도인은 믿을 수 있는 사람이고 믿을 수 있는 사람은 그리스도인이었습니다.

당신은 그리스도인입니까? 그러면 믿을 수 있는 사람이군요. 믿을 수 없는 사람이라면 당신은 아닙니다.

그리스도인의 목적

나를 비롯해서 예수님을 주여~ 라고 부르는 사람들, 이른바 예수님을 주님으로 믿는다는 사람들 대부분은 세상에서 복을 받아 잘 살고 이 다음에 지옥 가지 않고 천국 가는 것을 목적하고 있더군요. 하지만 예수님을 본받고 닮으려는 사람들은 별로 없는 것 같습니다.

이를테면 예수님을 진정 사랑하는 사람들이 많지 않다는 뜻입니다. 그보다는 예수님을 믿지 않는 사람들과 다를 바 없이 돈을 사랑하고 세상을 사랑합니다. 행여 그렇지 않다 싶은 신자들은 생활의 염려로 그 마음이 잔뜩 찌들고 어두워져 있는 경우가 많습니다. 이런 와중인지라 예수님을 닮아서 예수님의 형상을 자기 안에 이루려 간절히 사모하거나 힘써볼 겨를이 없어 보입니다.

하지만 이건 정말 아니고 아닙니다. 예수님의 형상을 본받는 것이 하나님의 뜻으로써 예수님을 믿는 사람들의 목적이라고 사도바울은 외쳤는데(롬 8:28-30) 만일 안 그렇다면 이는 과녁을 빗나간 화살꼴이 되고 마는 것입니다.

그러면서도 교인들은 예수님을 사랑한다고 찬송가를 뻔뻔하게 부릅니다. 예수님을 사랑한다구요? 그 조차도 자기 위상을 돋보이려는 가식에 불과할 때가 많지요. 마치 가룟 유다의 키스처럼 말이에요. 사람은 진정 사랑을 한다면 사랑의 대상을 닮게 됩니다. 웃기는 말로 돈을 사랑하는 사람은 그 돈을 닮아서 돌아 버리게 되지요. 예수님을 사랑하면 결국 예수님을 닮게 되어 있습니다. 이것은 반사효과의 법칙입니다.

그리스도인이여 작은 예수 다워라

그리스도인은 작은 예수입니다. 작은 예수라 함은 예수님 형상을 본받아 닮은 사람 즉, 또 하나의 예수를 일컬음입니다. 다시 말하면 예수의 화신(化身)이라 하겠습니다. 마치 예수께서 하나님이시면서 사람이 되신 것과 같은 원리입니다. 그렇습니다. 예수님이 하나님의 화신인 것처럼 그리스도인은 예수님의 화신이란 사실로서 작은 예수라고 이름하는 것입니다.

이를 의미적으로만 이해한다면 허구에 불과할 것입니다. 역동적일 때에 실제성이 있습니다. 이 무슨 이야기냐면 모름지기 그리스도인은 존재하는 모습이 예수님과 같아야 하고 행동하는 그 태도가 예수님을 닮아야 한다는 뜻입니다. 그래야만 또 하나의 예수로서 작은 예수라고 할 수 있기 때문입니다. 바로 여기에 그리스도인과 그 교회의 적나라한 문제의 원인이 있고 해답의 열쇠가 있습니다.

그동안 천정부지로 기상과 위상이 하늘로 오르기만 하던 한국교회는 오늘날 음부까지 낮아질 위기에 처해지고 있는 실정입니다. 교회가 맛을 잃은 소금처럼 사람들에게 사정없이 짓밟히고 있으니 교회의 일원들인 그리스도인은 부끄러워 고개를 들고 다닐 수가 없습니다. 교회의 목자는 사회의 존경을 받지 못하고 똥 묻은 개 취급을 받으니 양떼는 어쩔 바를 모르고 있습니다.

직설컨대 까닭은 단 한 가지에 있습니다. 오늘날 세상 사람들이 그리스도의 종이라 하는 목사들과 그 인도를 받고 있는 교인들을 볼 때에 예수 그리스도의 모습을 찾아볼 수가 없기 때문입니다. 즉 예수 그리스도를 닮은 작은 예수들이 도무지 안보인다는 사실입니다. 회생의 길은 다만 한 가지! 교회와 그 구성원인 그리스도인들이 과연 작은 예수다워지는 길 외에는!

십자가와 부활의 삶

우리 그리스도인들은 주 예수님의 십자가와 부활을 믿는 사람입니다. 믿는다는 것은 곧 그대로 산다는 것입니다. 그러니까 그리스도인은 주 예수님의 십자가와 부활을 사는 사람인 것입니다.

십자가를 산다! 이는 무엇입니까? 주 예수님과 함께 죄에 대하여 죽은 자가 되는 것을 뜻합니다. 이제 다시는 죄에 대하여 노예가 되지 않는다는 사실이지요. 진실로 죄악 벗은 영혼이 되는 것입니다.

부활을 산다는 것은 무엇입니까? 이 또한 주 예수님과 함께 하나님께 대하여 산자가 되는 것을 뜻합니다. 하나님에 대하여 산다 함은 곧 의를 살고 사랑을 살고 행복을 삶으로써 항상 기뻐하는 것입니다.

우리 그리스도인들은 주 예수님의 십자가와 부활을 꼭 믿어야 합니다. 그러나 믿기만 해서는 아니 됩니다. 그 믿음을 살아야 합니다. 그래야만 온전한 믿음이 되는 까닭입니다. 믿습니까? 그 믿음대로 사십시다!

사단이 시험함의 유익

사단이 틈만 있음 나를 훼방하여 나를 넘어지게 하려는 것을 보니 나의 하는 일은 분명 선한 일이요 성공할 것이 확실하다. 정녕 그렇지 않다면 제 놈이 나를 시험할 이유가 없기 때문이다. 사실 사단은 나의 하는 일의 성패를 이미 알고 있는 영특한 놈이니까. 나무는 바람에 시달릴수록 뿌리가 깊어져 견실히 성장하듯 사단의 시험은 나를 더욱 온전케 하여 하나님의 뜻을 이루게 하니 실상은 나를 도와주는 것이다.

이에 나는 확신한다. 사단이 나를 시험하여 훼방함은 나를 시기하기 때문이고 나를 시기함은 나의 하는 일이 성공하여 하나님께 칭찬받는 것이 죽기보다 싫어서 그런 것이다. 그러나 나에 대한 사단의 훼방은 성공하지 못한다. 주님의 막대기와 지팡이가 나를 안위하심 때문이다.

사단의 훼방은 다만 하나님을 위한 나의 수고가 헛되지 않음에 대한 간접적 확증인즉 그러므로 시험을 당하면 기뻐하라는 것이다. 아멘!

시험에 빠지지 않으려면

어느 누구게나 삶이라는 여정 가운데서는 시험이란 것이 있다. 넘어지고 쓰러지게 하여 결국은 삶을 망치게 하는 것들 말이다.

멀쩡했던 사람도 시험에 빠지게 되면 여지없이 망가지고 만다. 그 유능했던 가룟 유다를 생각해 보라!

왜 시험에 빠지는 걸까? 사고를 낸 운전자에게서 답을 얻을 수 있다. 운전 중엔 앞만 봐야 하는데 딴 데를 바라보다가 그만 낭패를 일으킨다.

그리스도인은 주님을 삶의 푯대로 하여 주님만 바라봐야 하는데 다른 것을 쳐다보다가 시몬 베드로처럼 죽을 지경에 이른다.

경주하는 자가 앞만 보고 달리듯이 그리스도인은 앞에 계신 주님만을 바라보고 살아가야 한다. 그리하면 어떠한 시험에도 빠지지 않는다.

주님 외에 아니 주님보다 사람이나 돈이나 명예나 향락이나 일들을 더 중히 여겨 바라보았다간 여지없이 시험에 빠질 테니 항상 조심하자!

달밤에 개짖는 소리

달 밝은 밤중에 동네 개가 짖는다고 신경 쓰거나 잠못 들지 말자. 저 놈도 짖다 보면 신물 나서 그만 짖을 때가 있을 것이다.

개는 짖는게 일이다. 개를 나무랄 건 없다. 좀 시끄럽더라도 참아 주자. 참아서 나쁜 일은 하나도 없다더라. 왜 참는 자는 복이 있다 하잖는가?

살다 보면 욕을 먹고 비난도 받고 조롱을 당할 때도 있다. 그 착하신 예수님도 멸시와 천대를 받으시고 모진 고통의 십자가를 지셨다.

이른바 개소리를 들을 때가 있다. 때가 다하면 스쳐 지나갈 터인즉 마냥 개의치 말아야 한다. 새벽이 오면 수탉은 울고 개들은 잠든다.

성산(聖山)을 향해 앞으로 나아가는데 뒤에서 잡다한 귀신들의 소리가 들리면서 뒤돌아보게 하려 한다. 뒤돌아보면 소금기둥이 된다.

롯의 처를 생각하고 앞만 향하여 달려가자! 저 천사들이 호위하고 인도하니 염려할 것 없다. 발걸음을 지체 말고 가는 길을 꾸준히 가자!

사람과 하나님 누가 더 중한가?

사람이 중하냐? 하나님이 중하냐? 인본주의자는 사람이 중하다 할 것이고 신본주의자는 하나님이 중하다 할 것이다.

과연 어느 쪽이 맞는 말일까? 나는 그리스도인이니까 당연히 신본주의자로서 하나님이 중하다 쪽에 손을 들겠다만.

그러나 꼭 그렇다고 고집하지는 않는다. 왜냐? 하나님이 중한만큼 사람도 중하니까 또한 하나님은 사람을 중히 여기실 테니까.

사실 내가 아는 바의 하나님은 사람을 중히 여기시는 분이다. 그러므로 내가 사람을 중히 여긴다면 하나님을 중히 여김이다.

그 누가 하나님을 중히 여긴다면서 사람은 경히 여긴다면 그것은 결국 거짓이다. 하나님을 중히 여긴다면 당연히 사람을 중히 여기게 된다.

그런데 문제가 하나 있다. 하나님을 중히 여김없이 사람을 중히 여긴다 하면 이는 하나님을 슬프시게 하는 것이다. 하나님은 따돌림받는 것을 사람처럼 싫어하신다.

그러므로 하나님을 경히 여기고 사람만을 중히 여긴다면 최악의 불화를 일으키는 우상숭배를, 아니 이미 하나님과 불화가 된 것이다.

먼저 하나님을 중히 여겨 드리자. 그리고 그 하나님이 중히 여기시는 사람을 중히 여기자. 곧 그렇게 하는 것이 나 자신을 중히 여기는 것이다.

하나님 없이 하나님 앞에

인간은 태초부터 창조주 하나님의 은총을 입고 있다. 그러나 개인적으로 인간은 꼭 하나님의 도우심을 받아야만 사는 건가? 이미 천혜는 누리고 있는 터이니 더 이상은 하나님의 도움 없이 하나님과 함께 살 수 있는 것이 아닌가? 이른바 "하나님 없이 하나님과 함께!" 라는 사실은 하나님을 의존하지 않고 하나님의 뜻에 합당한 인격과 생활을 하는 것이다. 이는 장성하여 성숙된 모습을 일컬음이다.

어린 아이는 아빠의 손을 잡고서야 아빠와 함께하고 동행할 수 있다. 그러나 장성한 자식이 되어서는 스스로가 아빠와 함께하고 동행할 수 있다. 그와 같이 미숙한 인간은 하나님의 도움을 입어야만 하나님과 함께할 수 있고 동행할 수가 있다. 하지만 성숙한 인간은 스스로가 하나님과 함께 하고 동행할 수 있다. 오늘날 적지 않은 그리스도인들은 하나님께 대하여 지나치게 의존적이다. 자력적이 못된다는 뜻이다.

　이를테면 하나님께 대하여 어린아이처럼 졸라대는 것이 너무 많다. 즉 "이것을 주세요, 저것을 주세요." "이렇게 하세요, 저렇게 하세요." 하며 요구하는 것 투성이다. 마땅히 스스로가 해야할 일도 그렇게 간구하는 것이다. 하나님은 자비로우신 아버지시니 건구하지 않아도 미리 아시고 주실 것은 주시고 도울 것은 도우실 것이다. 그의 자녀된 자들은 다만 장성한 자식으로서 해야 할 본분을 스스로가 한다면 될 일이다.
　오오, 그렇다. 하나님의 도움 없이 하나님의 자녀답게 하나님의 자녀답게 산다는 것, 이는 하나님으로부터 자유함을 뜻하는 것이다. 인간들은 신앙이란 명목으로 스스로가 하나님께 얽매이는 경우가 얼마나 많은가? 그리하여 신앙이 자유가 아니고 올무가 되고 억압이 되어 그 생활이 즐거움이 아니고 괴로움이 되고 있잖은가? 하나님으로부터의 자유! 임무가 아니라 사랑으로써 그분을 순종하고 섬기는 것이다.

제7장

기도에 대하여

항상

인간에게 항상이란 어려움을 넘어서 불가능스런 것이다. 신이 아니고서야 잠시는 몰라도 어찌 늘~ 일 수가 있겠는가? 그럼에도 불구하고 예수님은 "항상 기도하며 깨어 있으라"(눅 21:36) 말씀하셨다. 이 말씀에서 '항상'이란 '규칙적으로 끊임없이' 라는 뜻이다. 그런 의미에서 항상은 인간에게도 가능하다. 매일매일 식사를 하는 듯이 하면 되니까 말이다. 식사는 때를 걸르거나 불규칙적이면 건강이 위험해진다. 성도에게는 기도도 마찬가지 이다. 기도도 거르거나 불규칙적이라면 그 영혼과 범사가 위험해진다.

기도와 핸드폰

전에 없던 핸드폰이 새로 생겨나서 현대인의 필수품이 되었다. 지나치다 싶을 정도로 사람들은 너나 할 것 없이 핸드폰과 일체감을 이루며 생활한다. 핸드폰이 어디있나를 모르면 엄마가 보이지 않아서 어찌할 줄을 몰라 하는 어린애 같이 불안해 하고 핸드폰을 잃으면 자기 혼이 빠져나간 좀비처럼 허접해 하는 정도이다. 이런 핸드폰? 모든 인간에게는 태초부터 주어진 것이 있다.

그것은 바로 하나님과의 소통을 위한 수단인 기도이다. 핸드폰이 여러 가지 기능이 있지만 무엇보다도 다른 사람들과의 대화를 위한 것이듯이 기도 역시 하늘에 계신 하나님과의 대화를 위해 천하의 생명들 중에 인간에게만 하늘로부터 주어진 것이다. 인간들은 다만 이를 사용하는 이들과 사용 않는 이들로 구분될 뿐인데 특히 그리스도인은 기도라는 핸드폰을 사용할 줄 아는 사람이다.

현대인이면서도 핸드폰을 사용하지 않거나 사용할 줄 모른다면 현대인이 아니듯이 그리스도인이라지만 기도의 핸드폰을 사용하지 않거나 사용할 줄 모른다면 그리스도인이 아닌 셈이다. 친애하는 그리스도인이여, 손에 쥐는 핸드폰보다 훨씬 값지고 좋은 기도의 핸드폰을 자주 애용하자. 기도의 핸드폰이 생활속에 없다면 심신은 불안할 것이고 기도의 핸드폰을 잃었다면 그대는 영이 빠져나간 좀비 같은 것이다.

주님 찬미의 이유

주님 저를 위한 저의 간구는 아니 응답하셔도 남을 위한 저의 간구는 언제나 응답하여 주신다면 전 그만 만족할래요 하여튼 저의 기도를 들어 주셨다는 사실에 전 영광이고 감사하니까요.

저 또한 개인적으로 응답받고 싶은 소원이 없진 않지만 남을 위한 기도만이라도 들어주시오니 얼마나 황공하온지 하오니 주님 저의 찬미를 받으소서

저녁 찬송과 저녁 기도

온종일 온 민족이 떠들고 온 나라가 요동쳤으나 이 한밤 셋방에서지만 편한 잠을 들게 하시니 오롯이 감사를 드립니다.

일단 한밤중의 어둠이 온 땅을 무거이 덮고 있으니 요란했던 세상은 아주 적막합니다. 시끄러운 내 생각도 모처럼 고요하구요.

새삼 밤이 정말 좋습니다. 잠자리에 편히 누워 피곤한 육신을 쉬이고

예민한 신경까지 소등을 하고 안식의 밤으로 들어갑니다.

주여, 내일이면 또 밝은 아침을 맞게 하시리이다. 하루 동안을 또한 성실하게 하시옵고 이웃들과 저녁을 평화로이 맞게 하소서.

아침에 주님께

주여,

지난밤 단잠에서 깨어 제일 먼저 하루를 맞습니다. 오늘도 저를 살게 하여 주시는군요. 이미 세상을 떠나간 사람들이 애절하게 조금만 더 하며 살고 싶어 했을 오늘 하루를 저는 어떤 애씀도 없이 쉬이 맞게 하셨나이다.

하루가 쌓여 한 달이 되고 한 달이 쌓여 일 년이 되며 일 년이 쌓여 일생이 되는 것이 인생이온즉 하루를 살되 평생을 사는 듯이 살게 하소서. 어떤 일을 한다면 평생의 일을 하는 듯이 귀중히 하고 어느 누구를 만난다면 평생에 만날 사람을 만난 듯이 신중히 만나게 하소서. 하찮게 하거나 섣불리 만나지 말게 하소서.

주여,

갑절이나 정신 차려 행할 것은 주님과의 동행을 등한히 않게 하소서.

오늘 하루도 주님께서 제 손을 꼭 잡고 동행하여 주시듯이 저 역시 그리고 제가 사랑하는 사람들도 똑같이 주님 손을 꼭 잡고 동행하도록 도우소서. 아멘.

새벽에 깨어서

기도 또 기도 오직 기도의 충만만이 내영혼이 건강하게 사는 길, 기도가 없으면 기도가 부족하면 내 영혼은 악령의 탁한 공기로 질식되고 내 믿음은 시들어 죽는다네.

기도는 내 영혼을 맑게 하고 내 믿음을 생동케 하네. 기도가 무엇인가? 하나님과 독대하여 이야기를 나누고 친밀하게 지내며 하나가 되는 것이라네.

나는 이 기도를 일평생 쉬잖으며 영원토록 할것일세. 오 주님, 성령을 늘 항상 성령을 충만하게 부어 주셔서 내 영혼이 기도의 힘을 잃지 않고 언제 어디서나 꾸준하게 하옵소서. 아멘.

기도시간에

주님 오늘은 이제껏 그래왔던 것처럼 제가 많은 말씀을 드리기보다는 주님의 엄중하신 말씀을 듣기를 원합니다. 제가 작심하고 성전에 와서 기도하는 시간이면 주님 앞에서 늘 제 얘기만 늘어 놓았지요. 이 시간에 저는 입을 닫고 귀만 열어 놓겠습니다.

귀한 말씀을 들려 주세요. 기도시간에는 주님께 저만 꼭 말씀을 드려야 기도하는 건가요? 주님의 말씀을 듣는 것도 기도잖아요. 기도는 독백이 아니라 주님과의 대화이니까요. 그동안 주님께 많은 말을 드려 죄송합니다. 앞으로는 주님의 말씀을 많이 듣겠습니다.

누가 등불을 켜나요?

어두워진 성전에 등불을 밝혀야겠습니다. 누가 불을 켤까요? 한밤중인 세상에서 사람들은 거의 잠이 들고 혹 간에는 술과 함께 육체의 쾌락에 누추히 젖어 잠들지 않고 있지만 쓸쓸히 어둑한 성전에서 기도의 등불은 누가 밝힐까요? 기다려 본다마는 아무도 없는 것 같습니다. 성도들마저 세상과 함께 깊은 잠에 바져 있나 봐요.

아, 그래서 세상은 절망으로 깜깜해지는 것이군요. 주여, 이 내 영혼이라도 깨어나서 성전안의 등불이 되게 하여 주옵소서. 성령의 기름을 내 영혼에 넘치도록 부으시사 일평생 마르지 않는 기도의 등잔이 되어 교회를 밝히고 나아가 세상에도 주님의 빛을 밝히게 하옵소서. 주님의 이름에 의지하여 간절이 구하옵니다. 아멘.

외로울 땐 기도하라

외로울땐 기도하라는 말이 있습니다. 사실 외로움은 기도의 지성소입니다. 외로워야 비로소 신 앞에 단독자로 서게 되는 까닭입니다. 안 외로우면 사람들과 어울려서 얘기하기 바쁘니까 신께 대해서는 생각조차 못합니다. 사람은 짐승과는 달리 영적 존재이기 때문에 신과 단절되면 그 영혼이 허탈하여 인생이 허무하게 됩니다. 따라서 외로움은 축복일 수 있습니다. 지존하신 신과 교제의 수단으로써 기도를 하게 되니까요 외롭습니까? 낙심하여 우울하지 마세요. 오히려 기도의 축복을 누리세요. 신을 향한 깊은 심정으로 드리는 기도는 영혼을 윤택케 하는 나머지 삶도 풍성케 합니다.

기도만은 기도만은

주님 제가 아프다는 핑계로 기도하지 않았습니다. 주님 제가 힘들다는 핑계로 새벽을 깨우지 못했습니다. 아프면 아픈 대로 힘들면 힘든 대로 더욱 힘쓸 것은 기도인데 난 그만 옳다구나 하고 기도를 쉬었습니다.

주님 제가 하루 하루 살아 있음의 확실한 증거는 쉬지 않는 기도뿐이지요? 왜냐하면 기도는 나의 생명이기 때문입니다. 그러나 나는 삶이 어렵다고 포기하는 자들처럼 때로는 기도하기를 싫어 했습니다.

주님 제가 한시라도 기도하기를 쉰다거나 중단한다면 그것은 내 영혼이 자살하는 것임을 알게 하옵소서. 무슨 일이 있어도 살아야 하는 것처럼 무슨 일이 생겨도 기도만은 반드시 챙기게 하옵소서.

나는 기도의 길을 가네

내가 생의 마지막까지 가야 할 길은 다만 기도의 길이라네. 숨지는 그 순간까지 내가 할 수 있는 일은 기도뿐일 것이기에 나는 줄곧 기도의 길을 가야 하네.

하지만 기도의 길은 언뜻 보는 것처럼 그리 쉽지 않네. 기도의 길을 가기에는 안일한 육신의 정욕이 너무나 무거워 보통 어려운게 아니어서 많은 사람들 가다가 그만 두네.

기도의 길은 무릎으로 기어 가는 길 온 몸의 무게가 짓눌러 괴로울 정도이니 때때로 포기하고 싶은 유혹을 받게 되니 더욱 힘이 드네. 그래도 나는 기도의 길을 가야 하네.

내 주님 예수께서 앞서 가신 길이기에 나는 주님의 제자로서 끝까지 가야 하네. 아, 나는 밝히 알았네. 내 인생의 종점은 나의 기도가 끝나는 그 자리! 그야말로 천국 문 앞일걸세.

한밤 중의 기도 1

세상이 나를 흔들고 사람들이 힘들게 하여 그러면 그럴수록 거센 풍랑을 이용하여 더 빨리 헤쳐나가는 지혜로운 사공처럼 주께로만 나아가오니 주여 나를 평탄하게 이끄소서.

한밤 중의 기도 2

내일 일을 알 수 없는 이 어두운 세상에서 주님이 친히 이끄신다면 나 무엇을 두려워하고 걱정하오리까? 주여, 난 세상에서 의지할 이도 없는 고아와 같고 가진 것도 없는 가난뱅이 나사로와 같습니다. 하지만 주님께서 나와 함께 하여 주신다면 난 아쉬울게 전혀 없습니다. 죄송합니다. 이 깊은 밤중에 의지하는 내 주 예수님을 더욱 의지합니다. 언제 어느 때라도 또 무슨 일이 있어도 날 버리지 마옵소서. 주님.

여기에서 저기까지

주님,

저에게 좀 더 멀리 볼 수 있는 눈을 열어 주소서.

지금 당장 여기의 일로 흥분하거나 낙담하지 않도록 좀 더 멀리 볼 수 있는 마음의 눈을 열어 주옵소서.

하늘로 높이 오르면 오를수록 내려다 보이는 땅 위의 길은 백미터도 일센티 밖에 안되는 것을,

현재 겪고 있는 곤경의 일로 마음의 눈이 어두워져서 앞에 놓여 있는 고난의 길이 수만리나 되는 것처럼 제풀에 지쳐서 주저 앉으려던 때가

많고도 많았나이다.

인생의 기나긴 여정에 비하면 괴롬과 눈물의 골짜기는 순간에 지나지 않는 것임을 깨닫게 하소서. 아무리 견딜 수 없을듯한 고통의 길일지라도 장구한 거리가 아님을 내다 볼 수 있는 지혜의 눈을 열어 주옵소서.

이 눈물 골짜기 저 너머 위에는 끝없는 사랑만으로 쉴 곳이 있음을 알게 하시며(찬 536장 3절) 인생의 머나먼 길을 가노라면 예측못할 시련들이 간간히 가로놓여 있음을 알 수 있게 하옵소서.

대저, 길이란 끝까지 걸어가봐야 아는 법. 이제 겨우 십리도 못걸어 왔으면서도 온갖 여정을 다 지나온 양, 자만하거나 낙담하지 말게 하옵소서.

다만, 하루 하루를 꾸준히 걸어 가게 하옵시되 기쁜 일을 만났을땐 찬송하게 하옵시고, 슬픈 일을 만났을땐 기도하게 하옵소서.

그리고 나보다 앞서가는 사람이 있으면 그를 보고 시기하지 말게 하시고 나보다 뒤에 오는 사람이 있으면 그를 보고 멸시하지 말게 하옵소서.

주님께서는 이미, "먼저 된 자 나중되고 나중된 자 먼저 된다"(마 20:16)고 말씀하셨나이다.

주님,

오히려 앞서 가는 자 칭찬해 주고, 뒤에 오는 자 격려해 주는 너른 마음을 주옵소서.

인간만사 새홍지마, 좋은 일이 있으면 나쁜 일이 따르고 나쁜 일이 있으면 좋은 일이 따른다 했으니. 매사를 당장의 일로만 속단하지 말게 하옵소서. 그리하여 귀한 인생을 그르칠까 염려되나이다.

　오, 주님!

　여기만 보는 눈이 되지 않게 하소서. 저기까지 보는 눈이 되게 하여 주옵소서.

　오늘 일만 보고서 지나치게 기뻐하거나 지나치게 슬퍼하지 말게 하소서. 내일 일도 보면서 신중하고 자중하게 하옵소서.

　속절없이 오늘 일에 집착하다가 내일 일—기쁜 일 후에 슬픈 일이 닥치거나, 슬픈 일 후에 기쁜 일이 다가올 때—을 감당못할까 염려되기 때문입니다. 아직도 우리의 가야할 길은 많이 남은 줄로 믿사옵나이다.

　지금 당장, 여기의 일로 요동하지 말게 하옵시고, 내일 저 곳의 종점에 이를 때까지 오늘의 성공과 실패를 밑거름으로 영원한 정상에 오르게 하옵소서. 아멘.

어느 날 새벽의 소원

저는 영어를 잘 못합니다. 외국인과 영어를 자유자재로 말하는 사람을 보면 참 부럽습니다.

그러나 이보다 더 부러운 사람이 있습니다. 그나 누구냐면 하나님과 자유자재로 대화하는 사람입니다.

외국인들과 자유자재로 얘기함과 같이 하나님과 언제든지 얘기하는 사람이 되면 얼마나 좋을까요?

내 아버지 하나님, 제가 아버지와 얘기하고 싶을 때에는 언제라도 성령으로 화답하여 주세요.

아, 생각만 해도 행복합니다. 제가 하나님과 자유자재로 대화할 수 있다니? 이 얼마나 큰 행복입니까!

종말을 앞두고 드리는 기도

주 하나님, 이 세상은 지금 어디로 가나요? 종말로 치닫는가요? 온 갖 죄악이 난무한 가운데 온 인류가 생존의 위협을 느끼어 큰 두려움에 빠져 있습니다.

사람이 없어진다면 지구는 그냥 땅덩어리일 뿐, 더 이상은 세상이라 하지 않겠지요. 인류는 스스로의 미혹됨으로 타락하여 그로 인한 업보로 멸망할 것 같사옵니다.

예수님과 선지자들을 통하여 예고하여 주신대로 이제는 세상 끝이 임박한 것인가요? 인류와 세상에 대한 아버지께서 섭리하신 바가 다 이루어지고 있는가요?

오, 죄악 중에 스스로 멸망해가는 인류를 구원하시기를 기뻐하사 독생자를 보내시어 구원의 역사를 이루어오신 하나님, 그 역사의 막을 오늘날 거두시려는 것이로군요.

그러하실진대 아버지의 백성과 그 교회에 거룩하신 구원을 온전히 이루어 주옵소서. 어둠의 나라와 그 백성들은 멸망 받으려니와 하늘의 백성들은 길이 보전하여 주옵소서.

내 기도를 들어 주소서

주님, 나이를 먹어가니 그런가요? 재미있는 것들이 점점 사라져 가요. 이전에 즐기던 것들이 이젠 흥미가 없어지네요.

주님, 그렇지만 나에게서 기도하는 즐거움과 찬송하는 재미는 갈수록 더하면 더했지 덜하거나 사라지지 않게 하여 주옵소서.

다른 것들은 몰라도 기도하는 일과 찬송하는 일을 싫어하고 번거로워 할까봐 심히 두렵습니다. 기쁘기만 하고 즐겁기만 하게 하옵소서.

주님, 이를 위해 성령과의 연줄을 이어 주셔서 그 생수가 내 영혼에 충만하게 공급되어 나의 기도와 찬송이 샘솟듯 하게 하옵소서.

그리하여 내 영혼이 날마다 주님의 얼굴을 뵙게 하시고 주님의 얼굴이 또한 나의 얼굴이 되어 그 영광을 세상에 나타내게 하옵소서.

항상 기뻐하며 살게 하옵소서

오늘 밤 기도하고 나서 나는 한 가지 결심을 하게 합니다. "나 항상 기뻐하며 살리라"고 말입니다. 이것이 하나님의 뜻 중에서 가장 으뜸 하는 것인즉(살전 5:16) 나는 이를 실천하려 합니다.

대한민국의 국민들은 대한민국의 법을 따라 삽니다. 나는 대한민국 사람이기에 그 법을 따라 삽니다. 또한 나는 하나님의 백성입니다. 그러므로 나는 하나님의 법도인 성경대로 살아야 합니다.

그러나 과연 하나님의 말씀대로 살고 있는 건지요? 제대로 살고 있는 것이 무엇인지요? 이를테면 "항상 기뻐하라" 하시는 말씀대로 살았는지요? 자백건대 그렇게 살지 못했습니다.

그런데 이제부터 그렇게 살기로 결단했습니다. 항상 기뻐하며 살아내겠습니다. 어떻게요? 하나님은 성령으로 내게 기쁨을 주실 것입니다. 나는 어떤 경우에도 그 기쁨을 빼앗기지 않겠습니다.

우선적으로는 최소한 짜증부터 내지 않겠습니다. 그래야만 기쁨의 바탕이 견고하여질 것이니까요! 짜증은 내 마음을 찢어발겨 기쁨이 새어나게 하는 교활한 악마의 날 선 칼입니다.

누구든지 이 칼에 찔리거나 베이면 갖고 있던 기쁨은 물론 곁에 있는 이의 기쁨마저 상쇄하게 만듭니다. 기쁨을 지켜낼 방패는 무엇일지? 아, 그것은 범사에 감사하는 것, 어쨌든지 감사하는 것입니다.

감사는 짜증과 그 원인인 불만과 불평이 뚫지 못하는 방패이기에 기쁨은 그 안에서 안전합니다. 사실 기쁨과 감사는 동질입니다. 기쁨으로 감사하게 되고 감사하여 기뻐하게 되니까요.

주여, 감사로써 기쁨을 온전하게 하고 기쁨으로 감사를 충만하게 할 수 있도록 성령을 부어 주옵소서. 그리하여 주 하나님의 말씀대로 멋지고, 신나게, 또한 남들에게 본때를 보이면서 살게 하옵소서.

어떤 기도

주여, 나는 괜찮아요.
슬퍼도 외로워도 말이에요.
부디 사랑하는 사람만은
기쁘고 외롭잖게 하여 주세요.

주여, 나는 괜찮아요.
약하고 병들어도 말이에요.
제발 사랑하는 사람만은
강하고 튼튼하게 하여 주세요.

주여, 나 자신을 위해
빌지 않고 사랑하는 이를 위해
이렇게 빌도록 하시오니
감사합니다. 응답하여 주세요.

오두막의 착한 기도

나는 외딴곳의 오두막입니다. 돈이 많은 대궐이 아니고 권세가 높은 궁궐도 아니옵고 풀과 나무로 엮어 만든 어둑한 오두막입니다.

님이여 이런 나를 찾아 임재하여 주시겠습니까? 보드라운 잔디 요를 깔아 드리고 포근한 단풍 이불을 덮어 드리겠습니다.

아아, 님께서 나를 처소로 삼아 주신다면 난 그 옛날 베들레헴의 외양처럼 님을 경배하는 거룩한 성전이 되는 거겠죠?

세상에는 대궐이어도 궁궐이어도 귀신들만 들끓는 사당이 많사오나 나는 비록 오두막이어도 님을 모신 성전이길 삼가 소원하나이다.

살고 죽길

기도하며 살게 하소서 기도하다 죽게 하소서
충성하며 살게 하소서 충성하다 죽게 하소서
사랑하며 살게 하소서 사랑하다 죽게 하소서
감사하며 살게 하소서 감사하다 죽게 하소서

간구하기 전에 우선할 일

하나님께 대하여 아쉬운 쪽은 언제나 인간이니 사람은 기도할 때마다 절실한 것들을 간구하게 된다. 그러나 아무리 급해도 구하기 전에 우선할 일이 있다 그것은 나의 할 도리를 나 자신이 먼저 해놓는 일이다.

하나님께 대해서는 고사하고 자기 자신에 대해서도 할 도리를 안하면서 하나님께 도와주십사는 것은 너무 몰염치이다. 자기 자신도 자기를 돕지 않으면서 남보고만 자기를 도와 달라니 정말 어이가 없잖은가?

자기 자신을 위해 해야 할 일을 한 후 하나님께 간구하자. "하늘은 스스로 돕는 자를 돕는다"는 말이 있다시피 하나님은 게으름뱅이를 돕는 분이 아니시다. 무책임하지 않게 자기 자신의 할 도리를 다하는 성실한 자를 도우시는 분이시다.

기도했으면 기도한 대로

설교자는 자기가 설교한 대로 살아야 마땅하듯이 기도자도 역시 자기가 기도한 대로 살아야 마땅하다. 이를테면 "사랑하게 하옵소서" 하였으면 사랑해야 한다. 자기가 기도한 대로 자기는 아무것도 안하면서 무턱대고 기도만 한다면 그게 온당한 노릇인가? 말과 글로 하는 기도들을 보노라면 하늘 보좌 앞에서 하는 것 같은데 하는 행동을 보면 지옥문 앞에서 헤매는 것 같은 자들이 얼마나 숱한지 차라리 한다고 하는 기도일랑 청산유수로 잘하지나 말 노릇이지. "기도하고 구하는 것은 받은 줄로 믿으라"(막 11:24) 라고 하신 주님의 말씀은 "기도한 대로 곧 행하라"는 뜻으로도 이해된다. 기도했다면 그대로 될 줄 믿고 그대로 행하는 것, 이것이 과연 기도자의 참된 자세일 것이다.

오직 기도 다만 기도

오직 주님 앞에 무릎을 꿇는 것이 경건이고 행복임을 알게 하소서 더 나아가 세상을 이기는 능력임을 경험하게 하소서

나는 너무 연약하여 주님께 힘을 구할 수밖에 없고 나는 아이같이 아무것도 모르기에 주님께 지혜를 구할 수밖에 없나이다.

그리하여 나는 주님 앞에 무릎을 꿇어야 안심이 되고 기도를 해야 힘이 나서 뭐라도 할 수 있습니다. 하오니 통촉하여 주시옵소서.

오, 주님 나는 주님 없인 외롭습니다. 주님 외엔 아무라도 나의 외로움을 달랠 수가 없습니다. 주님만이 나의 소망이고 위로이기 때문입니다.

나의 기도 방석

나의 기도 방석은 성전 맨 앞자리 바닥에서 이제나 저제나 날 기다린다. 날마다 새벽에 정오 전후에, 그리고 저녁 어둔 때에, 나를 기다린다. 약속되어 올듯한 시간에 내가 가지 않으면 나의 기도 방석은 얼마나 허전하고 쓸쓸해 할까? 멍하니 홀로 앉아 날 대신해 기도할 것 같다.

늘 그랬듯이 오늘도 잠깨어 일어나 성전에 나아가 나의 기도 방석에 앉아 무릎을 꿇었다. 어찌나 포근히 반겨 맞는지? 마치 요람에 안기는 예쁜 기분이라 나는 기도하며 새삼 다짐했다. 나의 기도 방석아, 무슨 일이 있어도 너를 빈 가슴 되게 하지 않을께. 주님의 나라에 갈 때까지 너는 내 소망의 자리가 되어다오!

내 젊은 날의 기도

남의 못남을 보고 나의 잘남을 생각지 않게 하옵시고
남의 죄를 보고 나의 의를 생각지 말게 하옵소서

남의 실패를 내 성공의 기회로 삼지 않게 하옵시고
남의 불행을 내 행복의 근거로 삼지 말게 하옵소서

남의 슬픔을 은근히 기뻐하지 않게 하옵시고
남의 괴롬을 남몰래 좋아하지 말게 하옵소서

나는 주님께 용서받은 죄인임을 잊지 않게 하옵시고
시험에 쉬이 넘어지는 약자임을 잊지 말게 하옵소서

기도

매달립니다 매달립니다 나의 구주 예수님을
나의 허상을 허무시고 주님의 형상을 빚으소서
간청합니다 간청합니다 나의 구주 예수님께

나의 죄악을 씻으시고 마음을 정결케 하옵소서

현자(賢者)의 기도

나무 밑에서 편히 쉬며 열매를 따먹기보다는 나무를 심고 가꾸는 자이게 하옵소서

샘물에서 생수를 마시기만 하기보다는 샘을 파서 샘터를 만드는 자이게 하옵소서

널리 좋은 곳을 찾아 다니기보다는 내가 머무는 이곳을 좋게 하는 자이게 하옵소서

진실한 사람을 만나서 친구로 사귀려기보다는 내 자신이 먼저 진실한 자이게 하옵소서

교회가 타락되었다고 비판하기보다는 교회를 참되게 하는 자이게 하옵소서

세상이 너무나 어둡다고 탄식하기보다는 비록 작은 빛이라도 비추이는 자이게 하옵소서

왜 기도를 하는가?

사람이 누군가를 진심으로 사랑하고 있다면 그가 애절히 보고싶어 때와 장소를 막론하고 어쨌든 기어이 만납니다.

우리가 진정 예수님을 사랑한다면 예수님이 보고싶어 못견딘 나머지 함께 하고자 잦은 기도를 하게 됩니다.

기도는 예수님을 만나서 함께 있는 것입니다. 예수님과 사랑이 깊어지면 깊어질수록 기도시간은 점점 길어집니다.

기도를 왜 하는 것입니까? 예수님을 진정으로 사랑하기에 늘 함께 하고파서 끊임없이 기도하는 것입니다.

주님의 보좌 앞에서

주님의 이름으로 일컫는 성전은 주님의 보좌 앞임을 믿습니다.

30석 의자가 가지런한 끝자리에 마음을 가지런하며 앉았습니다.

이처럼 한평생을 주님 앞에 살기를 경건한 마음으로 기도드립니다.

세상은 요란하고 사람들은 마음을 들끓이나 성전에서는 평안합니다.

주님이 주시는 평화가 이 성전에서 샘물처럼 땅끝까지 흐르게 하소서.

이를위해 이 작은 자도 사무엘처럼 쉬지 않고 기도하도록 도우소서.

임박한 말세에 갈구하는 소원

주여, 지금은 그 어느 때보다도 성령으로 충만해야 할 때임을 깨달아 절감합니다. 왜냐하면 오늘날은 말세이기 때문입니다. 주님의 이름을 부르는 자들에겐 다른 아무것이 절실하지 않습니다. 오직 성령 충만 뿐 입니다. 다른 아무것이 충만하다 해도 성령이 없으면 속 빈 강정과 같 습니다만 성령으로 충만하면 다른 아무것이 없다 해도 삶은 충만 자체 임을 확신합니다.

주여, 나의 애원을 들으시사 이 불초한 자의 육체에 말세에 약속하 신 성령을 불길같이 부어 주옵소서. 예언을 하고 환상을 보고 꿈을 꾸 게 하시며 주님의 영광을 증거하기 위해 이적과 기사를 많이 나타나게 하옵소서. 이날 이때까지 주님의 일을 한다고는 하였지만, 성령의 권 능이 없이 해온 일에 무슨 열매가 있었아오리까? 모두 허사였습니다.

주여, 성령으로 말미암지 않고는
주님을 믿는다는 것 자체도 불가하옵니다. 자기 기분으로 믿는 시늉 하다가 말 것이기 때문입니다. 진실로 성령으로 말미암지 않고는 누구든지 그리스도인으로 어엿이 설 수가 없나이다. 아아, 성령 충만! 이는 예수 충만으로써 은혜 충만! 진리 충만! 사랑 충만! 능력 충만! 생명 충만이옵니다. 정녕 무엇이 더 부족하겠나이까!

　주여, 사람들은 대개 성공을 하려고 애를 씁니다. 부자가 되려고 애를 씁니다. 건강케 되려고 애를 씁니다. 어떤 그리스도인들도 그러합니다. 하지만 성령 충만을 위해선 그렇지 않아 큰 걱정입니다. 아아, 알았습니다. 난 이제부터 사람들이 성공을 하려 하고 부자가 되려 하며 건강하려 애쓰는 것 같이. 아니 그 이상으로 성령 충만을 사모합니다. 하오니 채워 주소서 주님.

제8장

교회에 대하여

그리스도인의 본성

초대교회 시절부터 그리스도인은 본성적으로 믿음의 형제와 교회를 위하여 희생하고 봉사하는 일을 우선하였다. 가난한 형제를 도웁고 교회를 위해 헌신하고 재물을 봉헌하는 일은 당연지사로 여겼다.

그에 비해 오늘날의 그리스도인들은 어떠한가? 자기이익의 수지와 명예의 여부를 따져 봉사라는 것을 한다. 아, 왜이리 인색하고 영악해졌는지 아무런 사심없이 희생하고 봉사했던 초대교회 그리스도인이 너무 그립다.

아골골짝의 세대에서

지난 20세기 우리나라의 영적지형은 젖과 꿀이 흐르는 가나안같은 옥토였었다. 그러나 21세기초 20년에 즈음한 오늘날의 영적지형은 아골골짝의 빈들이 되고 말았다. 아골골짜기? 거룩한 군사중에 아간이란 자의 추한 탐욕으로 저주받은 절망과 고통의 장소가 되어버린 땅을 이름이다(수 7:24-26). 축복받은 땅은 아무데나 마른씨앗과 마른가지라도 뿌리거나 심기만 하면 즉각 뿌리가 내려 싹이 나고 꽃이 피어 주렁주렁 풍성한 열매가 맺힌다. 이와 같이 우리나라에서는 시골이든 도시이든 십자가만 꽂으면 은혜가 풍성한 교회로 성장하였었다. 하지만 거룩한 군사들인 적지않은 목사들의 탐욕스런 타락으로 이 나라의 영적토양은 아골골짜기처럼 저주받은 영혼들의 마른뼈들로 이리저리 나뒹굴 정도로 황폐해졌다. 솔로몬의 성전처럼 호화롭고 커다랗게 솟아있는 교회당들은 교인들이 점점 줄어들어 초라하게 노인들만 남아있는 적막한 장례식장 같이 쓸쓸하구나. 아, 진짜 옛날이 그리운 때가 되고 말았다.

그리스도인이 안 보인다.

오늘날 한국 사회와 심지어 한국교회에는 그리스도인이 드뭅니다. 물론 그리스도인이라고 이름하는 자들은 많습니다만 참된 그리스도인은 눈을 씻고 보아도 찾기가 어렵습니다. 어느 정도냐 하면 그리스도 예수의 종이라 자처하는 목사들 중에도 그리스도인은 매우 드뭅니다. 그들은 다만 종교사업가들이고 종교 직업인들입니다. 다시 말하면 종교로 부귀와 명예를 누리려는 자들입니다. 그런 목사들의 설교를 듣고 지도를 받는 교인들은 또한 어떠하겠습니까? 마찬가지입니다. 이를테면 교인들은 매우 이해 관계적입니다. 자기 육신의 이익을 따라 신앙(교회)생활이란 것을 하고 있기 때문입니다. 그러면서도 이들은 스스로 그리스도인이라고 생각을 하고 있습니다. 가소롭고 가증스럽지요. 그리스도인이란 그리스도 예수님을 따르고 본받는 자들인데 그리스도께서 언제 부귀와 명예를 추구하였으며 자기 육신의 이익을 따졌습니까?

한데 그리스도 예수님과는 정반대의 길을 걷는 행위를 하면서도 그리스도인이라 하니 정말 어이가 없습니다. 이해와 수지를 헤아려서 상대와의 관계를 도모하는 목사들과 교인들의 행태를 겪노라면 차라리 교회 밖의 사람들이 더 낫다 싶은 생각이 들 때가 많습니다. 오늘날 한국교회는 왜 이렇게 되었는지 모르겠습니다. 초창기 때만 해도 참된 그리스도인들이 목사들 중에도, 교인들 중에도, 많이 찾아볼 수가 있었는데 요즘 와서는 교회 안팎에서 종교 모리배들만 눈에 띄고 그리스도인은 잘 보이지 않습니다. 제발, 진정한 그리스도인을 볼 수 있었으면 좋겠습니다. 하나님께서는 이들을 어디에 감춰두셨는지? 이제는 교회와 세상에 나타내어 주셨으면 정말 좋겠습니다. 그래야만 교회가 살고 세상이 살만하게 환해지지 않겠습니까? 아, 알겠습니다. 그 참된 그리스도인은 어느 누구보다도 우선 목사라는 직분을 갖고 있는 나 자신이어야 하겠습니다. 오 주여, 이 죄인을 불쌍히 여겨 주옵소서. 아멘.

그리스도인의 완전

나는 내가 이 세상을 사는 동안 반드시 이루어야 할 것이 무엇인가? 를 알고 있다. 인생의 초반이나 중반쯤도 아닌 후반기에 접어들어 뒤늦이 깨닫게 된 사실이다. 그래서 조금은 아쉽지만…. 그것은 돈을 많이 버는 일이 아니고 남다른 업적을 세우는 일도 아니며 이름을 떨쳐보는 일도 아니다. 오직 내 안에 예수 그리스도의 형상을 이루는 것이다. 즉, 나의 사람됨이 예수님의 인격화됨을 뜻함이다. 이를 가리켜서 성인들은 그리스도인의 완전(perfection of christian)이라고 하였다. 그리하여 그리스도인은 그 완전을 추구하고 그 완전을 목표로 하여 살아가는 순례자라고 제자들을 가르쳤다. 나는 이 말씀에 전적으로 동의한다. 반세기 가까운 목회생활과 경건생활, 성서연구와 신학연구, 그리고 성령의 감동 받음을 종합컨대 정답으로 확신되었기 때문이다. 이를 위해 나는 나 자신을 쳐 복종시키기에 주력한다. 나의 욕심, 나의 교만, 나의 나태 등을 때마다 십자가에 못박는다.

이것들은 깎고나면 이틀 사흘 후에 또 자라나는 수염처럼 마음을 터전으로 하여 육체의 정욕으로 돌아난다. 그러므로 사도 바울은 "나는 날마다 죽노라"(고전 15:31)고 하셨나 보다. 이같이 자아가 죽음으로써 예수께서 정녕 내 안에 사시는 것(갈 2:20) 이리라 하지만 이 사실 곧, 그리스도인의 완전은 그리스도를 닮는 것임을 알고 행하는 한국교회의 목사들과 교인들은 오늘날 얼마나 될까? 노파심이 든다 외친다는 설교를 보면 예수 믿고 복받아서 성공하고 출세하라는 것 일색이고 성경공부라는 것도 하나님께 사용되는 거룩한 삶 보다는 하나님을 자기 뜻에 설득시키고 이용하는 처세나 궁리하고 가르치는 허망한 노릇이 얼마나 많은가? 기억하라! 기독신앙은 세속적 성공을 위한 처세가 아니라는 진실을. 다만 그리스도를 본받아 작은 그리스도가 되어 주 예수 그리스도처럼 사는 것이다. 그리고 모든 영광은 하나님께 돌릴 뿐이다.

이단에서 빼앗긴 제자

목회생활 50년, 나를 통해 가르침을 받은 사람들은 주일 학생들부터 장년 교인들까지 수천 명은 되겠지요. 그들 중엔 나를 신앙의 스승으로 존중함으로써 내가 감히 제자라고 일컬을 수 있는 사람들이 여럿 있지요. 나는 그들을 총애하고 그들 역시 나를 사랑했지요.

세월이 흐르면서 그들과 나는 헤어져 각각의 처지에서 각각의 생활 곧 신앙생활을 하게 되었습니다. 그런데 오랜만에 만난 사랑하는 제자 중에는 나와는 다른 신조를 따르고 있었습니다. 즉 이단에 빠져 있었던 것이죠. 그중 M이라는 제자의 경우 자살한 어떤 목사의 동영상 설교를 중심하여 예배하는 허튼 교회를 다니고 있었습니다.

그릇된 집단이니 거기서 속히 나오라고 당부했지만 오히려 나를 나무라며 자기네가 옳다고 우겨대서 도무지 소통이 안되는 것이었습니다. 오래전 가까이 지낼 때에 M은 내 말이라면 아이처럼 순종했는데 그는 이미 나의 제자가 아니었습니다. 아뿔싸! 나는 나의 제자를 이단에게 빼앗긴 것입니다. 안타깝습니다.

M은 그 잘못된 가르침을 가장 옳은 가르침으로 신봉하고 또 추종하고 있었습니다. 안타깝기만 하고 어쩔 수가 없습니다. 그의 영혼은 이미 거짓에 삼킨 바 되어 있기 때문입니다. M만이 아닙니다. L도 레마

라는 이단에 빠지더니 나와 멀어졌고 K도 큰 믿음이란 옳지 않은 데로
빠지더니 서먹해졌습니다.

나와 함께 하였더라면 이단이나 세상에 빠지지는 않고 진리의 길을
바로 가고 있을 텐데. 아쉽습니다. 지금 나와 함께 하고 있는 제자들은
이단이나 세상에 빼앗길 순 없다는 결심을 굳게 하여 봅니다. 사랑하는
나의 제자들에게 이 못난 선생이 삼가 당부합니다. 어떤 경우에도 이단
의 교훈에는 미혹되지 말길 바랍니다.

이단은 융성하는데

　여호와의 증인, 이만희의 신천지, 안상홍의 하나님의 교회, 통일교의 가정교회, 김기동의 베뢰아 아카데미, 아재록의 만민중앙교회, 박옥수의 기쁜소식선교회, 이초석의 예수중심교회, 정명석의 JMS, 이명범의 레마선교회, 신옥주의 은혜로교회, 전태식의 진주 초대교회… 등 (계속 거론 차니 지면이 아깝다.) 그 밖의 이단적 경향을 나타내는 자들의 집단은 왜 그리 사람들이 많이 결집하고 돈도 그리 많아 기성교회들은 엄두도 내기 힘든 큰 빌딩을 어렵잖히 매입하고 큰 행사를 거침없이 치른다.

　콩밭에 잡초가 무성하여 콩 농사가 망쳐지는 것은 콩을 잘 가꿔주지 않아 콩이 옳게 자라지 못해서 그렇다. 이 땅 한국 교계에 이단이 무성해지는 까닭은 건전한 교단이 건강하게 성장하지 못했기 때문이란 사실이다. 이른바 정통이라는 교회의 목회자들이 진리와 성령으로 교회의 성도들을 돌보지 않고 욕심과 출세와 부귀, 그리고 하나님의 영광보다는 자기의 영광을 위해 사명이 아닌 사업을 했기에 콩은 제대로 자라나지 못하니까 그 틈새를 침투하여 잡초와 독초 같은 이단들이 무성하게 된 것이다.

　이 사실이 아니라고 부정할 자 누구인가? 어느 목사가 반발하고 나서겠는가? 진실을 말한다면 이단 교회는 정통교회가 세상과 간음하여 낳은 사생아이다. 사생아도 자식인 만큼 정통교회는 이단 교회들을 반드시 바른 데로 이끌 책무가 있다. 하지만 오늘날 정통교회는 이름처럼 올바르지 않고 이단보다 더 이단스러워 이단 교회들은 정통교회의 말을 무시한다. 어느 때일까? 정통교회가 바로 서게 되는 날, 탕자가 본집을 찾아오듯 이단교회는 아버지의 집으로 다시 돌아올 것이다. 보라, 지금은 이단 교회가 회개하길 바라기 전에 정통교회가 먼저 회개해야 할 때이다.

주님 오실 때가 되었으니

우리나라 한국교회의 역사 100주년(1982년)에는 교회 성장의 정점에 이르렀으나 그후로는 정체를 하더니 작금에 와서는 성장은커녕 교인수가 마구 줄어들고 있어요. 신실하고 성실했던 우리의 한국교회가 맛잃은 소금과 꺼진 등잔꼴이 되어 세상의 조롱을 받고 불신에 미혹된 교인들이 교회를 떠나가기 시작하니 현재 한국교회는 쇠퇴의 길을 치닫고 있습니다.

이는 대부분의 교회 지도자들의 욕심과 교만 허세와 허영을 부린 탓으로 나타났습니다. 그 까닭으로 장마철 태풍에 과수나무 선과일들이 떨어지듯 교인들이 교회에서 상처를 입고 마구 떨어져 나가고 있습니다. 이를 보고 그들을 권면하여 다시금 교회로 이끌려고 권면을 하다보면 대답이 기가 막힙니다. "교회를 가지 않으니까 주일이면 몇 번은 가책이 들어 불안하였으나 지금은 교회에 안 나가는 것이 그렇게 좋고 편할 수가 없다."고 딱잘라 말합니다. 끔찍하게도 양심이 사단의 화인을 맞은 꼴이지요. 큰일이다 싶어 고민에 빠졌지만 "인자가 올 때에 세상에서 믿음을 보겠느냐?"(눅 18:8) 하신 주님의 말씀이 생각났습니다.

그렇습니다. 정녕 주님 오실 때가 가까워진 것입니다. 교인들이 이처럼 교회를 떠나고 믿음을 배반하는 일들은 눈먼 지도자들의 잘못된 인도로 교회의 교회답지 못하게 만든 죄악 때문이지만 영적으로 깊이 보면 주님께서 재림하실 때가 되었다는 뚜렷한 징조인 것이지요. 그러므로 우리는 더욱 깨어나서 믿음을 굳게 하고 주의 일에 힘써야 할 뿐입니다.(고전 15:58)

진정 교회다운 교회

　최초의 성령강림절(AD.33)에 탄생된 우리의 그리스도 교회는 그 후 3백여년 동안 진정 교회다운 교회의 모습이었습니다. 그 당시 사회적으로 비춰진 교회의 모습은 가난한 사람들 즉 고아와 과부와 늙고 병든 이들에 대한 구제와 돌봄에 전력하는 모습이었습니다. 교회는 처음부터 헌금이 넘쳤습니다. 일반 헌금은 물론 성도들이 각각의 재산과 소유를 팔아 가난한 이들을 위해 아낌없이 봉헌하였기 때문입니다. 전재산을 다 팔아 교회에 바치고 복음 전도자의 길로 나서는 부자들도 적지 않았으니 교회는 당연히 재정이 넘쳤습니다. 그러나 교회는 땅을 사거나 건물을 짓지 않았습니다. 그리고 교회의 목회자들도 서민적 생활비 외에는 헌금을 착복하지 않았습니다. 오직 가난한 사람들을 위해서만 크게 사용하였습니다.

　하지만 구제를 전도의 수단으로 사용하진 않았습니다. 이를테면 "도와줄테니 예수를 믿어라" 하지 않았다는 말입니다. 그저 그리스도의 사랑을 베푸는 일 자체를 목적으로 하였습니다. 그렇지만 그게 어디 그걸로 끝납니까? 교회의 긍휼함을 입은 당사자는 물론 곁에서 그 일을 본 수많은 사람들은 스스로 감동이 되어 너도 나도 예수님을 영접함으로 동네 전체 또는 도시 전체가 그리스도인으로 개종하는 바람에 마침내는 로마제국 전체가 기독교회의 나라로 변화되었던 것입니다 (AD.313). 이처럼 혁혁한 역사는 참된 교회란 어떠한 모습인가를 생생히 보여 주고도 남습니다. 맞습니다. 우리 아가페교회가 바로 그런 교회로 성장하고 발전해야 되는 것이 아니겠습니까? 예, 반드시 그래야겠습니다.

올바른 교회관

　교회는 교인이 많아야 좋은건가, 많지 않으면 좋지 않은가? 예로부터 교회는 끝없이 부흥을 소망하여 왔는데 그 부흥은 부흥이라기 보다는 교인들이 늘어나는 숫자적 성장이었다. 목회자들도 거의 교인숫자에 연연해서 스스로 시달리는 목회를 하고 있다. 왜냐하면 교인의 숫자가 실적과 실력으로 여겨지기 때문이다. 교인들이 많아지면 성공이고 적어지면 실패이다 라는 고정관념이 철칙같이 여겨졌다. 숫자가 그리 중요한가? 다윗왕은 인구조사를 하다가 하나님께 호된 징계를 받았다 (삼하 24:1-25). 예수님의 생각대로라면 12명의 제자면 족하다. 그들이 모두 알짜라면 말이다. 열 둘이 세계를 변화시키지 않았던가? 쭉정이 같은 교인들이 백명이면 무엇하고 천명이면 무엇하며 만명이면 무엇하나? 아니 천 만 명이면 어찌 하리요? 다 불에 던져 태어버릴 것들 뿐이다. 비록 열손가락에 꼽히는 숫자라도 알곡신자이면 대성공이다. 그 한알들이 희생하여 많은 열매를 맺기 때문이다(요 20:24). 교회 중에 겉으로 보기에는 교인이 많아서 좋은 교회같지만 속으로는 부패되어 골치 아픈 교회들이 많다. 실제로 사회적으로 부덕스러운 일은 대부분 교인들이 많은 교회에서 일어나지 않던가? 차치하고, 교인의 많고 적음은 논의될 문제가 아니다. 중요한 문제는 그 교인들이 어떠한 사람들이며 또한 그 교회가 하는 일이 무엇이냐?에 있다. 첫째로, 교인들이 그야말로 진실한가? 그리스도인이라는 이름에 걸맞는 사람들이냐?는 것이다. 이를 위해 교인들은 예수님의 온유와 겸손을 본받는 자들이어야 한다. 둘째로, 교회는 과연 하나님을 기쁘시게 하고 있는가? 하나님께서 가장 기뻐하시는 일은 가난하고 연약한 자들을 구제하고 돌보는 것과 한 사람이라도 당신께로 돌아오게 하는 것이다. 이를 위해 교회는 사랑과 진리라는 두 기둥으로 굳게 서 있어야 한다. 교인과 교회는 양이 아니고 질이 중요하고 표면이 아니라 내면이 중요하다. 숫자와 크기가 문제가 아니라 적고 작더라도 참된 교인이고 참된 교회이면 된다.

한국교회의 부흥을 고대하며

오, 나의 주 예수님, 50년전 그 때가 그립습니다. 목마른 사슴처럼 주의 은혜를 사모하는 성도들이 구름떼같이 모여드니 단비처럼 흡족하게 내리는 성령으로 교회는 우후죽순(雨後竹筍)으로 부흥하였지요.

오, 나의 주 예수님, 그때만 했어도 우리나라에서는 수많은 사람들이 하나님을 찾았고 하나님의 말씀인 성경을 즐거이 듣고 배웠습니다. 그러니까 교회는 튼실히 성장하게 되었습니다.

오, 나의 주 예수님, 요즘 와서는 사람들이 그때와 같지 않습니다. 춥고 배고플 적엔 교회를 가까이하여 하나님을 찾고 그의 은혜를 사모하더니 등따습고 배부르니까 세상을 즐기느라 여념이 없습니다.

이 어디 일반적 사람들 뿐인가요? 성도들이라고 하는 교인들마저도 점점 그런걸요. 이른바 세상 사람들과 조금도 달리 보이지 않는 교인들이 참 많은 것 같아요. 안 믿는 자보다 더 나쁘다는 말도 들리니까요.

하나님보다는 돈을 더 사랑하고 진리를 사모하기보다는 세속의 명예와 쾌락을 더 사모하며 남을 위하는 마음은 별로 없고 이기심이 가득하여 탐욕만 부리는게 불신자나 차이가 없어 보입니다.

물론, 하나님과 그의 은혜와 진리를 사모하는 성도들이 그루터기처럼 남아 있음을 감사하며 간구합니다. 진정, 의에 주리고 목마른 자들을 보시고 이 땅의 교회에 50년 전의 부흥을 다시 또 허락하여 주소서.

교회의 재개혁을 외친다

기독교회는 탄생후 5백년 즈음에 종교제국으로 변질 타락하여 무려 천년동안 사람들의 영혼과 시대를 암흑속에 몰아넣고 말았다. ① 교황의 세속권력에 대한 탐욕, ② 그 수하들이었든 성직자들의 반 신앙적인 부도덕과 재물욕, ③ 그리고 교인들의 무지와 미신, 이 세 가지 문제가 교회를 교회이지 못하게 하였다. 바야흐로 5백년 전에 르네상스(문예부흥)와 더불어 종교개혁이 일어났다. 로마카톨릭 교회라는 부패한 고목(枯木)에서 프로테스탄트개혁교회라는 새싹이 돋아났다.

그후 개혁교회는 오늘까지 반천년(502)이 지나왔다. 그러나 어찌할 꼬, 개혁 교회 역시 이전의 로마카톨릭교회처럼 부패되어 종교기업으로 변질 타락하여 참된 교회로서의 본질과 생명을 철저히 상실하고 있는 중이다. 이른바 대형교회 목사들의 제왕적인 모습, 예수 그리스도의 사역이 아닌 자기의 출세와 부귀를 위해 목회가 아닌 사업을 하고 있는 대부분의 목사들, 기복주의와 성공주의의 미신에 빠져있는 허다한 교인들, 마침내 한국에서 교회는 개독교라는 욕설을 들을 정도로 실추되었다.

교회가 부패되고 타락하는 것은 사필귀정인가? 이는 그럴 수도 있고 아닐 수도 있다. 교회가 전체적이든 개체적이든, 성장하고 부유하면 정녕 타락하고 청빈하면 결코 타락하지 않는다. 역사적으로 어느 종교든,

아울러 그 종교의 종사자인 성직자가 타락하여 부패되는 것은 언제나 재물 때문이다. 16세기에 마틴 루터의 종교개혁이 어찌하여 일어났던 가? 교황과 함께 성직자들이 면죄부를 교인들에게 팔아 부귀를 착복하는 데에 반발하여 일어난 것이었다.

부유한 교회와 성직자는 반드시 타락한다. 은돈 30에 가룟 유다가 예수님을 팔아 먹었듯이, 오늘날 한국 교회는 그 옛날 부패했던 로마교회처럼 예배당이 얼마나 크고 화려한가? 그리고 그런 교회를 담임하고 있는 얼마나 부유한가? 선배 목사님들은 청빈의 삶을 무릅쓰고 고생하며 교회를 부흥시켜 오셨는데 오늘날 후배들인 우리는 부른 배를 두들기며 쇠퇴시키고 있다. 목사들아, 재물의 탐욕을 뼈저리게 회개하고 청빈을 살자!

인간 평등을 소원한다

논밭의 곡식들과 채소들 그리고 과원의 과일들은 고만고만 잘 자라고 산과 들의 짐승과 새들 또한 강과 바다의 물고기들도 평등하게 잘 사는데 어찌하여 인생은 균등하지 않은가? 생김생김은 다 같건마는 처지와 형편은 어찌하여 극과 극인가? 누구들은 그 옛날의 왕자나 황족같이 호강을 하며 살고 누구들은 그 옛날 빈민이나 노예같이 고생을 하며 산다.

부자는 부자를 낳고 빈자는 빈자를 낳은 듯이 인간의 호강과 고생은 저마다가 타고나는 것인가? 부모가 부요하니 자식도 부요하고 부모가 가난하니 자식도 가난하다. 살펴보니 옛날 세태보다 지금 세태가 더욱 심하다. 이같은 봉건주의적 불평등한 폐단을 타파하기 위해 사회주의 붉은 사상이 생겨났다. 허나 공산 독재로 곳곳에서 피바다만 이루었을 뿐 번번이 실패로 끝났다.

인간평등의 기치를 들고 일어난 이념과 집단, 그 형태의 결말은 〈킬링필드〉라는 지옥을 만듦이었다. 정녕 평등한 세상이란 유토피아인가? 심지어 "신(神)앞에서는 인간(人間) 모두가 죄인(罪人)"이라는 교회들마저도 얼마나 불균등하고 불평등한가? 특히 최근 우리나라 기독교회의 목회자들이 처한 현실만 보아도 이내 실감할 수 있다.

한 마디만 하자면 이른바 큰 교회 목사와 작은 교회 목사의 빈부 차이가 너무나 심하다는 것이다. 큰 교회 목사는 군주처럼 물심양면 호강하며 사는 반면에 작은 교회 목사는 하루 하루 쪼들리는 생활비에 간신히 살고 있다는 것은 너무나 불공정하다. 똑같은 목사고 믿는 하나님도 똑같으며 하는 일도 똑같으련만 누구는 과할 정도로 부하고 누구는 죽을 맛으로 빈한가.

인간 평등의 기준은 하나님이시다. 하나님 앞에서 인간은 누구나 다 똑같이 하나님의 자녀(子女)이기 때문이다. 그런 하나님을 경외하는 기독교회는 세상속에서 자유 평등 평화의 본산(本山)이어야 한다. 공평과 정의가 다른 어느 곳이 아닌 기독교회로부터 강물같이 흘러넘칠 때 세상은 비로소 파라다이스가 실현되는 평등사회가 될 것이다.

퀴바디스 도 미네?

큰일이다 아니 큰일났다! 우리나라의 기독교회 즉 한국교회가 말이다. 오늘날 세상 사람들에게 극열한 비난과 극도의 외면을 당할 뿐만 아니라 기존의 교인들마저 자기의 몸처럼 아끼던 교회에서 실망을 느낀 나머지 적잖이 떨어져 나가는 중이기 때문이다. 이러다간 늘 경계로 삼던 유럽교회들처럼 노인들 몇 명만 남아 예배드리다가 문닫을 교회들이 무수할 것 같아 상상만해도 끔찍하다. 이렇듯 내가 끔찍스러워 함은 그래도 한국교회 곧 나의 교회를 사랑하기 때문이다.

세상 사람들의 비난과 외면은 차치하더라도 교회의 일원이었던 교인들마저 실망하고 혐오하며 떠나는 숫자가 갈수록 늘어 난다니! 도대체 이 무슨 까닭인가? 언뜻 그 이유를 알만 하다. 한국교회는 십자가를 내던져버렸다는 사실이다. 직설하면 교회의 지도자인 목자들이 도무지 십자가를 지지 않고 건성으로 예수님을 쫓기에 그들이 목회하고 있는 교회가 교회다울 수가 없음으로 이에 막막해진 교인들이 이탈하는 것이다. 아, 이 사실을 깨닫고 있는 목자들은 몇 명이나 될까.

실토정으로 말해 보자 오늘날 한국교회의 목자들은 우선 가난의 십자가를 지지 않으려 한다. 어쩔 수 없이 억지로 지고 있더라도 벗어 버리려는 것을 생의 목표로 하다시피 하여 교회성장에 기를 쓰고 있다. 물질의 풍요와 호강이라는 면류관만 쓰려고 선한 목회가 아닌 종교 사업을 수작들 한다. 목자장 예수님은 일평생 가난을 짊어지셨는데 오늘날 한국교회의 목자들은 겸손의 십자가를 지지 않으려 한다. 하나님께서 겸손의 십자가를 직접 쥐어져도 즉시 팽개쳐 버리고 교만의 개털모자만 즐겨 쓰려 한다.

그리고 한국교회의 목자들은 천국의 좁은문으로 들어가지 않고 세상의 넓은 문으로 들어간다. 하나님나라의 승리와 영광보다는 세상나라의 성공과 출세를 지향하며 사는 것이다. 그리하여 고난의 십자가는 노골적으로 팽개치고 목회의 목적이 세상의 부귀와 안일을 추구함에 두고 있다. 그러니 교회꼴은 뭐가 되고 교인들은 뭐가 되겠는가? 결국 망조로 치달을 수밖에 없는 노릇이다. 그렇기에 오늘날 한국교회는 큰일이고 큰일났다는 비명을 지르게 되는 것이다. 해결책은 단 한 가지, 한국교회의 목자들이 너도나도 내팽개친 십자가를 다시 짊어지고 주 예수님을 따라가야 한다. 가난의 십자가, 겸손의 십자가, 고난의 십자가를 말이다.

기초와 축대

코로나19 바이러스의 사나운 위세 때문인가? 교회와 교인들의 기세가 맥없이 위축되어 침체의 늪에 빠져들고 있다. 사실이 그런 걸까? 정녕 바이러스의 위협으로 교회와 교인들이 침체의 늪에 빠져드는 것일까? 아니다! 뒤바꾸어 생각해 보자.

교회와 교인들의 기세가 이미 맥이 빠졌던 터라 코로나19 바이러스의 위세가 대적하여 물리치기 어려운 위협으로 닥쳐온 것이 아닐까? 애초부터 견실한 신앙으로 다져져 있었더라면 장마철에 흙더미 같이 휩쓸리지는 않으련만. 기초기반이 잘못 다져진 탓이다.

아직은 소 잃고 외양간 고침격처럼 때가 늦은 것은 아니니 이제라도 교회의 기초를 다시 세우고 신앙의 축대를 다시 쌓자! 교회의 기초? 예수께서 주인 되심의 확고함이고 신앙의 축대? 내 뜻대로 아닌 오로지 하나님의 뜻대로 하는 정신과 태도의 굳셈이다.

영적인 기상나팔을 붑니다

중국 우한에서 발생한 코로나19 바이러스 감염의 전 세계적 창궐 때문인가요? 우리나라는 현재 경제가 위태롭고 정치가 위태롭고 특히 교회와 그 신앙이 위태로워졌습니다.

이 가운데 우리 그리스도인들이 주목해야 할 것은 우리의 교회가 위태로워졌다는 사실입니다. 세상이야 그렇다 쳐도 신성해야 할 교회마저 구겨질 대로 다 구겨지고 망가질 대로 다 망가지고 있습니다.

단 한 가지 실례로 교회의 지도자인 목회자들의 위상이 지옥의 문턱에 이르도록 실추되고 말았죠. 저 자신 목사이지만 세상에 나가선 목사라고 하는 것이 너무 부끄러워 잔뜩 움츠리게 될 정도입니다.

이런 꼴이니 교회와 교인의 위상은 또 어떻겠습니까? 두말할 나위가 없이 역시나! 기가 막힌 꼴이지요. 문제의 핵심은 무엇일까요? 주님 예수를 닮은 교회의 지도자들과 그 교인들이 보이지 않기 때문입니다.

널리 유명 타는 목사님들 중에 단 한 사람이라도 예수님을 닮은 분이 계신다면 상황은 달라질텐데. 아니라면 장로님이나 권사님이나 집사님 중에서라도 예수님을 닮은 분들이 나타난다면 괜찮을텐데.

정녕 예수님의 형상을 본받는 것이 그리스도인의 목적이건만(롬 8:29) 목적에 빗나간 화살이 되었으니! 이에 그리스도의 형상을 본받기 원하는 이들의 공동체인 작은 예수선교회가 설립된 것입니다.

즉 마음과 뜻을 모아 예수님을 본받는 작은 예수로서의 그 운동을 일으키기 위해서 말입니다. 우리가 정녕 그리스도인일진대는 사람들이 보고서는 과연 예수님을 닮았다고 칭찬을 받아야 합니다.

그런 칭찬을 받는 것은 우리들의 영광이 아니라 우리 아버지와 그 독생자 예수님의 영광입니다. 하여 귀하를 청빙을 하오니 불같은 성령의 충만으로 작은 예수 운동의 불길을 함께 일으키길 원합니다.

우선 나 자신이 작은 예수다워서 내 교회와 내 이웃의 크리스천들의 작은 예수 되는 역사를 일으킵시다. 본을 보이면 본을 받게 됩니다.

작은예수선교회의 모임에서

이 황망한 재앙의 때에

먹장구름이 온 하늘을 두터웁게 가리어 세상은 흑암으로 캄캄한데 빛나는 아기천사 하나가 하늘 향해 가볍게 날아오릅니다. 아기천사는 먹장구름 위쪽을 향하여 말씀을 드렸습니다. "하나님, 하나님, 세상에 바이러스를 계속 뿌릴까요? 뿌리지 말까요? 예?" 아기천사는 대답을 재촉하듯 거푸 여쭈었습니다. 그러자 잠시 침묵이 흐른 후 하늘의 음성이 들렸습니다. "계속 뿌려라~! 계속 뿌려라~!" 나는 두려움에 화들짝 놀라 얼른 깨어났습니다. 비록 꿈이었지만 너무나 생생하여 이 무슨 일일까? 궁금하던 차에 그 이튿날부터 우리나라에 1백명 미만의 코로나19의 확진자는 갑자기 5-6백명으로 폭증되기 시작하였습니다. 비로소 저는 오늘날 코로나19의 팬데믹 사태가 우연한 일이 아님을 인식하게 되었습니다. 곧 죄 많은 사람들에 대한 하나님의 징벌임을 깨닫게 된 것입니다.

① 하나님을 믿지 않는 자들의 불경죄, ② 하나님을 믿으나 행위가 가증한 자들의 불결죄. 첫째는 무신자(無信者) 중에 있고 둘째는 유신자(有信者) 중에 있습니다. 유신자들 중엔 특히 기독교인들의 가증한 죄에 대한 하나님의 진노는 더더욱 큽니다(겔 9:1-6). 따라서 코로나19의 재앙은 먼저 가증한 기독교인들에 대한 징벌로써 회개를 독촉하는 사랑의 채찍이라 하겠습니다. 단연코 코로나19의 재앙은 쉬이 물러갈 태세와 상황이 아닙니다. 오히려 심화되어 가는 판국입니다. 이렇듯 황망한

때, 그리스도인들은 어찌 해야 되겠습니까? 깨어 일어나 가증한 죄를 통회하고 하나님 앞에 바로 서야 되겠습니다. 그 후에야 하나님께선 뜻을 돌이키시고 이 재앙을 속히 거둬들일 것입니다. 오오, 친애하는 성도들이여, 때가 이러한데도 세상의 정욕과 자랑에 취하여 사망의 잠만 잘 것입니까? 어서 깨어 일어납시다!

정녕 두려워해야 할 것

그 정체가 눈에 보이지도 않는 우한 폐렴 바이러스로 인하여 두려움에 옴싹을 못하는 인간들아, 정작 두려워해야 할 하나님은 삼가 두려워 않다가 두려워할 것이 못되는 하찮은 역병을 두려워하니 참 한심하구나. 심지어 목사라는 어떤 작자는 코로나가 두렵다고 벌벌 떠는 소리를 하는 꼬라지를 보고 너무나 가증스러웠다.

무엇이 두려운가? 결국은 죽을까봐 두려운 건가? 아니 자기가 코로나에 걸려 남들에게 피해 줄까? 그런다고 변명하지만 그건 위선이다. 속내는 코로나에 걸릴까봐 무서워서 그런 것이다. 하지만 보다 깊이 생각할 것은 오늘날 이 재앙의 원인과 그 뜻하는 바가 무엇인가를 분별할 일이다. 왜냐하면 오늘의 사태는 예사로운 일이 아닌 까닭이다.

우한 폐렴 바이러스인 코로나가 물론 두려운 것은 사실이겠지만 보다 더욱 두려운 것은 이 역병의 원인이라 할 수 있는 우리 자신의 죄악(罪惡)이다. 옛날이라 지금이나 인류에게 닥쳐오는 모든 재앙과 재해는 인간의 추악한 죄에 대한 하늘의 징계라는 사실을 인지해야 한다.

신앙의 시금석

　오늘날 코로나19라는 재앙은 우리 그리스도인에게 있어서 신앙의 시금석(試金石)이 되고 있습니다. 이를테면 진실한 신앙과 거짓된 신앙, 견고한 신앙과 부실한 신앙을 가려내는 도구가 되고 있다는 사실입니다.

　실제로 우한 코로나바이러스의 대유행으로 얼마나 많은 교인들이 교회에서 이탈하였는지? 아직 공식적인 통계는 안나왔지만, 그 숫자는 짐작을 훨씬 뛰어넘을 것으로 각각의 교회에서 그 현상이 나타나는 중입니다.

　이른바 알곡 신자와 쭉정이 신자를 가려내듯이 코로나바이러스는 타작마당의 키처럼 맹활약? 하고 있습니다. 이에 그리스도인들의 반응은 두 가지입니다. 바이러스를 두려워하는 것과 두려워하지 않는 것으로 말입니다.

　코로나바이러스를 두려워하는 그리스도인은 쭉정이일 것이고 두려워하지 않는 그리스도인은 알곡일 것입니다. 나는 동료 목사 중에서도 코로나가 무섭다고 말하며 쩔쩔매는 모습을 보고 놀란 적이 있습니다.

　물론, 코로나가 무섭기는 합니다. 그러나 천지 만물을 주관하시는 하나님을 아버지라 부르는 사람이 코로나가 무섭다고 성전에 나아가질 않다니요? 그런 목사는 가짜 목사일 것이요 그런 신자는 쭉정이 신자일 것입니다.

　논지의 결론은 우리 그리스도인은 코로나를 두려워 말자는 것입니다. 그렇다고 해서 기본적 방역 수칙을 무시하자는 주장은 아닙니다. 그건 광신적(狂信的)이니까요. 지킬 것은 지키되 걸려 죽을까봐 생쥐같은 태도를 갖지 말자는 것입니다.

　"세상에서는 너희가 환난을 당하나 담대하라 내가 세상을 이겼노라"(요 16:33)

나의 동포들과 교회들에게

코로나라 이름 지어진 우한폐렴 바이러스가 발생하자 중국의 공산당을 증오스러워 원망했고 그 유입을 초기에 차단하지 않은 문재인이 가증스러워 원망했더니 무려 1년이 지났어도 하루에 수백명 이상의 확진자가 발생되는 일이 멈추질 않으니 이제는 확진된 자들이 원망스럽다. 어찌 조심 않았길래 확진자가 되었단 말인가? 그로 인한 나라와 백성의 피해가 막대 막중하니 어이 변상할 수 있겠냐는 말이다 하니까 동포들이여, 우리 함께 방역에 힘써 오늘의 위기를 능히 극복하여 나아가자!

먼 옛날 애굽에 내린 10재앙은 그 하나도 하나님의 백성된 이스라엘 민족에게는 엄습하지 못했다 하지만 영적으로 이스라엘이라는 한국교회에는 바이러스의 재앙이 비켜가질 않고 있다. 언론 보도에 의하면 각처의 교회들과 기도원 그리고 선교사 훈련원이라는데서 확진자가 마구 생겨난다고 한다. 이는 무엇을 실증하는가? 기독교회 역시 세상과 마찬가지로 재앙 당해 마땅한 죄악의 무리라는 것이다. 한국교회여, 지도자인 목사들과 무리들인 그리스도인들이여, 이 말세에 우리 자신들의 사악함을 속히 버려 재앙을 멈추게 하자!

2020 성탄절 아침에

크리스마스가 밝아 왔습니다. 나 홀로 깨어서 성전에서 새벽송을 하였습니다. 우리나라에서 곳곳의 대표적 교회들은 각자의 집에서 비대면 예배를 드린다네요. 그렇게 하는 것이 매우 교양적이고 지성적인 것처럼 호도하며 위선을 합리화하는 꼴들입니다. 오늘은 다른 날도 아니고 성탄절인데 저 큰 성전들이 텅텅, 빌 것인즉 공허하고 쓸쓸한 성탄절이 되고 말겠습니다. 교회여, 한국교회여, 이러면 정말 아니 됩니다. 세상 권력에 굴종하지 말고 하나님께 순종해야 합니다. 온갖 그럴싸한 논조를 펼치면서 비대면 예배를 정상화하여 성도를 미혹하는 목사들의 말장난에 속아 넘어가면 안됩니다.

저들은 거짓 선지자들입니다. 첫 번 크리스마스 때에 빈들의 목자들이 아기 예수께 비대면 경배를 했던가요? 동방박사들이 동방에서 별의 주인공이신 아기 예수께 비대면 경배를 했던가요? 목자들은 얼른 가서 아기 예수를 만나 경배를 하였고 동방박사들은 저 머나먼 나라에서 산을 넘고 강을 건너 사막을 지나와서 요셉과 마리아를 대면하고 아기 예수께 경배하고 돌아갔습니다. 사실이 이럼에도 비대면 예배를 한다니요? 도대체 하나님 외에 무엇이 두려운 것입니까? 코로나가 두렵습니까? 정권이 두렵습니까? 벌금과 감옥이 두렵습니까? 아하, 사실은 신앙이 없는 거군요.

일어납시다! 더 이상은 바알에게 무릎 꿇지 마시고 순교의 신앙으로 비대면 예배라는 허울을 벗어버리고 우리 모두가 하나님의 성전으로 세운 집에 모여서 메리 크리스마스! 예배를 온 가족과 온 성도들과 함께 즐거이 드립시다. 물론 상식적인 방역수칙을 성실히 수행하면서 말입니다. 나와 우리 성도들은 아주 작은 교회이지만 세상과 정부의 지시에 굴하지 않고 순교자의 신앙 따라 성전에 모여 성탄절 예배를 기쁘게 그리고 (방역수칙을 지키며)애찬도 나눌 것입니다. 전능하신 하나님 외에 무엇이 두렵습니까? 죽으면 죽으리다!입니다.

착한 교회라는 이름

착한 교회라는 이름을 보았다. 문득, 착하지 않은 교회가 있나? 교회는 모두 착한 곳이잖나? 당연한 걸 가지고 새삼 착한 교회라고 이름하다니? 어쩐지 이상하다. 꼭 이런 이름으로 교회를 해야 한다면 이 땅에 교회들 중에는 안 착한 교회가 있다는 역설적 증명이라는 생각을 하게 된다. 교회가 안 착하다니? 오늘날 교회가 얼마나 착하지 않은 악한 교회들이 있기에 착한 교회라 이름하는 교회가 생겨날 지경인 것일까? 착한 교회라 이름한 그 교회는 과연 착한 교회이거나 착한 교회가 될까? 교회가 착한 것은 정상이다. 하지만 착하지 않다면 그건 정말 비정상이다. 하여튼 착한 교회라 이름하는 교회가 생겨났다는 사실은 아무래도 슬프다. 그 이름을 정한 사람의 심정로서는 오늘날의 교회가 안 착하다 싶었을 것이다. 솔직히 말한다면 이는 사실이기도 하다. 교회가 안 착하다는 것은 그 교회의 교인들이 안 착하다는 것이고 더욱 근본적으로는 그 교회의 목사가 안 착하다는 사실이다.

교회가 안 착하다? 이는 악하다는 것이다. 실제로 악한 교회가 있는 건가? 이는 교회의 당사자들인 교인들과 목사들이 실제로 느끼고 판단하여 대답할 수 있는 물음이다. 이들은 아마도 착한 교회가 아닌 악한 교회가 있다! 라고 솔직히 대답할 사람들이 아마도 적지 않을 것이다. 악한 교회가 있다니! 정말 말세다. 이제 교인들과 목사들은 각성해야 한다. 우리 교회는 착한 교회인가? 악한 교회인가? 그것은 교인이고 목사인 나 자신에 의해 판명할 수 있다. 내가 착하면 내 교회는 착한 교회이고 내가 악하면 내 교회는 악한 교회인즉 정신을 바짝 차리자!

교회 문밖에 서 계신 예수

"볼지어다 내가 문밖에 서서 두드리노니"(계 3:20)

이는 예수께서 말세의 최종적인 교회에게 당부하신 말씀이다. 하지만 예수님이 교회 문밖에 서 계시다는 게 말이 되는가? 교회는 당신의 집이요 당신은 교회의 주님인데 밖에 서 계시다니! 이건 뭔가 잘못 되었어도 크게 잘못 되었다.

아마도 교인들에게 쫓겨난 것이 아닐까? 아니 주인이 쫓겨나다니! 그야말로 주객전도로구나 그렇다. 말세의 교회들 중에는 주객전도의 교회가 대부분일 것이라는 예언이 계시록에 쓰여 있다. 이는 충격적인 사실이다.

말세에는 교회를 분별해야 한다. 주님의 교회냐? 사람의 교회냐? 주님이 주인이면 주님의 교회이고 사람이 주인이면 사람의 교회이다. 그런데 주님이 주인이신 교회는 극히 드물고 대부분의 사람이 주인인 교회가 많아 보인다.

　예배도 주님이 받으시는 게 아니고 사람들이 받는다. 헌금도 사람에게 특히 목사에게 돌려진다. 그러면 주님은 뭘 받으시나? 사람들에게 밀려나 아무것도 못 받으시고 문밖으로 쫓겨나신다. 그러면서도 교인들은 주님을 예배하노라며...

　이 땅에 수많은 교회는 모두 다 주님의 집이다. 그러나 주님께서는 "인자는 머리 둘 곳이 없다." 하시고 교회들을 찾아 노크하시며 "열어 달라!" 말씀하신다는 것이 현실인즉 교회들이여, 가짜 주인을 몰아내고 진짜 주인을 모셔 들이자.

교회여 제발 교회여

코로나19라는 바이러스의 기세가 이만저만이 아니다. 감염자는 점점 늘어나기만 하고 사망자도 자꾸만 늘어나고 있다. 하나님이 내리시는 재앙이라는 말들까지 들려 온다.

그렇다면 이 재앙을 멈추게 할 수 있는 곳은 하나님을 경외하노라는 교회가 아닐까? 교회의 사람들 말고서 하나님의 진노를 멈추게 할 자들이 그 어디 있겠는가!

그런데 이 무슨 변괴인가? 도리어 교회에서 확진자들이 발생하다니? 코로나21 바이러스의 진압처여야 할 교회가 번식처가 되다니? 어이 이해해야 할까를 모르겠다.

교회 역시 세상과 똑같이 진노와 재앙의 대상이었던가? 아니, 하나님 보시기엔 세상 보다는 교회가 더욱 가증하여 재앙의 중심타켓을 삼고 계신 건 아닐는지?

그렇지 않고서야 하나님의 보호를 받아야 할 교회에서도 코로나19의 역병이 발생하느냐는 의문이 든다. 혹 오늘의 교회가 기업화된 꼬라지 때문에! 재앙이 닥쳐온 게 아닐까?

특히 목사들이 자기 자랑을 일삼고 잘난 체 하는 것과 돈벌레처럼 돈 욕심을 부리는 것을 보라. 어찌 다 그 모양들인지 천벌 받아 마땅하다 싶은 생각이 들 정도라고들 한다.

예수님께 돌아갈 영광을 자신들이 일일이 가로채고 가난한 이들에게 돌아가야 할 재물로 자기들의 배만 채우는 삯꾼들이 주인 노릇을 하는 교회가 그 진노의 대상이 아닐까!

교회여, 세상 탓 하기 전에 스스로 회개하고 장사꾼들과 강도들을 쫓아내자! 그리고 목사들아, 어느 곳은 그렇대도 교회에서 감염자가 생기다니. 이게 될 노릇이냐?

주님, 교회의 일원이고 목사인 저의 죄가 큽니다. 통해 자복하오니 불쌍히 여기사 용서하여 주옵시고 교회와 이 땅을 고쳐 주옵소서.

교회여 나의 사랑하는 교회여

오늘 아침 첫눈이 펄펄 내리더니 한낮에는 한동안 멈췄었다. 이제 저녁때가 되니 또 내려온다. 하지만 오늘은 우리나라에서는 코로나19 감염자가 지난 1월 첫 발생 후 처음으로 1천명이 넘어선 바람에 온 국민이 코로나 블루로 매우 시달리고 있다.

어릴 때 부르던 동요에서 하늘나라 천사들이 자꾸 자꾸 뿌려주는 하얀 떡가루가 눈이라고 했었는데 그와 같이 인류를 심판하는 천사들이 마구 마구 바이러스를 뿌리는가? 감염되어 병상에 쓰러져 애매하게 죽어가는 사람들이 점점 늘어나고 있은 정말 큰 일이다.

거기다가 교회에서는 왜 확진자가 그리 많이 발생하는가? 진원지처럼 그 숫자가 늘어나고 있다. 교회는 방역의 피난처가 되고 치유의 안식처가 되어야 마땅한데 오히려 감염의 발생처가 되다시피 하니 왜곡스럽게도 신앙이라는 것이 무색하고 머쓱하다.

교회여, 예수 그리스도의 이름을 빙자하고 있는 교회여, 묻고 싶다. 너희야말로 세상에 임하는 하늘과 땅의 재앙에 단신으로 막아서는 최후의 보루가 되어야 마땅하지 않겠는가? 헌데 어찌하여 스스로도 재앙에 사로잡혀 재앙의 전파자가 되고 있단 말인가?

너희 중에 어떤 자가 코로나19의 재앙은 하나님이 쏘신 대포라고 했다던데 정말 그렇다면 너희가 어찌 하나님의 진노를 가라앉혀 드리지 못하는가? 너희는 그분의 자녀들이 아닌가? 하지만 너희마저 희생물이 되고 있으니 이는 또한 너희를 향한 진노가 아니겠느냐?

사실 나는 교인이다. 금년초에 중국 우환으로부터 발생 이후 금년말인 이즈음 감염된 확진자가 천명 넘게 발생했다는 보도에 우려를 금치 못한다. 교회가 적잖은 발생처임을 알면서 기가 막혀 이 글을 쓰는 것이다. 교회는 이 재앙을 물리쳐야 하는데 오히려 불러들이고 있다니!

교회여, 사랑하는 나의 교회여, 우리는 하나님께서 기뻐하시는 교회가 아니고 슬퍼하시는 교회인 것 같다. 하나님보다 세상을 더 사랑하고 돈을 더 숭배해온 자들이 아니었던가? 그러니까 무신론자들과 함께 재앙의 표적이 되고 있음인즉 뼈아픈 회개로써 거듭나자!

개혁아 개혁아

개혁아 개혁아 사람들은 마땅찮은 일만 생기면 너의 이름을 들썩이긴 하여도 너의 뜻대로 하진 않더구나. 특히 정치하는 사람들이 그렇지만 그건 그들의 술수에 지나지 않으니 탓해볼 기분도 들잖는다.

그러나 교회는 이날까지 얼마나 개혁을 입에 달고 왔던가? 스스로 개혁하는 교회라고 천명하면서. 하지만 교회는 여전히 개혁이 되지 않아 개혁의 필요성은 여전함이 현실 교회의 부패한 모습이다!

개혁아 개혁아 네 이름을 남용하며 너를 능멸하는 가증한 무리들을 어찌하면 좋단 말이냐? 저 자신이 자체가 질펀하여 개혁의 대상임에도 교회를 개혁하겠다고 나서는 자들의 꼴값이란….

오늘날의 교회에서 개혁은 사실상 교회 밖으로 쫓겨나 문 앞에서 홀로 울고 있다. 어느 누가 개혁을 교회에서 쫓아냈는가 당회장이란 목사들과 그 무리들이 아닌가?

개혁아 개혁아 너는 한국교회에서 교권주의 목사들에게 핍박을 받고 순교를 당하는구나! 저들의 신(神)은 배(腹)요 땅의 일을 생각하는 자들로서(빌 3:19) 교회 안의 도적들이고 강도들이다. 기왕 참고 기다린 김에 조금만 더 참거라. 예수께서 재림하시면 너를 채찍 삼아 저들을 추방하리라. 저들은 그때 성전 밖 어둔데서 기한없이 이를 갈며 슬퍼할 것인즉 그제서야 교회는 진정 개혁되리라.

그리스도의 충만이여!

그리스도의 교회는 그리스도의 충만입니다. 그리스도가 충만하지 않으면 참교회가 아닙니다. 오늘날 그리스도의 교회라고는 하면서도 그리스도의 충만 아닌 거짓 교회가 너무나 많아 보입니다. 그리스도의 모습보다는 인간의 모습들이, 그리스도의 향기보다는 인간의 냄새들이 가득하여 세상과 조금도 다를 바 없는 사악함이 넘쳐 흘러 나옵니다. 교회 안에는 헌금이 쌓여 목사는 호강을 만끽하며 호산나를 외치지만 그리스도의 보배로움과 영화로움은 찾아볼 수가 없으니 이 어찌 교회라 하겠습니까?

교회가 그리스도의 충만이듯이 그 교회를 이루고 있는 그리스도인은 역시 그리스도의 충만이어야 합니다. 그리스도의 충만이란? 그리스도의 온전한 현현(顯現, 뚜렷이 나타남)을 뜻하는 말입니다. 또한 현현이란 인카네이션이라고도 하는데 이는 하나님이 인간의 육신 되심을 뜻하는 말입니다. 그렇습니다. 그리스도인은 그리스도의 충만으로써 그리스도의 화신(化身)이어야 합니다. 그리하여 자아가 아닌 그리스도를 확연하게 보여주는 자라야 진정한 그리스도인이라 할 것입니다.

기업교회에 대한 경고

오늘날 교회에 대한 우리 사회의 정서를 느끼노라면 정신착란이 생길 정도입니다. 이를테면 일반인들에게 교회를 다니자고 권유를 하면 무슨 욕을 들은 것처럼 기분나쁜 반응을 보이니까요. 대략 반세기전만 해도 사람들에게 교회를 다니시라고 하면 대부분은 축복으로 받아들이는 경향이었는데 요즘은 교회에 대하여 노골적인 혐오감을 나타내어 보입니다. 다시말해 요즘 세태는 예수님을 믿고 복을 받으라는 전도의 말씀을 저주같이 듣는다는 기가 막힌 사실입니다.

아아, 본말이 전도되고 있습니다. 도대체 왜 이렇게 된 것입니까? 대답은 하나입니다. 교회가 교회다웁지 못해서 그렇다 하겠습니다. 마치 중세시대에 가톨릭 교회가 로마정치교회로 타락하여 오늘날까지 교황제국교회로 변질된 것과 같습니다. 그러므로 로마가톨릭교회는 진정한 교회가 아닙니다. 세속적인 정치제국일 뿐입니다. 그렇습니다. 오늘날 개신교회는 이에 버금하여 종교기업교회가 되어 영혼보다는 재물을 더욱 추구하는 괴물단체로 변질되어 가고 있다 해도 과언은 아닐 것입니다.

오죽하면 돈이 있어야 교회도 나갈 수 있다는 말이 서민들의 입에서 나오겠습니까? 초대교회 시절에는 가난한 사람들이 마음 편히 다닌 곳이 교회였었는데, 이제는 돈이 많아야 편히 다닐수 있는 곳이 되었습니다. 교회가 가난한 사람들을 주빈으로 모셨을 때 교회는 세상의 존경을 받으며 부흥되고 성장하였습니다. 그러나 교회가 가난한 사람들을 외면하고 동시에 외면당할 때에는 망하고 말 것입니다. 왜냐하면 교회는 가난한 자의 것이기 때문입니다.

교회 안의 장사치들

오늘날 교회 또는 성전이란 상점을 차려놓고 장사를 해서 돈 벌어먹는 가증한 성직자들의 최상품은 크게 세 가지 이다. 첫째는 하나님, 둘째는 예수님, 셋째는 성령과 성경, 그리고 ① 건강 ② 축복 ③ 성공 ④ 형통 ⑤ 행복 ⑥ 천국 ⑦ 영생 등의 7가지 독과 상품을 줄기차게 팔아먹는다. 뿐만 아니라 장로, 권사, 안수집사 액세서리도 무슨 이벤트 상품으로 특가세일을 하여 큰 수입을 올린다.

이같은 매매에 성공하려면 세상의 모든 사업이 그렇다만 무엇보다도 장사치의 입심(설교)이 쎄어야 고객(교인)들이 몰려서 장사가 잘된다는. 장사가 잘되면 매장도 더 넓히고 상가도 더 크게 짓는 건 당연하여 교회 건물은 제법 크고 높아진 것을 보니 종교 사업이 꽤나 잘되나 보다. 돈을 많이 모았는지 하찮았던 장사치들이 재벌 총수나 된 것처럼 리무진을 몰고 다니며 당회장의 위세를 떨고 다닌다.

참 보기 좋고 부러운가? 천만에 쳇! 저놈들, 거룩하고 존귀하신 하나님과 그 아들의 이름을 헐값으로 팔아서 배불린 놈들. 하나도 안 부럽다! 십자가에 못 박혀 죽으신 예수님의 살과 피를 팔아먹는 도살장의 망나니 같은 놈들! 실제로는 가룟 유다보다 더 나쁜 놈들이다. 그리고 주일이면 성의(聖衣)를 걸치고서는 거룩함을 몹시 뽐낸다. 제발 가운 좀 벗고 강단에 서라. 너무 위선 되어 보여 역겹다.

흑암 중의 나팔소리

보라 바야흐로 흑암이 온 세상을 삼키려고 하는 구나. 지금은 성도들 각자가 섬기고 있는 하나 하나의 교회를 걱정할 때가 아니라 이 땅 이 나라 전체 교회의 존폐를 걱정해야 위태로운 때가 이르렀다.

왜냐하면 대부분의 목사들이 발람의 길로 몰려가고 내노라 할만한 교계의 인사들이 이세벨의 간교한 행음에 사로잡혀 공산주의 좌파라는 바알을 숭배하고 그 앞잡이 노릇을 하고 있기 때문이로다.

북한을 다녀온 목사들은 웬일인지 김정은에 욕 한번 못하고 주사파 문재인을 비판 한 번 안한다. 김일성의 우상을 숭배하고 성대접을 받고 왔기 때문이란다. 그리고는 북한을 돕자고 돈을 모아 김정은에 갖다 바 치고 김정은이 답방을 환영하자고 설교한댄다.

그런 목사들은 모두가 김정은의 앞잡이가 되어 문재인의 좌파정부와 함께 대한민국과 한국교회를 북조선에 몽땅 바치려고 수작을 떤다고 한다. 아아 속지를 말아야 한다. 지금은 분명 자다가 깰 때이다.

필부목사의 넋두리

 지금부터 반세기(1970년대) 전까지만 해도 목사의 명칭은 목사가 아니었다. 교회 안에서는 물론 사회속에서도 목사의 명칭은 일반적으로 목사님 이었다. 그만큼 교회 목사는 인격적으로 존중되고 있었다. 그러나 오늘날은 어떠한가? 언론이나 여타의 매개체를 통하여 일컬어지는 목사의 호칭은 그야말로 개차반 묵사발격이다. 마치 무차별난사를 당하는 듯이 그 이름을 가진 자는 어디에서 명함을 내밀 수 없을 정도로 개망신스럽다. 특히 유튜브에서 한국교회의 유명 목사들이 수십여명씩이나 북한에 가서 성접대를 받은 나머지 약점이 잡혀 종북좌파 노릇을 한다고 야로성 고발을 하여도(성명이 거론된 목사조차도) 가타부타 해명성 발언이 없는 것이 수상하다. 반종북좌파 문재인퇴진 운동을 벌이는 같은 목사들을 대놓고 비판은 하면서도 말이다. 사실이기에 탄로나는 것이 두려워서인가? 침묵이 금이어서 그런가?

 하여튼 오늘날의 목사들은 도덕적으로 타락한 까닭이어선지 대체로 존중을 받지 못하고 쌍말 가득한 욕설로 퍼붐 받고 있는 실정이다. 목사들은 님으로 불려지지 않고 놈으로 불려지는 현실이라면 교회는 그 위상의 똥바닥에 팽개쳐진 상태이고 예수 그리스도의 복음은 그 효력이 발생될 수 없는 저주받은 나라와 민족일 수 밖에 없다. 그러니 붉은 용 사단이 일으킨 붉은 짐승 좌파가 정권을 휘두르고 붉은옷 입은 음녀 목사와 음녀교회가 만연해지는 것이 아닌가? 이처럼 목사들이 바알이라는 물신(맘몬)과 이세벨이라는 거짓에 미혹된 나머지 타락하여 그 영혼들이 썩어죽는다면 곧이어 교회가 죽고 먼 옛날 이스라엘 왕국과 유다왕국이 멸망했듯이 우리나라 대한민국도 붉은 사단의 세력(종북좌파 사회주의)에 의해 멸망하고 말 것이다. 그러하니 목사의 목사다움의 책무가 얼마나 중차대한가? 목사 한 사람의 타락과 불행은 그것으로 끝나지 않는다. 즉시 교회로 전이되고 결국은 나라와 민족의 운명까지 기울게 한다. 동서남북 사방으로 혼란한 이 시기에 길은 따로 없다. 다만 목사들이 성의(가운)를 찢고 베옷으로 갈아입은채 회개하고 자기를 성결케 하여 목사답게 똑바로 일어나야 한다. 반드시 그래야만 이 나라와 민족이 살고 교회와 교인들이 신나게 할 수 있다. 나 자신을 비롯한 한국 교회의 목사들이여 깨어 일어나 우리의 스승이신 예수님을 조금이라도 닮아서 체면 좀 세워보자. 우리의 명칭을 속량시키자. 목사놈!이 아니라 목사님! 이라는 호칭을 다시 찾자. 이처럼 우리에 대한 속세의 일컬음을 회복시킬 때 이 땅에는 희망이 싹트이리라.

제9장

목사에 대하여

참된 선지자

아자야, 하나님의 말씀을 옳고 바르게 설교한대서 네가 참된 선지자라고 생각하지 말아라. 그건 잘못 생각하는 것이다. 물론 하나님의 말씀을 곡해해서 설교하는 저주받은 거짓 선지자들이 많은 것은 사실이지만 이는 그들만은 아니다. 옳고 바르게 설교는 하지만 설교한대로 행치 않고 살지 않는다면 그 역시 거짓 선지자인 것이다. 참된 선지자는 말 이전에 삶으로 설교하는 자이다.

설교에서 말은 과목의 잎새들과 잘한다면 꽃들 같다. 그러나 열매가 없으면 그 무슨 소용 있나? 설교에서 열매는 설교의 말과 일치하는 설교자의 삶이다. 회중들은 그 열매를 먹고 영원한 생명을 맛본다. 설교? 아자여, 옳고 바르게 하도록 힘쓰라. 그러나 설교한대로 살기에는 더욱 힘쓰라. 정녕, 너의 하는 설교와 너의 사는 삶이 일치할 때에 너는 하나님의 참된 선지자가 될지니.

아자(我自, 나 자신).

선한목자의 사명 선언

양들로 인한 호의 호식 호사를 하려고 목양을 하는 것이 아니라 양들을 사랑하기에 아끼어 먹이고 돌보고 보살피는 수고를 즐겁게 한다. 살찌고 기름지고 건강하게 번성하는 양들이 귀중하고 어여쁘고 고마워서 삶에 보람을 느끼며 기뻐한다. 양이 아프면 자기가 아픈 듯이 밤새 돌보며 양이 좋아하면 자기도 좋아 한다. 열 마리, 백 마리를 한 마리처럼 상대하고 한 마리를 열 마리, 백 마리처럼 상대한다. 그렇다, 선한 목자는 양들로 자기를 이롭게 하지 않고 자기로 인하여 양들을 이롭게 한다. 즉 양들이 자기를 위해 존재하는 것이 아니라 자기가 양들을 위해 존재한다는 사명을 가지고 산다. 이에 양들은 행복하고 행복한 양들로 인해 목자도 또한 행복하다. 그리하여 선한 목사는 유사시에 양을 위해 자기의 목숨까지도 버린다. 그런 목자를 위해 양들은 제 털과 젖을 아낌없이 내어주고 심지어 마지막에는 제 살까지 내어준다.

제 털과 젖을 아낌없이 내어주고 심지어 마지막에는 제 살까지 내어준다. 아아, 이 얼마나 치열한 사랑인가? 목자는 양을 위해 자기 목숨을. 양은 목자를 위해 자기 몸을. 희생하니 이보다 더 큰 사랑이 있을까? 선한 목자와 그 양은 이렇게 서로 사랑한다. 예수께서 그렇게 사랑하셨고 그 사람들이 예수님을 그렇게 사랑하였듯이 이런 교회가 어디 있을까? 우리의 아가페 교회는 그러할 것이다. 그 열쇠는 목자인 내게 있다.

아, 부끄러운 목사여

　요즘은 내 자신이 목사인 것이 부끄럽다 못해 참담하기 그지 없다. 남이 싼 똥이 내게 튕겨서 그런가? 목사들의 그답지 못한 적폐들이 시도 때도 없이 줄줄이 들춰지고 있기 때문이다. 소년시절 훌륭하신 목사님들을 존경하였기에 나도 목사가 되었는데, 세상에서 목사가 망신되면 교회 망신이고 예수님 망신이며 교인들은 낯 부끄러워진다. 또한 동료 목사들의 심정은 어떻겠는가? 꼭 자기가 그러한 것 같아 고개를 들지 못한다. 사태가 이 지경인데도 오늘날 여전히 아는 체, 옳은 체, 거룩한 체, 잘난 체를 일삼는 목사들이 메스컴을 통해 설교를 빙자하여 큰소리를 치고 있으니 참으로 가소롭다. 시기가 시기인만큼 좀 자중하는 모습을 보였으면 좋겠다.

　자신이 아무리 의롭고 깨끗하다 할찌라도 그렇지 못한 동료 목사들과 연대하는 심정에서 말이다. 보라 지금은 목사들이 뻔뻔하게 고개를 쳐들고 행할 때가 아니다. 왕의를 찢고 굵은 베옷을 입은 히스기야처럼(사 37:1) 금식하며 베옷을 입고 재를 덮어 쓰고 하나님께 자복했던 다니엘처럼(단 9:3-4) 겸비하여 겸손히 근신할 때이다. 지금은 옛날과 다르다. 목사가 존경받는 사회가 아니란 사실이다. 목과 어깨와 뱃살에 가증한 힘을 빼자. "죽어 마땅한 죄인 입니다"라며 목에 칼을 쓴 듯이 맨바닥까지 낮아지자. 그리하면 혹 높아질지 모른다. 아니, 높아지진 못하더라도 긍휼은 입지 않겠는가? 주님, 주님의 이름을 부끄럽게 한 이 불충한 종의 죄악을 용서하여 주옵소서.

목사에게 질린 교인들

오늘날 교인들은 목사의 돈 욕심과 자기자랑, 호화 호식과 일구이언에 이중인격, 그리고 가증함과 뻔뻔함에 질렸단다.

처음에는 목사가 겸손하고 온유하며 청렴결백하고 진실무망하여 고매한 줄 알았으나 겪어보니 이건 시장잡배만도 못하단다.

그래서 목사의 설교가 마음에 들리지 않고 그래서 예배가 지루하며 그래서 교회에 가기가 싫고 그래서 교회를 떠나려 한단다.

하지만 목사는 그것도 모르고 여전히 탐욕을 버리잖고 설교에서 자기의 잘난체를 하며 방자하니 교인들은 더욱 질린단다.

어이쿠! 나도 목사인데, 혹시 우리 교인들도 내게 질린 것은 아닐까? 교만은 물론 거짓되고 탐욕스럽고 가증스러워 말이다.

오오 주님, 심령이 연약한 이 죄인을 겸손과 진실로써 항상 새롭게 하옵소서. 우리 교인들이 절보고 질려서 주님을 떠나가지 않도록.

자기 자랑에 빠진 목사들

모처럼 책방에 들렸다. 새로이 출판되어 진열된 책들이 무수하다. 문학 사상, 종교, 역사, 처세, 교양 등 저마다의 저자들이 나 유식하고 똑똑한 모양 좀 보라고 얼굴을 내어미는 것 같다.

유튜브를 열어 보면 수많은 정보가 홍수를 이루는 중에 난 목사이니까. 설교 동영상을 눈여겨 보게 된다. 내노라는 목사들이 저마다가 옳다 하며 자신의 잘난 모습을 올려 놓고 있다.

작가나 목사나 둘 다 동질이다. 자기를 세상에 나타내고 싶은 욕망을 발휘하는 것이다. 이는 인간의 본성이다. 하지만 작가들이야 그렇다 쳐도 신앙으로 절제되었어야 할 목사들까지?

자기를 나타내고자 하는 목사들의 저열한 모습은 숭어가 뛰니까 망둥이도 뛰는 꼴처럼 가소롭다. 이들은 애초에 자기를 낮추고 예수님만을 높이겠다고 스스로 종된 자들이 아니었던가?

오히려 주인 되신 예수님을 발 아래 딛고선 방자한 모습은 지붕 위에 올라간 황소 꼴이다. 어서 내려 오라. 지붕이 온통 망가져서 집안이 엉망이듯이 오늘날 너희 때문에 교회 모양이 말도 아니니까.

음부까지 실추된 목사들의 위상

큰일이다. 일부 목사들의 성추행 폭로가 하루가 멀다시피 터지는 바람에 기독교회 전체가 사회에서 치욕적 곤욕을 치르게 되었다. 내일은 어느 목사의 어떠한 비리가 또 어떻게 들뤄질지? 사뭇 불안하다. 어쩌다 못해 목사들이 이 지경까지 타락하고 부패한건지. 도무지 믿고 싶지 않을 정도로 참담하다. 불쌍한건 그런 목사들의 영혼이다마는 보다 더욱 불쌍한건 순수한 교인들의 영혼이다. 그렇다, 어느 목사를 믿고 교회를 다니고 신앙생활을 하겠는가? 싶어서 그렇다. 이제 교인들의 눈에는 모든 목사가 다 그같이 탐욕스런 도둑놈이요 음탕한 성추행자로 의심될지도 모르니 이 얼마나 큰 비극이고 불행인가? 정말 안타까움 이상이다. 아아, 눈 앞이 캄캄하다. 빛이 보이질 않는다. 음부까지 실추된 성직자의 위상을 누가 어떻게 다시 회복시킬 수 있단 말인가? 미꾸라지 몇 마리가 온 물을 흐려 놓는 격이겠지만 전체 교회에 미친 영향을 돌이키기 어려울 정도로 심각하다.

사람을 예배 말자

　모든 영광을 하나님께! 라면서 예수님을 믿는 자들이 교회에서 무슨 임직식이나 취임식 같은 예식을 거행하는 것을 보면 가관이랄까? 우선 가슴에 꽃사지를 부착하는 일부터 나중에는 꽃다발을 받는 일까지. 이름은 하나님을 걸고 모양은 사람이 빛낸다.

　천주교회에서 주교 취임하는 것을 보았는데 입는 예복이며 두른 망토이며 쓰는 예관이며 끼는 반지이며 잡는 지팡이 등 사람을 아예 우상화 시키는 것 같았다. 그렇다, 하나님의 영광을 가로채면 그게 우상이고 그 우상은 당장 훼파시켜야 한다.

　기독교회는 무슨 예배를 빙자하여 특정인을 높이는 짓은 삼가야 한다. 흔히들 하는 말대로 "오직 하나님께 영광!"이어야만 옳다. 박수도 하나님께만 쳐야지 사람에게 치면 불경이다. 하나님께 예배하러 왔지 사람을 예배하러 온 것은 아니잖은가!

　그러나 목사들과 교인들은 흔히 하나님을 예배하는 중에 사람을 예배하는 잘못을 범한다. 이는 주객을 분별 못할 정도로 어리석어서 그렇다. 한마디로 우매한 자의 제물 드림이다. 악을 행하면서도 깨닫지 못함이니까 말이다(전 5:1).

예수께서 사신 삶을

그 옛날에 예수님은 평생을 명예를 외면하시고 가난하게 사셨는데 오늘날 그분의 종이라는 자들 중에는 그분을 빙자하여 재벌이나 군주처럼 부요부강하게 살며 명예를 쫓는 목사들이 적지 않다. 결코 자신들의 인간됨이 훌륭해서 그런 것도 아니련만 자기가 잘라서 그런 줄로 확신하고 거들먹 거리기까지 한다. 도무지 예수님께 죄송해 하거나 빈핍하고 무명한 동료에게 미안해하지도 않는다. 오히려 그들을 멸시한다. 이런 목사들은 무조건 가짜 목사이다. 아니 목사이긴 하겠다만 예수님의 종은 아니고 마귀의 종이다(마 4:8-9).

그는 마귀에게 절하여 세상의 부귀와 명예를 누리는 까닭이다. 아아, 한동안은 나도 그 길로 향했었다. 그 길을 걸었었다. 거짓 선지자였던 것이어다. 심히 죄송하여 회개한다. 늦은 감이 없잖으나 나는 이제라도 가난을 친구인양 사랑하련다(이제 와서 부요할 수는 물론 없는 노릇이겠고) 예수님처럼 가난하고 무명스레 살아갈 것이다. 왜냐면 예수님께서 나를 당신의 종으로 삼으셨는지는 확신할순 없다만 일찍이 나 스스로가 예수님의 종으로 자초한 예수님의 종인 까닭이다. 사실 가난하게 산다 해도 난 굶진 않고 있다. 그럼 나 역시 부자가 아닌가?!

설교자에게

설교자여, 설교의 본질은 하나님의 말씀을 선포함 임을 알고 하는가? 그렇다면 왜 강의하듯 하고 얘기하듯 하며 논술하듯 하고 심지어 개그 (gag)하듯 하는가? 물론 이와 같은 언변은 선포의 내용을 쉽게 설명하기 위해 유용하다겠지만 신성한 말씀을 하찮게 만들거나 모멸스럽게 하는 결과가 될 수도 있으니 일절 삼가야 된다. 근원적으로 설교자는 전령자이다. 전령자란? 옛날에 임금이 백성에게 반드시 알려야 할 메시지(message)를 임금의 권위를 업고 당당하게 널리 선포하는 메신저(messenger)이다. 이와 같은 선포의 행위를 신약성경은 케리그마 (kerygma)라고 한다. 하나님의 권위를 가지고 자기에게 위탁된 메시지를 선포한다는 말이다.

이를 바탕으로 볼 때, 선포, 곧 설교의 자세는 어떠해야 할까? 첫째, 자기 생각, 자기 뜻, 자기 주장을 설교라고 해서는 안된다. 위탁하신 자의 말씀을 설교해야 한다. 둘째, 권위있게 그리고 정성으로 설교해야한다. 회중의 눈치나 살피고 비위를 맞추려고 말장난을 해서는 안된다. 하나님께서 당장 회중에게 말씀하시고자 위탁하시고 계시하시는 말씀을 전하도록 해야 한다. 셋째, 확신을 가지고 설교해야 한다. 자기도 믿지 않거나 못믿는 것을 믿는 것처럼 거짓으로 설교하면 그것은 범죄이다. 넷째, 자기는 행치 않으면서 행하는 척, 의인인척, 완전한척 하며(교인들은 벌써 다 알고 있다) 설교하지 말아야 한다. 이는 안 믿는 것을 믿는 것처럼 하는 설교보다 더 악하고 가증하다. 제발 하나님 앞에서는 물론, 교인들 앞에서도 겸손하고 정직하게 설교하라는 부탁이다. 그렇지 못한 내용과 태도로 하는 설교를 듣고 어떤 영혼이 살아나겠나? 죽이거나 병들게 하기가 십상이다. 요즘 자기 잘난척을 하면서 설교랍시고 하는 목사들이 많아 보여 참 걱정이다.

너나 잘 해라

　세상에는 설교자와 훈계자들이 참 많다. 목사, 교수, 시인, 작가라는 이들의 "이래라 저래라" 하는 말과 글을 자주 접할 수 있으니까 말이다. 도대체 자기들은 정말 그렇게 살고나 있으면서 그러라고 가르치는 건지? 마땅히 자기자신이나 살며 행할 노릇을 자기자신은 고사하고 남들에게 하명하는 것 같아 가증스러워서 마음이 언짢다. 물론 이런 내가 순수하지 않고 까다로운 건 사실이나 감히 바라기는 설교하기 전에, 훈계하기 전에, 자신들이 먼저 본이 된 다음에 설교하고 훈계한다면 청자와 독자인 나의 가슴에 잘 박힌 못(전 12:11)으로 들리고 읽힐 것이다. 아니, 설교와 훈계를 아니 해도 이미 본 것으로 감화와 감동이 되고도 남을 것이다. 반면에 자기자신은 행치 않고 설교와 훈계를 일(직업) 삼은 목사와 작가라면 듣고 읽을 때마다 "너는 어떤데? 너나 잘 해라!" 는 강팍한 생각만 든다.

　허나 이같은 생각의 본질은 나 자신에게 해당시키자는 사실이다. 왜냐하면 나 자신이 바로 설교하는 자이고 글을 쓰는 자인 까닭이다 하여 전자에 언급한 이들은 나의 반면 교사들인 셈이다. 그리하여 나는 글을 쓸 때나 설교할 때에나 "이래라 저래라"는 어투와 글투는 삼간다. 꼭 해야 할 훈계라면 나 자신의 행동거지에 비추어 말하거나 글을 쓴다. 설교를 듣는 일, 훈계를 받는 일, 요즘 세상에서 누가 좋아하겠는가? 그러나 꼭 절실한 일인 것만은 사실이다. 너무나 많은 사람들이 왜곡된 길을 가고 있는 세상이기 때문이다. 정도를 제시해 주는 설교자와 훈계자는 반드시 필요하다. 말과 글만이 아니라 삶으로써 본을 보이는 지도자 말이다. 예수님의 설교는 백성들이 즐거이 들었다고 한다(막 12:37). 그만큼 그의 삶과 인격이 설교와 일치하였기 때문일 것이다.

나는 소리입니다

나는 소리로 태어 났습니다. 그러니까 나는 소리치다 사라질 것입니다. 무슨 소리? 광야에서 외치는 하나님의 소리입니다. 하나님의 소리는 진리의 말씀과 그 말씀을 선포하는 설교자를 일컬음입니다. 그러므로 설교자는 누구나 광야의 소리입니다. 소리는 들리기만 하지 보이지는 않습니다.

그런데 요즘에 설교자는 하나님의 말씀을 들린다고 하면서 자기를 보일려고 기를 쓰고 있습니다. 이는 청중의 책임도 있습니다. 설교자의 소리만 듣고 그 뜻을 기억해야 되는데 그보다는 설교자의 모습만을 기억한다는데 문제가 있기 때문입니다. 소리는 말씀만 있지 형상은 없습니다. 형상은 죽거나 사라집니다. 그렇지만 말씀으로서의 소리는 죽지도 사라지지도 않습니다.

설교자의 참된 간구

주님, 제가 주님의 사람들 앞에서 주님의 말씀을 설교하는 것은 주님과 주님의 사람들 사이가 더욱 돈독하고 깊어지게 하기 위함 이지요. 그런데 저의 설교를 들은 주님의 사람들 중에는 엉뚱하게도 주님보다는 설교하는 이 종과의 관계가 돈독하고 깊어짐을 나타내는 분들이 없잖습니다. 재언컨대, 설교자의 설교로 인하여서는 당연히 주님의 인기가 높아지고 높아져야 마땅한데 주님은 아니고 설교자의 인기가 높아지는 주객전도의 현상이 생겨난단 말씀입니다. 주님, 이건 아닙니다. 주님의 말씀인 설교를 들었으면 주님과의 관계가 더욱 깊어져야 하지요.

주님과의 신의! 주님과의 사랑! 이 깊어져서 주님 향한 충정과 헌신이 기쁘고 즐거워야 되는 거지요. 하지만 설교자에 대한 신의만 두터워지고 설교자에 대한 사랑만 깊어진다면 그 설교는 빗나간 화살(죄)이 되고 말 뿐입니다. 이를 주의하지 않은 설교자들이 결국은 이단이 되고 거짓 선지자가 많이 되더군요. 주님, 저의 설교를 듣는 주님의 사람들은 주님만 더욱 사랑하게 하옵소서. 그 다음에 저와의 관계는 형제와 자매된 똑같은 입장에서 우애와 우정이 깊어지는 하나님의 동역자가 되게 하옵소서. 주님의 말씀을 설교하는 저나 주님의 말씀을 듣는 사람들 모두는 다 하나님의 사랑받는 자녀이면서 종들이기 때문입니다.

진리에 대하여

말세가 이르렀는지 사람들은 바른 교훈을 받지 않고 진리에 귀를 기울이지 않습니다. 심지어 진리를 사모할 법한 그리스도인이라는 자들 중에서도 바른 교훈을 외면하고 사리사욕에 따른 기복교훈에만 몰려가고 있습니다. 사도바울께서는 이런 때가 이르리라고 예언을 하셨는데(딤후 4:3) 지금이 바로 그 때인 듯 합니다. 진리의 말씀에는 우선 세속적 이익이 하나도 없어 보이니까 관심이 없고 혹시 듣는다 해도 감동이 되지 않습니다.

이처럼 그리스도인이라 하면서도 진리에 관심이 없고 진리를 들어도 감동을 받지 못한다면 사실은 그리스도인이 아닌 육신에 속한 자요 세상에 속한 자입니다. 주님의 몸된 교회 안의 이런 자들은 진정 하나님의 자녀가 아니고 마귀의 자녀입니다. 조심해야 합니다. 교회 안의 마귀의 자녀들을 조심하기 전에 먼저 자기자신이 그런 자가 될까? 조심하라는 뜻입니다. 하나님의 자녀들은 진리를 기뻐합니다. 진리와 함께 고난도 기꺼이 받습니다.

진리가 무엇입니까? 올바른 이치와 원리를 일컬음이겠습니다만 교회와 그리스도인의 입장에서는 하나님의 참된 말씀입니다. 흔히 하나님의 말씀이라고는 하지만 정작 하나님의 참된 말씀이 아니고 심지어 마귀의 말, 세상의 말, 사람이 지어내고 꾸며낸 말들이 범람하는 이 시대가 아닐까요? 진리의 말씀에는 생명이 있습니다. 그러나 진리의 말씀이 아닌 것에는 생명이 없습니다. 오히려 생명을 죽입니다. 이를 가리켜서 성경은 "쑥물"(계 8:10-11)이라 했습니다.

진리를 아십시오. 진리를 따르십시오. 진리가 생명을 주고 자유를 주니까요. 진리는 하나님의 참된 말씀이라 하였지요? 하나님의 참된 말씀은 하나님의 참된 종에 의해서 전해집니다. 자기의 정욕과 탐심으로 지어낸 말을 가지고 하나님의 말씀이라 설교하는 거짓 교사들을 분별하십시오. 그들의 감언이설에 속았다간 그대 영혼이 죽습니다. 청념과 겸손의 참된 교사를 만나 진리를 배우고 진리와 함께 사십시오. 그것이 곧 영생하는 길입니다.

세상의 똘마니인 목사들

한국교회를 대표한다는 목사들이 한국 사회에 대하여 잘못했노라고 사과를 했다 한다. 썩 도의적인 것 같긴 하지만 도무지 싸가지가 없어 보인다. 자기 아버지께 잘못한 짓은 함묵하고 이웃 아제한테 좀 실수한 것은 크게 용서를 비는 것과 같이 그렇다. 이런 괘씸한 놈들이 있나?

한국교회가 잘못한게 있으면 먼저 하나님께 잘못한 것이지 세상에 잘못했는가? 굳이 세상에 잘못했다 해도 하나님께 잘못한건 덮어 두고 세상에 대해서만 사과하는 것은 하나님보다 세상을 더 높이는 죄가 아니겠는가? 이런 우라질 놈들! 이런 놈들이 목사들이라니?

한국교회가 이 지경이 된 이유를 알만 하다. 하나님은 두려워 않고 세상과 그 권력자들을 두려워하는 똘마니들이 목사의 자리에 앉아 있으니 그런 것이 아닌가? 오히려 이만하기라도 한 것은 일반 신도들 가운데 한국교회를 위해 눈물로써 기도하는 이들 때문일 것이다.

한국교회, 즉 목사들은 세상에 대해 사과하기보다는 주 하나님께 대한 죄악을 철저히 통회자복해야 한다. 오늘날 목사들의 죄악이 얼마나 큰 줄을 자신들은 알고 있는지? 두 가지 이다! 하나는 주님께 돌아가야 할 영광을 가로채는 죄요, 둘째는 하나님보다 돈을 사랑하는 죄 이다.

이 둘 중 하나만의 죄로도 그 밖의 죄는 불문하고 지옥 한복판에 던져질 노릇이다. 약대는 삼키고 하루살이는 걸러내는 위선자가 목사들 중에는 얼마나 많은가? 이 세상의 똘마니인데다 또라이인 놈들아, 더 큰 재앙이 닥치기 전에 우리 함께 하나님께 회개하자!

목사들아 그만 자중하자

이야 정말, 잘난체 하는 목사들이 많으니 어느 누가 진짜 잘난 건지? 알 수가 없어 헷갈린다. 저마다가 옳은 말 한다고 소리 소리를 지른다. 어느 누구의 말이 진짜 옳은 걸까? 진리는 하나일텐데. 서로 진리라고 목청 높이는 소리의 내용이 똑같질 않다. 이는 그들 중에 어떤 소리는 진리가 아닌 거짓이란 사실인데 웬만해선 분간할 수 없으니 어쩌면 좋단 말인가? 방송이나 유튜브에 제 설교를 거침없이 내보이는 잘난 목사들이 너무나 가증스럽다.

오늘날 교회가 세상에서 무참하게 천대를 당하고 있는 부끄러운 터에 제발 목사들인 입 다물고 가만히나 있어 주면 그나마 덜 부끄러울 것 같다. 그럼에도 요즈음 교인들에게 인기 꽤나 있다고? 자기 잘난체 하는 설교를 마구 뱉어대는 목사들의 얼굴을 보면은 정말 철면피하다. 제 말로는 교회가 세상에 부끄럽고 미안하다면서 어찌하여 제 낯짝은 부끄러운 줄 모르는가? 자기가 맡고 있는 교회의 교인들에게나 설교할 노릇이지 어찌 과욕을 부리는가?

설교를 한다면서 어찌 자기 얘기를 그리 많이 하는가, 설교는 본래 하나님의 말씀 곧 예수님을 전하는 것이 아니던가? 헌데 왜 자기 생각 또한 자기 잘난 얘기를 하여 결국, 주님 아닌 자기 자신을 돋보이는가? 설교 전에 기도하긴 "자기는 십자가 뒤에 감춰 달라" 해 놓고선 결국은 자기 뒤에 십자가를 감추고 마니 이 무슨 모순인가? 더욱 안타까운 것은 그런 목사들의 말재간에 홀딱 빠져있는 교인들인즉, 기가 막힌다. 주여, 어느 때까지니이까?!

목사에게 영광을 돌리지 말자

　유명 타는 목사가 유튜브에 자신의 설교 동영상을 올리면 많은 댓글이 올라 온다. 악플이 한두 개 있지만, 대부분은 선플이다. 선플에는 그 설교에 대한 호평은 물론 그 목사에 대한 존경과 칭송이 신이나 성자에 버금한다. 언뜻 보기에는 좋은 현상 같다마는 깊이 생각해 보면 심각한 문제가 될 수 있다. 무슨 얘기냐? 고 하면 선플에 문제가 있다는 것이 아니라 그 목사에 대한 존경이 너무 지나쳐서 주 하나님께 돌아가야 할 영광과 칭송을 그 목사가 가로채는 꼴이 되기에 문제인 것이다. 사람들은 흔히 하나님께 돌려야 할 영광을 특정인에게 돌리는 경향이 있다가 그리고 또 개중에는 하나님께 돌리는 영광을 가로채는 도적놈과 사기꾼도 적지 않다. 그리하다 보면 그 목사나 그 인간은 이단이 되거나 교주가 되고 만다. 따라서 사이비 종교단체가 생겨나 사회에 해악을 끼치는 것이다.

　이에 그리스도인은 하나님의 일로 사람에게 영광을 돌리는 일은 결코 하지 말아야 한다. 또한 목사들은 하나님께 돌아가야 할 영광을 가로채지 말아야 한다(실수로라도). 이른바 거짓 선지자들이나 거짓 그리스도는 목사들이나 종교인들 스스로가 악령에 미혹되거나 사로잡혀 생겨나지만 대개 교인들이나 민중들이 한 인간을 영웅시 하거나 신성시 함으로써 생겨나는 것이다. 예를 들면 겸손했던 어떤 목사에게 신령한 능력이 나타나면 교인들은 그를 예수님이나 천사처럼 받들기 시작한다. 그러면 이 목사는 차츰 교만해져서 자기가 정말 예수님에 버금 되었거나 천사가 된 것처럼 기고만장해진다고 그렇게 되면 다음 순서는 뻔하다. 거짓 선지자 아니면 거짓 예수가 되는 것이라 그러므로 교인들은 주 하나님께 돌려야 할 영광을 사람에게 돌려서는 안된다. 그리고 목사는 주 하나님께 돌아갈 영광을 혹시라도 가로채선 안된다.

이 사실을 교인들과 목사들은 꼭 명심하고 실천하자. 그리해야만 하나님은 하나님이 되시고 교회는 교회가 되며 성도는 성도가 된다.

목사들과 그리스도인들이여!

교회가 세상 사람들에게 짓밟히고 있습니다. 짓밟혀 짓이김을 당하고 있는 중입니다. 악랄하게 짓밟는 자들을 탓할 수는 없습니다. 교회가 맛 잃은 소금같이 본분을 다하지 못한 까닭이니까요. 우리 한국교회의 140년 역사상 위상이 오늘날처럼 실추된 적은 단 한 번도 없었습니다. 그러나 지금은 세상에서 교회가 무슨 악의 소굴인 양 혐오와 저주의 대상이 되고 있습니다. 교회의 지도자인 목사에 대해서는 또 어떻고요. 신성했던 목사라는 이름이 욕설 자체가 되고 있습니다. 나도 목사이지만 목사라는 직함이 부끄럽습니다. 그래서일까요? 길을 가다 교회당을 보면 씁쓸합니다. 못난 내가 보기에도 교회는 한참 잘못되었고 목사들 중에는 목사다운 자가 드물다는 비판을 하게 됩니다.

게다가 더 보태서 그리스도인들은 세상에서 그리스도인다운 모습을 보이지않는 이들이 너무 많습니다. 도대체 이 지경에 이른 원인은 무엇이고 그 책임은 어느 누구에게 물어야 할까요? 그것은 한 마디로 목사들이나 그리스도인들이 예수님을 닮지 않아서 그렇습니다. 그리고 그 책임은 교회의 지도자인 목사들에게 있습니다. 무엇보다도 예수님을 닮지 않은 죄! 말입니다. 예수님의 형상을 본받고 뭇신도들 안에 예수님의 형상이 이루어지도록 해산의 수고에 일념해야 되었거늘, 목회 성공이라는 출세! 인기 많은 설교자라는 명예! 재물을 보답 삼아 부귀를 누리려는 탐욕! 이 세 가지 사슬에 매인 노예가 되어 허둥댄 꼴로 인하여 오늘날 주의 교회가 실추된 게 아닐까요? 목사들과 그리스도인들이여, 이제라도 당장! 회개하여 예수님을 닮읍시다.

　보세요, 한국교회에 예수님을 닮은 목사들이 몇 분이나 있습니까? 또한 예수님을 닮은 그리스도인들은요? 성공한 목사들 저 잘난 목사들은 많고 많지만 유명한 목사들 중에 예수님 닮은 목사가 그 누굽니까? 한 사람도 찾아보기가 어렵습니다. 바로 이런 때에 혜성같이 예수님을 닮은 목사들이 나서기 시작한다면! 예수님을 닮은 그리스도인도 많이 생길 겁니다. 그리되면 실추되었던 교회의 위상은 다시 회복되겠지요. 목사들과 그리스도인들이여!

누가 가시면류관을 쓰려는가

어느날 예수께서 한국교회의 유명 목사들을 불러 모아 세우시고는 "너희들의 면류관이 여기 있으니 각자의 공로에 따라 자기 면류관을 찾아 쓰도록 하라"고 이르셨다. 목사들은 우르르 면류관이 놓여있는 탁자로 뒤질세라 몰려가서는 저마다가 좋은 면류관을 찾아 쓰는 것이었다. 거의가 큰 교회 목사들이 우선하여, 의의 면류관(딤후 4:8) 생명의 면류관(약 1:12) 영광의 면류관(렘 13:18) 자랑의 면류관(살전 2:19)을 서로 먼저 쓰는데 가시면류관(막 15:17)만은 아무도 쓰지 않아 그냥 외면된 채로 한켠에 남겨지게 되었다.

그때 한참 머뭇거리다가 뒤처진 노년 목사 한 사람이 가시면류관을 두 손으로 정성껏 집어 들고는 "나의 주님께서 쓰셨던 면류관을 제가 감히 쓰나이다. 모든 영광은 주님 홀로 받으소서" 하며 예수님 앞에 무릎을 조아리는 것이었다. 바로 그때 예수께서 "모두 일어라 고개를 들라" 하시니 먼저 달려들어 썼던 빛난 면류관은 갑자기 빛을 잃고 고약한 냄새 나는 개털 모자로 변해 버렸는데. 가시면류관만은 금관으로 빛나는 것이었다. 성령이 내게 말했다. "이 장면이 네게 무슨 교훈을 주는가를 네가 알겠느냐? 주여, 주님께서 아십니다.

빈계지신(牝鷄之晨, 암탉이 울면 집안이 망한다)

오래전 중국에서 유래된 말이지만 이는 말세의 징조 중에 하나라고 여겨진다. 특히 기독교회 가운데서 여목사가 강단에서 설교하는 일은 그야말로 빈계지신(牝鷄之晨)이어서 교회가 말세를 맞고 있는 징조로 보인다.

이런 말을 하는 내가 남존여비의 구태로운 자라 할지언정 여목사가 남목사처럼 강단에 올라 설교하는 것은 정녕 꼴볼견이다. 이는 정녕 아니다. 하나님께서는 여인네들을 제사장으로 삼지 않았다.

구약시대에 당시 이방 민족들은 여인들을 제사장으로 삼았지만, 이스라엘은 여인들을 제사장으로 삼지 않았다. 예수님께서도 제자들을 선택하여 사도를 세우실 때 여제자 중에서는 세우지 않으셨다.

그런데 오늘날 하나님과 그 아들 예수님을 경외하노라는 교회는 이방 종교처럼 여인들을 제사장과 사도로 세워놓고 있으니! 이 어찌 교회가 망하고 세상이 망할 징조가 아니겠는가?

어찌하랴! 돌이킬 리는 없고 멸망할 때만 기다리는 처지가 되고 말았다. 기존의 목사들이 오죽 못났으면 여목사들이 생겨나게 된 것일까? 아담이 못난 바람에 하와가 설쳐서 에덴에서 쫓겨난 꼴이 될 것 같다.

이를 깨닫고 이 땅의 모든 여목사가 강단에서 내려와 목사 가운을 벗고 다시는 암탉처럼 설교하지 않는다 하면 말세는 취소되고 뒤로 미뤄질 수 있는 것은 아닐까? 아서라 그럴 일은 없을 테니 종말이나 기다리자.

설교하는 목사들에게

잘난체하는 옳은체하는 목사들아, 설교를 한다면서 제발 자기 말을 하지 말라. 설교는 하나님의 말씀인 성경을 쉽게 풀어 신민(神民)에게 전하는 것인데 네 생각과 주의를, 심지어는 너의 감정과 느낌을 설파하는데 그 어디 설교라 하겠느냐? 그리고 왜 자기 이야기가 그렇게 많으냐? 청중의 솔직한 심정은 하나님 이야기를 들으러 온 것인데 설교자 자신의 선전만 실컷 들으니 생명의 양식을 먹은 게 아니라 무슨 껌만 씹고 나오는 것 같아 부질없구나.

명령조의 글과 말

　하늘에 계신 전능자요 조물주이신 하나님 외에 어느 누가 사람들에게 이래라 저래라 할 수 있나? 요즘엔 부모가 제 자식들에게 또는 선생이 학생들에게 이래라 저래라 하면은 싫어하고 불만을 토하는 판에 어느 누가 감히 명령조로 말하는가? 유명 시인들의 시나 기성 작가들의 논설, 또 유명 목사들의 설교를 보면 그 제목과 내용이 이래라 저래라는 서술과 언술이 종종 주목된다. 그런 것을 보노라면 "자기가 뭔데 이래라 저래라 하는 거야!" 하는 거부감이 생긴다. 이런 까칠함이 언짢다마는 내 생각엔 권면과 독려의 형식으로 하는 것이 좋을 듯 해서 그렇다 이를테면 "이럽시다. 저럽시다" 하면 거부감이 좀 덜하지 않을까?

　성인들을 제외하곤 우리들은 모두 하늘을 우러러 부끄러운 죄인들이 아니던가? 그런데 누가 누구에게 이래라 저래라 할 수 있단 말인가! 혹여 그렇게 해도 괜찮은 사람들이 있긴 있다. 그 자신이 그대로 행하여 모범이 되고 있다면 말이다. 하지만 생각과 말만 그렇지 실제로 행커나 살지도 않으면서 남더러 훈계조로 얼르는 것은 심히 가소롭고 건방진 노릇이다. 대중을 상대로 글을 쓰고 말을 하는 사람들은 삼가 겸손해야 할 것이다. 자기 자신을 남보다 옳게 보이려 한다거나 잘나 보이려고 했다가는 독자나 청중에게 반감만 사는 결과를 초래하기 때문이다.

　성경은 이렇게 말씀하고 있다. "하나님은 교만한 자를 물리치시고 겸손한 자를 사랑하신다."(약 4:6) 이는 사람들도 마찬가지다. 똑같은 사람이지만 자기들 보기에 겸손한 사람은 좋아하지만 교만한 사람은 누구나 싫어한다. 어느 날 어느 시인이 쓴 시 제목이 "하라 말라"의 훈계조인 것을 읽고 또 어느 때에 어느 강사가 "이래라 저래라"는 명령조의 강의를 듣고 느껴지는 바가 있어서 나 자신도 글을 쓰고 설교를 하는 자로써 스스로를 반성하고 명심하느라 써 본 글이다.

설교 후의 참회문

온전히 알고 있는 것도 아니면서 아는체 해서 죄송합니다.
스스로 죄스러운 게 적잖으면서 의로운 체 해서 죄송합니다.
사실은 못난 자 중 못난 자 이면서 잘난 체 해서 죄송합니다.

이런 나 자신이 가증스러워 심히 불쾌합니다.
되지도 못한 게 된 듯이 나댔으니 얼굴이 그만 화끈거립니다.
나서서 남들에게 설교하기 전에 내 가슴에 비수를 꽂게 하소서.

설교자의 다짐

내 입은 하나님의 귀한 말씀을 퍼 나르는 거룩한 입이다. 그러니 행여라도 추하고 악한말을 입에 올려 추악하게 말자!

이는 나 자신을 욕되게 하는 것 이상으로 하나님을 욕되게 하는 것이니까.

기왕에 안 좋은 생각과 못된 생각을 하여 머리 또한 더럽히지 말자. 좋은 생각만 하여 두뇌를 맑고 깨끗이 하자!

그리고 마음도 성냄과 교만과 탐욕으로 더럽히지 말자. 온유함과 겸손함과 무욕으로 마음을 청결케 하자.

그리하면 나의 행실도 단정하고 청결할 것인즉 이 어찌 거룩한 삶을 사는 것이 아니겠는가!

이런 목사도 목사인가?

살림살이가 찢어지게 가난해서 가족들과 함께 굶어 죽지 않으려 급기야는 몸을 파는 여인들이 있었다는 데, 생각만 해도 마음이 켜켜이 아프다 오죽했으면….

그러나 선비가 사는 게 옹색하대서 돈 몇 푼에 정신적인 지조를 헤프게 저버리며 팔아먹는 모습은 너무나 치졸하고 더럽게 보여 구역질이 날 지경이다.

유수한 교단의 목사라는 자가 조기 은퇴(65세) 후에 가난한 서민이래서 받는 기초노령 연금(월 30만원)에 재미가 쏠쏠하다며 "문대통령 만세! 대한민국만세" 하는 소리를 들었다.

어찌나 한심한지, 저런 자와 내가 어떻게 같은 목사인 거지? 도무지 울화통이 터져서 견디기가 어렵다. 목사로서 동냥을 주는 게 아니라 받는 것이 부끄럽지도 않은가?

겨우 이 정도 수준이니까 모든 목사들의 위신이 거지발싸개와 같이 취급을 당하고 주님의 몸된 교회가 온갖 수모를 겪는 것이 아닌가? 에라, 이 또라이 목사놈아!

목사라면 적어도 송죽같이 고매한 그 시대의 선비거늘 청렴과 지조
는 어디다가 팔아 먹고 그리 찌질 맞게 추해졌느냐! 게다가 문재앙이에
게 아첨까지 하니 넌 그의 똘마니냐?

기가 막혀 무슨 말을 더 못하겠다.

잘난 체 못하는 게 바보야

스스로를 잘났다 의롭다 현명하다 생각하며 자기 자신과 자기주장을 내세우는 자들이 뜻밖에 참 많다. 내가 보기에는 별로 그렇지도 않아 보이는데 스스로는 그걸 모르는 것 같다. 진정 잘나고 의롭고 현명하면 그런 내색을 하지 않는 게 신사다운 예절이 아닐까? 도무지 사양지심이 없다. 저 잘난 맛에 사는 게 인생이라 하지만 그렇게 사는 것이 제대로 사는 것이 아닐성싶은 생각도 든다. 요즘 세상은 자기를 낮추고 감추는 사람보다는 내세우고 들어내는 사람을 더 알아주니 하는 말이다. 내가 목사니까 그런지 특히 목사들 중 그런 자들이 눈에 많이 띈다. 자기가 맡은 교회에서 설교하는 것이 성에 안 차선지 방송국 또는 유튜브에 자기 설교를 수시로 내어 보내기 바쁘다 하나님의 말씀을 전파하는가? 아니면 자기 자신을 선전하는가? 비판적으로 보이기론 하나님을 빙자하여 자기 자신을 선전하는 것으로 들릴 때가 많아 불쾌하고 메스껍다. 그럼에도 하늘 높은 줄 모르고 자기 잘난 체에 열중한다. 소위 설교의 홍수 시대가 아닌가? 홍수에 마실 물 없다는 데 그 나물에 그 밥이니 그만 삼가는 게 그나마 예의가 아니겠는가? 더구나 오늘날은 목사의 입이 열 개라도 할 말을 못할 정도로 목사의 위상이 시궁창에 처박한 터에 무슨 할 말이 그리 많아 입을 닫지 못하는가? 차라리 입 다물고 가만 있으면 꼬래비는 안갈텐데.

목사님들을 성화시켜 주옵소서

얼마나 인격적이셨던가, 얼마나 자애로우셨던가, 얼마나 기대가 되는 분이셨던가, 얼마나 훌륭하신 분이셨던가, 검소함과 성실함의 귀감이 되셨고 청빈하고 겸손하고 사랑 많으셔서 가난하고 병약하고 버림받은 이들의 도움이 되시고 친구가 되어 주신 예수님을 닮은 목사님, 우리 목사님! 그러므로 사람들은 존경하여 즐겨 따르고 진심으로 사랑하였지요.

예, 오래전 이야기에요. 50년전만 해도 목사님들이 그랬다는 거지요. 그러나 오늘날의 목사님들은 거의 안 그래요. 검소하지 않고 청빈하지 않으며 거만하고 자애롭지 않으며 돈많은 교인은 가까이 하고 가난한 교인은 일부러 멀리하니 예수님의 모습과는 전혀 달라서 그 교인들조차도 자기네 목사님을 존경하질 않아요. 왜 이렇게 되었는지. 도무지 마음만 아프고 괴롭네요.

우리나라 교회의 이런 모습을 보고 예수님은 얼마나 슬퍼하실지요? 교회가 가난했을 때는 안 그랬는데 부흥성장이 되고서는 목사님들이 배가 불러 타락했나 봅니다. 하지만 주님, 아직도 안 그런 종들이 없지 않습니다. 그래도 주님을 닮아 살고 있는 참된 종들이 남아 있을 터인즉 그들을 보시어 이 땅의 목사님들을 성화시키소서. 저 역시 목사입니다. 불쌍히 여겨 주옵소서. 주님!

악마는 프라다를 입는다

천사는 초라한 옷을 입고 악마는 화려한 옷을 입는다. 즉 천사는 일반적 옷을 입고 악마는 거룩한 옷을 입는다. 악마의 차림새는 천사보다 훨씬 천사 스러운데 더불어 하는 말도 천사 스럽다. 어떻게 가려낼 수 있을까?

사단의 변형인 뱀의 혀가 둘로 갈라졌듯이 한 입으로 두 말을 한다. 즉 진실이 아닌 거짓을 말하고 악을 선으로 위장한다. 가장 순결해 보이나 가장 불결하고 가장 겸손해 보이나 가장 교만하고 가장 욕심 없어 보이나 가장 욕심이 많은 자가 악마이다.

이런 자는 영이 아닌 육을 가진 인간일지라도 실은 악마이다. 이런 관점에서 보면 인간적 악마들은 평민들보다는 성직자 중에 많다. 자칭 하늘의 사자라 하지만 실제론 지옥의 사자들이다. 보라, 그들은 자신을 얼마나 높이는가? 그들은 재물을 얼마나 움켜쥐고 있는가?

그 야망은 하늘까지 오르려 하고 그 탐욕은 온 세상의 것을 다 가질 기세이다. 그런데 이런 자들이 거룩한 흉내는 다 내고 있다. 기가 막혀 안타까운 사실은 수많은 중생들이 현혹되어 그들을 칭양(稱陽)하고 추종한다는 데 있다. 때문에 이 시대는 참 선지자가 절실하다.

제2의 가룟 유다들

그리스도인에게는 그리스도 예수님이 삶의 중심이고 생의 자산이다. 비그리스도인에게는 그것이 무엇일까? 바로 돈이다! 그리스도인에겐 돈이 예수님일 수 없지만, 비그리스도인에겐 돈이 예수님일 수 있다. 그래서 그들은 진짜 예수님을 필요하지 않는다. 그런데 놀라운 일이 일어나고 있다. 이미 오래전부터 생겨난 행태이지만 현세에 들어 더 심하다. 그 선봉자는 가룟유다라고 하겠다.

그 일은 다른 일이 아니라 그리스도인 가운데에는 예수님을 돈으로 알고 이용하는 자들이 있다는 것이다. 결과적으로 이들에게는 돈이 예수님이고 예수님이 돈인 셈이다. 이들은 누구냐?

성직자라는 목사와 신부가 대부분이다. 툭, 까놓고 말해 예수님을 빙자하여 돈을 축적하여 부자가 되었다면 솔직히 말해 그의 예수님은 예수 그리스도가 아니라 돈인 것이다. 이 어디 성직자들 뿐인가?

평신자 중에도 예수님을 이용하여 돈을 번다면 역시 돈이 예수님인 작자들이다. 이 자들은 명목상으로는 그리스도인이지만 사실은 비그리스도인들보다 더 악한 불신앙의 종자들이다.

그대여, 당신은 진정한 그리스도인인가? 그렇다면 돈보다 예수님을 더 사랑하고 예수님보다 더 사랑하지 말자! 안 그러면 당신은 비그리스도인보다 더 악한 자이고 제2의 가룟 유다로서 멸망자가 된다.

참 목자상

예수님께서는 제자들에게 나를 따르라 하셨고 사도 바울님은 성도들에게 나를 닮으라 하였다. 나 또한 명색이 지도자로서 어느 한 사람에게라도 나를 따르라 나를 닮으라 할 수 있을까? 그럴 수도 없다면 난 지도자의 자격이 없는 것이고 실상 지도자도 못 되는게 그동안 지도자인 체하였으니 이 얼마나 가소로웠나? 그렇다, 지금 나의 어설픈 상태로는 지도자로서 어떤 말을 할 수 있는 입장이 못 된다. 만일 어느 누가 나를 지도자로 여기고 따르며 닮으려 한다면 큰일이다. 못나고 덜되고 무지한 나를 따르거나 닮았다가는 그 인생이 망가질 것이기에 만류해야 마땅하다. 아, 그러나 나는 예수님처럼 바울님처럼 목사로서 교우들에게 나를 따르라 나를 닮으라 할 수 있는 목자이기를 진정 소원한다. 또한 그래야만 당연하지 않겠는가?

목사가 욕심스러우면

생김새가 욕심이 띠룩띠룩한 목사는 제대로 생긴걸까? 생김새는 그럴싸 해도 재물 욕심 교인욕심 명예욕심이 니글거리는 인간이 어찌 목사가 된 것일까? 그동안에는 없었던 욕심이 목사가 되고나서 생긴 자들도 많을터인즉 그들은 차라리 목사가 안 되었더라면 좋을뻔 하였을 작자들이었다. 잠자코 평신도노릇이나 하고 있었으면 괜찮았을 것을 분수없이 목사가 되어 가지고 자기자신의 타락은 물론 교회를 욕되게 하여 망치고 여러 사람을 탈나게 만들고 있으니 이게 무슨 망조인가! 이런 목사들을 척결하는 권위와 법적 장치가 교회 당국에는 전혀 없으니 도처에서 망나니같은 욕심쟁이 목사들로 독버섯처럼 일어나 교계의 꼴은 갈수록 사납다.

탐욕에 쩔어있는 목사들아 이젠 그만 욕심을 버려라. 아니면 욕심이 너를 버려 비참하게 만들지니 그만 늦기전에 회개하라 애초부터 욕심과 목사는 공생할 수 없고 목사와 욕심은 공존할 수 있는 것이 아니었다. 목사가 욕심을 죽이든지 욕심이 목사를 죽이든지 양단간의 결과가 나온다.

욕심을 죽이면 목사는 살고 욕심을 살리면 목사는 죽는다. 욕심을 십자가에 못박지 않은채로 목사가 된 사람들은 결국 예수 그리스도 십자가의 원수(빌 3:18)로 행할 수 밖에 없다. 십자가의 원수? 그의 신(神)은 배(욕심)이라고 사도바울은 갈파하였다. 예수님을 이용하여 자기 배만 섬기는 욕심쟁이 목사들, 회개하여 새 사람이 되든 천벌받아 멸망하든 둘 중의 하나다!

본색(本色)에 대하여

각자의 사람은 각자의 본색이 있다. 본색이란 그의 기질이요 바탕이요 성향이요 색깔이다. 한 마디로 정체성(Identity)이다. 사람들의 이러한 본색은 대부분 체내에 숨겨져 있다거나 일부러 숨기고 있다. 그러나 이해관계나 생사관계에 맞닥뜨릴 때는 여지없이 그 본색을 드러낸다. 그런 와중에도 쉽사리 본색을 드러내지 않는 자가 있는데 대개는 둘 중의 한 부류 이다. 자기 수양이 깊어 존중해야 할 덕스러운 사람이거나 매우 경계해야 할 음흉한 사람이다. 문제는 두 번째로 언급한 자 이다. 특히 지도층에 있는 사람들 중에 자기본색을 숨긴 자라면 사기꾼인 경우가 많다. 만일 이런 자를 믿고 따랐다간 흥망생사를 걱정하는 처지가 되고 말 것이기에 요주의 해야 한다.

사실상 어떤 사람에게 가려졌거나 숨겨진 본색은 대개 좋은 성깔이 아니다. 자신에게 흠이 되고 욕이 되는 까닭에 수치심이라는 본능에 의해서 감춰진 것이다. 떳떳한 것이라면 어이 감추겠는가? 그래서 교활한 인간은 본색에다 가색(假色)을 덧칠하여 가색을 본색인양 한다. 그러나 가색은 녹슬은 함석을 가린 페인트 같아서 오래가지 못해 벗겨진다. 교활하고 사악한 자의 가색이 어느 시점에 가서는 벗겨지니 다행이지만 그동안이 문제이다. 그러므로 가색과 본색을 가려내는 지혜로서의 판별력이 절실하다. 이에 관하여서는 무엇보다도 지도자임을 자처하거나 현재 지도자의 위치에 있는 자를 유의해야 한다. 지도자라고 하여 아무런 식별도 없이 무조건 따랐다간 신세가 어찌될지 모른다.

오늘날 우리나라 교계에서는 그동안 명망스러웠던 스타(Star)급 목사들의 사약함이라 할까? 바람직하지 못한 본색들이 종종 들어나서 세간의 화제가 되고 있다. 성적 문란, 재물 착복, 교권 탈취, 좌파 추종, 이 네 가지 악은 결단코 목사의 본색일 수는 없다. 반대로 성결과 청렴과 겸손의 신앙만이 목사의 본색이어야 하기 때문이다. 그런데 오늘날 교계에 물의를 빚고 있는 유명 목사들은 본색과 가색이 전도된 모습을 보여서 탈이다. 사실상 그들의 본색은 선깔이 아니었고 악깔이었다. 그동안 설교하고 주장해온 성결과 청렴과 겸손과 신앙은 목사로서의 출세를 위한 덧칠한 가색이었던 것이다. 이제 어느 정도 출세했다 싶으니까 음란과 탐욕과 교만과 불신의 본색을 마구 드러내고 있는 것이다. 참으로 두렵다. "그래도 이분만은~" 하고 내심 존경했던 이들의 본색이 세속적이고 악마적일 줄이야! 때는 바야흐로 "거짓선지자가 많이 일어나 많은 사람을 미혹하리라"(마 24:11)의 시대인만큼 조심하여 미혹되지 말아야 할 것이다.

천명을 수행하는 자

천명을 받은 자 천명을 다하기까진 죽지 않으리라 하늘이 그 생명을 지키심 때문이라

천명을 받았지만, 천명을 수행하지 않는 자 수명을 다하지 못하리라 역천자는 망하기 때문이라

자신의 천명이 무엇인가를 알고 천명을 수행하자 천명이 자신을 존 귀케 하고 장수케 하리라

나의 천명은 주 하나님의 말씀을 천파하는 것이다. 너의 천명은 그 무엇이더냐?

너와 내가 천명을 수행한다면 우리의 세상은 평화롭고 행복한 지상 낙원이 될지로다

제10장

시국에 대하여

나라와 민족을 위하여

내가 없이 국가가 있을까? 라는 물음도 옳은 질문이지만 국가가 없이 내가 있을까? 라는 물음도 틀린 질문은 아니다. 나와 국가는 근원적으로 일체(一體, 하나)이기 때문이다. 나는 국가요 국가는 나이다. 나는 소아(小我)이고 국가는 대아(大我)이다.

대아와 소아의 가치가 대립될 때 소인(小人)은 소아를 위해 대아를 희생하고 대인(大人)은 대아를 위해 소아를 희생한다. 소아를 위함은 자기 한 사람만을 위함이지만 대아를 위함은 많은 사람들을 위함이다. 과연 무엇이 옳은 것인가?

편견 없이 평한다면 자기를 위해 사는 것이 반드시 옳지않은 것만은 아니다. 당연히 그렇게 살아야 한다. 자기 자신을 위하지 않는 자가 어떻게 남들을 위할 수 있겠는가? 국가를 위한다는 것도 사실은 자기를 위함이 아니던가!

의인은 대의(大義)를 살고 악인은 소의(小義)를 산다. 자신을 위하여 사는 데는 소의명분(小義名分)이 있고 조국을 위하여 사는 데는 대의명분(大義名分)이 있다. 예수님은 많은 사람을 위하여 살고 죽으셨다. 그리스도인들은 또한 그렇게 대의를 위해 살아가야 할 것이다.

백성과 교인

안타까운 노릇이다.

나라와 국민을 위하겠다며 국회의원과 대통령이 된 사람들, 정작 위하는 것은 자기자신 뿐이고 나라와 국민은 뒷전에도 없다. 감언이설로 국민을 이용하여 부귀와 영화를 누리고자 하는 탐욕이 똥통에 똥물처럼 꽉 차 있다.

이런 정치모리배들 때문에 나라꼴은 말이 아니고 백성들의 고생은 이만 저만이 아니다. 결국은 저들의 배에서 똥물이 터져 나오는 것을 볼 때에 백성들은 지도자를 잘못 뽑았음을 비로서 깨닫고 후회막급할 것이다. 때는 늦었겠지만….

똑같은 아류가 있다. 교회와 교인을 위하겠다며 선한 목자를 자처하고 나서지만 입발린 소리일 뿐, 진실은 자기의 배를 채우고 자기의 명예를 높이려는 것이다.

정작 만나지도 못한 예수님을(만났더라면 그럴 리가 없기에) 만난 것처럼 자기 양심을 속이고 교인들을 속여서 예수님을 푹푹 삶아 이용해 먹고 있다.

언젠가는 탐욕의 이빨을 숨기잖고 드러낼 때 저가 노략질하는 이리(마 7:15)였음을 교인들은 깨닫고 후회할 것이다. 아아, 우리가 왜 참된 목자를 몰라보고 거짓 목자를 선택했던가? 라면서….

백성들이여,

늦었지만 이후라도 지도자를 잘 보고 잘 뽑자! 허튼 소리에 선동되거
나 현혹되지 말고 사람됨의 언행을 지켜본 나머지 신중하게 선출하자!
그럴지라도 잘못 세울 수 있을텐데 더욱 조심스럽게 선택하자!

교인들이여,

오죽하면 예수님께서는 "거짓 선지자들을 삼가라"(마 7:15) 셨겠는
가? 이른바 정통교단의 목사라고 해서 무조건 맹신하지 말라! 그럴지
라도 자기 배(욕심)만 채우려 들고 예수님이 아닌, 자기를 높이는 자는
거짓 선지자인즉 더 이상은 속지 말고 늦기 전에 그에게서 돌아가라!

위기 속의 우리나라

우리나라 대한민국이 사방으로 우겨쌈을 당하는 신세가 되고 있다.
턱밑 북괴 정권의 핵폭탄과 미사일의 위협, 동해 서해 양쪽 바다 건너
일본과 중국과의 경제전쟁으로 인한 시달림과 위기상황, 북방의 붉은
사회주의 원조 러시아의 기분 나쁜 눈 흘김, 그리고 믿었던 혈맹적 우
방 미국의 이익만을 내세우고 우리나라를 적대하는 북한, 일본, 중국,
러시아에 대한 얄미로운 우유부단함, 왜 이렇게 되었나?

저들만의 야욕을 원인이라 치부하면 옳은 건가? 아니다, 원인은 우리

나라 국민이 속아서 세운 좌파정권의 그릇된 통치 때문인즉 자업자득이다. 이대로 계속 가다가는 우리나라가 혹시 지도상에 없어질지 모른다. 아, ○○○ 이놈과 그 좌파의 붉은 바퀴벌레들이 어서 속히 청와대에서 청소되어야 할 텐데. 주여, 정의의 살균제로 저들을 단숨에 멸절케 하여 대한민국을 의의 나라로 다시 세워 주옵소서. 아멘.

붉은 좌파 정권

확실히 어려운 시절이 닥쳐왔다. 특히 경제적으로 말이다. 내가 어렵고 너도 어렵고 이웃 모두가 어렵다. 나라도 덜 어려우면 널 도웁고 너라도 덜 어렵다면 날 도울텐데. 이건 양쪽 다 어려우니 이대로 모두가 망하는 건가? 하여 우려된다. 작금 우리나라의 붉은 집권자들은 우한 폐렴 바이러스인 코로나19를 핑계하고 있지만 다른 나라들은 괜찮은 모양인데 왜 우리나라만 이렇게 경제가 형편없이 어려워지는가?

원인은 정치를 잘못 해서 그런 것일 뿐이다. 그래 놓고서는 현재 좌파 정권자들은 엉뚱하게도 전 정권을 탓하고 야당을 탓하고 특정 종교(개신교회)를 탓하며 우매한 자기들이 받아야 할 민심의 원망과 비난을 우파들에게 돌려놓고 있다. 정말 교활하고 가증하기 짝이 없는 악질적인 놈들이다. 자기들의 잘못이 속속들이 들어나도 눈가리고 아웅 질만 하고 있으니 이 죽일 놈들을 어느 누가 심판할까?

국민들이 어리석고 무능해서 어찌 하지 못한다면 결국 시퍼런 하늘이 그냥 두지 않을 것이다. 왜냐하면 이 악질적인 정권자들에 대하여 깨어 있는 국민들의 저주가 하늘에 사무치고 있기 때문이다. 나는 그때만을 기다리고 있다. 어서 속히 이 못된 붉은 좌파놈들의 정권이 무너지고 자유민주주의의 의로운 정권이 창출되어 이젠 그만 어려운 시절이 사라져 버리기를 간절히 기다리고 기다린다.

빨간좀비를 척결하자!

참 우리나라 대한민국이 큰일났다. 몹쓸 망령에게 사로잡혀 휘둘리는 바람에 얼마 못가 정신줄을 놓치고 혼수상태에 빠져 쓰러지기 일보 직전이다. 원인은 무엇인가? 나라의 정권을 쥐고 있는 OOO과 그 일당들 때문이다. 도무지 안하무인이어서 독불장군 노릇으로 멀쩡한 나라를 엉망진창으로 만들고 있다. 어떤 좀비무리여서 겁도 없다. 정치로부터 경제, 교육, 외교, 국만, 문화, 건설, 기업, 농산에 이르기까지 샅샅이 들쑤시고 다니면서 온 나라를 혼란으로 몰아대고 있으니까 말이다. 단 한 놈! 공산주의 좀비의 수장인 OOO만 잡아 죽이면 이 혼란은 끝나는 것일까? 아니 OOO이는 꼭두각시일 뿐, 그를 조정하는 빨간 귀신들을 때려잡아 박살내야 우리나라는 마침내 평정과 평강을 다시 찾아낼 수 있는걸까? 대통령이라는 작자가 나라와 백성들을 위해 하노라는 말과 행동이 하나같이 빈축이니 듣고 볼때마다 백성의 한 사람으로서 환장해서 속이 탄다. 이그, 저 놈을 당장 끌어 내리지 못할까? 이러다간 우리나라 망할까봐 두렵습니다. 동해물과 백두산이 마르고 닳도록 보우하여 주옵소서.

　전 정권의 농단에 대한 촛불민심은 과연 현재의 빨간정권을 출생시킨 것이 사실일까? 그 민심들은 자기가 대통령으로 뽑은 자가 문재인이기에 그가 공산주의의 빨간 좀비라는 사실을 빤히 알면서도 체면상 어쩌지 못하고 멍청히 쳐다만 보고 있는 것인가? 그렇다면 그를 뽑지 않은 절반 이상의 민심들은 무엇하고 있는 것인가? OOO을 찍었든 안찍었든 이제는 그가 누구이고 어떠한 자 인가를 알고도 남았으니 그만 청와대에서 끌어내려 척결시켜야 마땅하지 않은가? 문재인 그는 뼛속까지 빨간 공산주의의 좀비요 북괴수령 김정은의 앞잡이임이 명약관화 밝혀졌다. 뿐만 아니라 그를 옹립하는 좀비무리까지도 자유민주주의의 강력한 이름으로 쓰레기들을 쓸어모아 태워 버리듯이 깨끗이 치워 버리자! 우리나라 대한민국에서 OOO이와 그 무리들로 하여금 더 이상 설치고 날뛰게 했다가는 조만간 우리나라 대한민국은 망한 나머지 붉은 색깔로 숙청의 피바다가 이루어지는 지옥이 될 것이다. 그러므로 민중이여, 백성이여, 더 늦기 전에 어서 깨어 일어나 저 공산주의 종북주사파의 좀비인 OOO과 그 일당은 촛불이 아닌 정의의 횃불로 태워 없애 버리자! 하루속히 재가 되어 사라지도록.

문재인을 통탄한다

결국 백성이 어리석어 지도자를 잘못 뽑았다. 어느 인사의 말대로 문재인은 뼛속까지 공산주의자였고 주사파 운동권 출신의 변호사로 활약하여 출세에 성공한 빨갱이가 확실해 보인다. 그렇지 않고서야 어찌 저리 김정은의 눈치만 보면서 김정은 정권을 살리려 하고 김정은의 대변인 노릇을 하면서 이 나라 저 나라를 찾아 다니는가? 김정은에게 무슨 약점이라도 잡힌 것처럼 무례에 욕 한 번 못하고 쩔쩔거리기만 하니 대한민국 국민으로서 속이 상하고 답답하기 짝이 없다. 그는 과연 공산주의자여서 그런가? 하는 정치나 경제, 외교 등 짓거리마다 빨갱가 아니면 안할 짓만 골라 하는 것 같다.

그가 평소에는 본색을 감춰온 탓에 그를 모르고 지지한 자유민주주의 국민들은 후회가 막급할 것이다. 문재인과 그 일당은 아닌 것처럼 잡아떼지만 문재인은 머리부터 발끝까지 김정은의 하수인이다. 그는 대한민국 전체를 김정은에 바치지 못해 안달치고 있는 것으로 보여진다. 아이구, 저 인간을 언제까지 대통령 자리에서 거덜거리게 놓아 둘거나? 당장 끌어내리고 싶어도 내겐 아무 힘도 없다. 나라와 민족의 운명이 그릇된 한 인간에 의해 되고 있는 듯한 현실이 하늘을 우러러 탄식하게 한다. 성서에 악한 통치자의 군림은 하늘 뜻을 거역한 백성들에 대한 형벌이라 하였는데.

북풍의 불길함

어두워진 저녁 북풍이 마구 부네요. 찬 기운까지 몰고 오니 폭우를 데리고 오려나 봐요. 성경의 예언서를 읽어보면 재앙은 항상 북쪽에서 내려 오더군요. 우리나라 대한민국의 단군 이래 최대 재앙이었던 6.25사변도 북쪽으로부터 일어나 내려 왔지요. 그 재앙은 69년 동안 휴화산처럼 멈춰있지만 언제 다시 터지런지. 요즘 심상치가 않습니다. 남쪽에서 간첩 문재앙을 필두로 한 빨갱이 좌파정권이 그 저주를 날이면 날마다 빌고 있는 것 같아 불길하고 섬뜩하기 짝이 없습니다. 그래서 이 어두운 저녁 북풍이 스산하게 부는 건가요? 곤한 몸 침소에 누어 편한 잠을 이루자니 나라 걱정에 쉬이 잠을 못 이루겠습니다. 주님, 이 나라와 이 민족을 불쌍히 여기시사 보우하여 주옵소서.

빨갱이와 거짓말

거짓말 중에서 가장 사악하고 지독한 거짓말은 어떤 말일까? 그것은 새빨간 거짓말이다. 그래서 빨갱이라는 명사도 생겼는데 과격한 사회주의자 즉 좌파 공산주의자를 일컬어 빨갱이!란 저속한 말로 일컫게 된 것은 그들이 워낙 뻔뻔하게 거짓말을 일삼기 때문이다. 심지어는 자기가 해놓은 거짓, 거짓말, 거짓 행위를 남에게 뒤집어 씌우기까지 하니 실로 경악을 금치 못한다. 예를 들면 근간에 좌파 인사들의 하수인 노릇을 한 드루킹 일당이 저지른 조작범죄가 그런 빨갱이의 수법이었다. 이래서 공산당의 상징도 붉은(빨강)색깔일 것이다.

성경에서 특히 계시록에서 붉은 색깔은 마귀(사단)의 색깔이다. 붉은 용(계 12:3)은 마귀, 붉은 짐승(계 17:3)은 좌파공산주의 정권, 붉은 옷 입은 음녀(계 17:4)는 좌파 목사(교회)들이 그러하다. 이들의 공통점은 색깔 그대로 새빨간 거짓을 말하고 행한다는 사실이다. 마귀는 처음부터 거짓을 말한 자 이다. 예수님은 거짓의 아비(요 8:44)라고 그 정체를 밝히셨다. 그러므로 적색주의 좌파공산당세력의 근간은 악령의 괴수인 마귀요 사단이다. 성도들은 분명히 알고 있어야 한다. 사단과 좌파공산주의는 한 뿌리의 한 줄기라는 사실을 말이다. 그러니까 좌파공산주의 자들은 예수교회를 철천지 원수로 알고 말살시키려는 획책을 서양과 동양에서 처음부터 지금까지 계속 만행을 저지러온 것이다.

그럼에도 불구하고 작금 우리나라에선 붉은 용의 악한 새끼에 불과한 독재자요 살인자인 김정은의 서울 답방을 예수 그리스도의 이름과 그 사랑으로 쌍수를 들어 환영하자는 한국교회의 목사(대표적으로 여의도 순복음교회의 이영훈)들과 그에 호응하는 신자들은 지금 제 정신인가? 완전히 사단에 미혹되어 빨갛게 물든 가련한 영혼들이 되고 말았다.

이제 흰옷을 입은 교회 성도들은 붉은 용과 붉은 좌파정권과 붉은 옷을 입은 음녀 목사들과 장로들 곧 빨갱이들의 거짓에 속지 말고 목숨을 걸고 신앙을 지키고 교회를 지키고 자유 민주주의인 조국을 지켜내야 한다. 주님 예수 안에서 함께 지체된 그리스도인들이여, 근신하여 기도하며 한마음으로 뭉쳐 일어나자! 지금은 마땅히 자다가 깰때인즉.

유관순 누나를 생각하며

우리 대한민국의 영원한 누나 유관순 열사는 이런 기도를 하였다.

"나라에 바칠 목숨이 오직 하나밖에 없다는 것만이 이 소녀의 유일한 슬픔입니다. 하나님이 조선을 지켜주소서!"

17세에 서대문 형무소에 투옥되어 온갖 괴롭고도 부끄러운 고문을 당한 끝에 18세 꽃다운 나이였으나 피지도 못한채 석방을 이틀 앞두고 1920년 9월 28일 옥사하고 말았다. 그로부터 25년이 지난후 1945년 8월 15일, 유관순누나의 기도가 응답되어 무려 36년만에 우리나라는 일제의 압박과 설움의 사슬에서 풀려났다. 그날이 바로 74년전 오늘이다.

그러나 기쁨의 감격은 잠시 북방에서 붉은 악마의 이리떼가 몰려와 조국강산 한반도의 절반인 북쪽의 백성을 삼켜버리고 말았다. 일제의 악랄한 사슬에서 풀리고 났더니 졸지에 더 악랄한 빨갱이 붉은 사슬에 얽매이고 말았다. 다행히 남쪽의 백성은 그리스도의 정신으로 붉은 이리떼의 침략을 방어하고 물리쳐서 자유대한의 주권을 누리며 이제까지 성장하며 살았다.

하지만 김일성의 주체사상으로 둔갑한 시뻘건 좌파사상은 끊임없이 교묘한 속임수로 대한민국에 침투하여 마침내 OOO 좌파정권을 수립

하는데 성공하여 자유대한민국을 붕괴시키기 직전까지 이르고야만 현실이 되었다. 아아, 붉은 사상의 원산지인 쏘비에트연방(소련)은 70년이 못되어 베를린장벽이 무너짐을 상징하여(1980년) 망했다 하지만 무슨 연고인가? 그 잔재요 졸개인 한반도 북쪽의 김일성주의는 오늘날 74년을 지나고 있음에도 좀비처럼 움직이고 있음을 이해할 수가 없다.

그리고 그 좀비에 물려 빨간 좀비가 된 주사파, 전국노, 전교조, 환경단체, 정의구현사제단, 세월호유족회 등은 순진한 시민들을 물고늘어져 또한 붉은 좀비들을 양산시키고 있다. 이를 누가 알랴! 대한민국 국민들이여, 한국교회여, 전라도 사람들이여, 제발 정신을 차리고 제발 저 북방의 붉은 이리떼의 야욕과 술수에 속지 말고(OOO 정권이 바로 그 간교한 무리다) 이 땅에서 빨간 좀비들을 그리스도의 정신으로 속히 척결하고 물리치자! 아니면 때를 놓치고 말 것이다.

하늘이 잔뜩 찌푸린 날에

한겨울 아침에 하루를 새롭게 맞이하려는데 하늘이 잔뜩 찌푸려진 날씨가 심상찮다. 세상을 내려다보기에 무엇이 그토록 못마땅한 것인지? 지레 가책이 들어 속내를 살피어 반성하게 된다.

하기야 아무 힘도 백도 없는 서민중 하나인 나 자신이 보기에도 오늘날 우리나라 대통령과 정부의 국정운영은 그 사특함과 가증함에 분통이 터지고 넌더리가 나는데 저 하늘이 보기에는 오죽하랴!

거기에다 교회는 또 어떠한가? 하나님께서는 당신의 아들 예수 그리스도의 이름을 일컬어지는 교회를 어쨌든 사랑하시고 믿어 주셨는데 오늘의 교회는 과연 그 섭리에 순종하고 있는지?

절대 순종하지 않고 있는 것 같다. 아니, 순종하기는커녕 반역을 하고 이는 것이 한국교회가 아닐까? 한 예를 들면 오늘날 한국교회의 주인은 예수님이 아니고 사람들로 보여진다.

말과 교리로는 주님의 교회라고 능청을 떨지만, 실제는 당회장이라 하는 목사의 교회이다. 이는 소위 대형교외일수록 더 심하다. 엄중히 경고한다. 교회의 주인이 사람이면 교회는 더 이상 교회가 아니다.

나라와 교회의 꼴들이 이 지경이니 하늘의 표정이 어찌 밝겠는가? 사람의 성질 같아선 당장 불벼락을 내려서 말살시키겠다만 하나님은 사랑이신지라 그래도 참아 주시며 회개하기를 기다리신다.

　인생들아, 누구든지 회개하면 산다. 교회도 살고 나라도 산다. 회개하지 않으면 모두가 멸망한다. 그 경고가 우한 폐렴 바이러스의 침투인즉 더 늦기 전에 회개하자! 특히 교회에서 주인행세 하는 못된 목사들아.

열흘이 넘도록 내리는 장맛 속 폭우로 전국에서 산사태가 일어나고 둑이 터져 전답은 물론 축대가 붕괴되고 무수한 주택이 물속에 잠겨 손실되니 이재민의 한숨과 탄식은 온 국민의 한숨과 탄식이다. 이와 같은 홍수의 피해는 실제로 문재인 정권이 현재 국가와 국민에게 주는 막대한 피해의 표증이기도 하다.

우리나라 대한민국의 건국 이래 70년 동안 피땀 흘려 건설해온 자유민주와 경제성장을 반 10년도 안되는 기간 안에 좌파 사회주의의 정권인 OOO과 그 일당들이 자유민주주의 축대를 무너뜨려 국가의 기반을 흔들고 경제성장의 둑들을 이곳 저곳에서 얼토당토않게 터트리어 나라의 곡간이 텅텅 비어가는 꼴을 만들고 있다.

어린아이에게는 칼을 쥐어 줘서는 안되고 강도에게도 칼을 쥐어 줘서는 안되는 법인데. 우리나라 국민들은 어리석어서 어린아이 같은 아니, 강도 같은 OOO과 그 일당들에게 권력이라는 칼을 그들의 감언이설에 속아 덜컥! 쥐어 주고 말았다. 내놓으라! 할 수도 없고 그런다고 순순히 내놓을 놈들이겠는가?

자업자득인걸 별수 없다. 국민들이 정신을 차린 나머지 목숨을 걸고 들고 일어나지 않는 이상에는 그냥 앉아서 악당들의 폭행 당할 수밖에 없다. 세말로 절에 간 색시꼴이라고 할까? 아아, 순간의 선택이 평생을 좌우한다더니! 이 불초한 자는 굵은 베옷을 입고 재를 뒤집어쓰고 앉아 하늘 아버지께 용서와 은혜를 빌고 비는 기도 외에는 아무 힘이 없구나.

비탄

국회에서 장관 후보자 청문회를 주목하노라면 "거의 다 그렇다." 라고 할 만큼 후보자들이 정직하지 못하고 청렴하지 못한다는 생각을 하게 됩니다. 뻔한 허물을 추궁하면 잘못을 시인하기보다는 변명으로 일관합니다. 결국은 자기 양심까지 속이는 모습으로 보이는 나머지 그들의 도덕성이 문제로 보입니다.

학력과 경력이 남 못잖고 품격도 뛰어나서 장관 후보자로 추천 및 발탁될 정도로 인정을 받은 자가 이처럼 정직하지 못하고 부정한 이득을 탐한 자라니! 어찌 다 이 모양들입니까? 한 나라의 상류층 또는 지도층이란 자들이 이렇다면 국민적 민도의 수준을 알만하니 비탄을 금할 수가 없습니다.

선택의 막중함

아직은 대한민국이 대통령 노릇을 해볼 만한 나라인가? 지금 이 나라는 주사파 정권이 물 말아 먹은 빈 그릇 같아져서 뭘 어떻게 할 수 있을까 싶어 하는 생각이다. 그래도 대통령 후보자가 이 사람 저 사람, 이 당에서 저 당에서, 나오려고들 하니 아직은 이 나라에 뭔가 해먹을 게 남아있나 보다. 살은 뜯기고 피는 빨려 뼈만 남다시피 한 이 국민들에게 무엇을 더 빼앗아 보려고 호시탐탐 정권에 야욕을 드러내는가?

꼭 그렇게만 생각이 들지는 않는다. 누란지위(累卵之危)의 국가에 대한 애국충정의 마음으로 자기 한 몸을 희생시켜 나라를 지키어 살리려는 애국자도 없잖을 것이기 때문이다. 정녕 그런 사람이라면 대통령에 나설 자격이 충분하다. 반드시 그런 사람이 나오고 당선되길 소망한다. 그 사람은 과연 누굴까? 국민들의 지혜로운 분별과 절실히 요청하는 때가 닥쳐오고 있다. 어떻게 선택할 것인가? 이것이 문제로다.

그 날을 간절히 기다리며

무너진다 무너진다. 삶의 터전이 무너진다. 사업이 무너지고 직장이 무너지고 가정이 무너진다. 정권을 잡은 자와 그 무리들이 정치를 옳게 못하니 이 나라의 경제가 속절없이 무너진다. 애매히 피해를 입고 있는 국민들은 중한 고통을 겪고 있으니 너무나 불쌍하다. 하지만 어찌하랴! 국민들 다수가 놈들을 뽑아났으니 서민은 이미 무너질 것 조차도 없고 중산층들이 무너져서 서민층으로 이동된다. 급기야는 상류층 중에도 무너지는 소리가 들린다. 이러다간 결국 나라 전체가 무너질 게 뻔하다. 그런데도 대통령이란 자는 중공국 눈치만 보고 북한만 빨아대고 있다. 저놈이 얼른 죽어 나자빠져야 이 나라와 국민이 살 거라는 아우성이 들리기 시작한다. 제발 그리되면 얼마나 좋을까? 아, 정말 친북좌빨 정권이 지긋지긋하다! 코로나19 바이러스는 저놈들에게 침투하지 않고 가련한 서민들에게만 달려들어 불행을 안기는가? 코로나19 바이러스야, 속히 멸절되거라! 동시에 더불어 민주당이라는 빨갱이 바이러스도 즉각 멸살되거라! 코로나바이러스가 최초로 발생된 중국의 우한도시에서는 코로나바이러스보단 극좌파 바이러스가 더 나쁘다는 공언이 떠돈다 한다. 우리나라 역시 문깨 좌빨이라는 바이러스가 국민의 마음을 후비고 나라를 말아 먹어대니 코로나보다 더한 악질들이다. 난 좌편들에게서 보수꼴통이라 온갖 욕을 먹겠지만 오늘날 OOO 정부와 그 무리들인 사회주의 정권이 홀연히 망하여 자유주의 정권이 들어서길 간절히 기원하며 기다린다. 제발, 이 나라는 무너지지 말고 이 정권이 어서 빨리 무너지고 자유민주주의의 정부가 국운을 새롭게 하여 주길 바란다!

추한 발 물러나 달라

　이 말은 법무장관 추미애가 검찰 총장 윤석열이 못마땅하여 직무 해제를 시킨 다음 직무대리로 세운 조남관 차장검사가 그 상관인 추 장관에게 조언한 말을 신문의 머리글로 보도한 것이다. 문득 역해하여 보니 "추한 발 물러나라"는 나무람으로 들려진다 옳다! 작금 법무장관이란 추미애의 발길은 추하다(더럽게 느껴질 정도로 치사하고 흉하다는 말) 어디라고 그 추한 발을 내딛는지? 오만방자스런 모습이 집안 암탉이 우는 망조 같다.

　모세야 모세야 이리로 가까이 오지 마라. 네가 선 곳은 거룩한 땅이니 네 발에서 신을 벗으라(출 3:4-5) 하신 하나님의 말씀이 생각난다. 예가 어디라고 더러운 발을 내어 딛느냐는 엄한 꾸지람이다. 그렇다, 깨끗한 발로 더러운 데를 밟지 말아야 마땅하지만 더러운 발로 깨끗한 데를 밟지 말아야 함은 더욱 마땅하다. 추미애야, 이젠 정치에서 네 더럽고 치사한 발을 빼라! 동시에 크리스천들은 추악한 죄에서 얼른 발을 떼자!

박쥐같은 빨갱이들

남한에서 누릴 수 있는 자유와 부유와 권력의 명예와 향락 등을 온통 다 누리면서 신봉하고 추종하는 것은 북한의 이념과 체제이고 그들의 이상을 찬양하고 절대화하여 선전하는 괴상망측한 자들이 적잖아 복장이 터질 판이다. 참으로 박쥐같은 놈들이 아닌가?

그 가증하고 교활한 악마의 자식들은 누구인가? 다름 아닌 우리나라 정권을 사로잡고 있는 더불어민주당의 모리배들로서 OOO 이하 몇몇 장관들, 대다수의 국회의원들과 전라도의 좀비들과 그에 오염된 이념적 좀비들이다.

그리하여 너희들이 그렇게도 찬미하고 지상천국이라 하는 북한에 가서 살거라 비아냥 하지만 지들도 비아냥인줄 아는지 절대로 안가고 북한에서는 전혀 누릴 수 없는 남한에서의 자유와 권리를 일반국민들보다 더욱 부귀와 권력을 누리며 호의호식하고 있다.

저런 어처구니없는 꼬라지들을 보노라니 정말 분통이 터진다. 주사파 사회주의 북조선 공산당원 놈들아! 당부하노니 지금 남한에서 욕심껏 축척하고 있는 그 많은 재산과 함부로 남용하고 있는 권력을 하나라도 남김없이 자유 대한민국에 반납하고 제발 너희의 조국 북한으로 얼른 가서 살거라.

간첩이 대통령인 나라

　말로는 들은 적이 있었다만 실제로 우리나라 대한민국의 대통령이 빨갱이 간첩일 줄이야! OOO이는 어제 중국공산당 창립 100주년을 축하한다는 공언을 함으로써 그가 공산주의자요 그 간첩임을 여실히 자인하였다. 그런 놈을 대통령으로 뽑다니?(나는 그 놈이 수상해서 안 찍었다) 그놈에게 투표한 국민들이 빨갱이들에게 미혹되었어도 보통 미혹된 것이 아니었다. 지금까지도 문빠라는 자들과! 또 대깨문이란 것들이 득실거리고 있으니 우리 대한민국은 조만간 무너져서 공산국가가 될 조짐마저 보여진다. 그 실례로 역사상 사회주의자들과 공산국가와의 상극인 개신교회를 멸절시키려는 정책을 음흉스러이 펼쳐온 OOO과 그 정부는 오늘날 민중들로 하여금 기독교회를 혐오케 하는 데 성공을 거두고 있는 것 같다. 어느 정도냐면 "개신교회라면 지긋 지긋하다" "아주 넌더리가 난다"는 비난이 전국으로 퍼지고 있으니까 말이다. 원인인즉 개신교회의 지역교회와 선교회 및 기도원이 코로나19의 바이러스를 확산시키는 본산지인 것처럼 사악한 현 정권이 호도시켜 놓았기 때문이다. 사실은 OOO이가 중국 우한에서 발생한 바이러스를 개방시켰기 때문에 나라 전체가 감염되었음에도 불구하고 말이다. 교활하게 개신교회에 그 누명을 옴팍 씌운 바람에 우매한 국민들은 애매한 교회를 증오하고 저주하는 실태에 이른 것이다. 물론 코로나바이러스에 대한 방역을 지혜롭게 못한 교회의 책임이 없다 할 수는 없다. 그러나 이 역시 건전한 교회와 그 소속이 아닌 사교성(邪教性) 단체가 많다. 이 특수성을 간과한 나머지 개신교회 전체를 매도시키는 것은 사회주의 공산당의 술책임을 직관하지 않을 수가 없다. 아마도 OOO과 그 무리인 더불어민주당은 기독교회(천주교회 말고 개신교회)에 대한 박멸정책을 지속적으로 펼쳐감으로써 핍박과 압박을 그치지 않을 것이다. 왜냐하면 저들은 붉은 용 마귀사단의 붉은 짐승(중국공산당)의 좀비 무리들인 까닭이다. 이에 그리스도인은 깨어 있어 의(義)와 선(善)과 정(正)을 행하여 세상의 소금과 빛 된 본분을 잃지 말아야 한다. 보아라, 지금은 그 어느 때 보다도 믿는 자들이 정신을 차릴 때다.

위로

너무 속상해 말라 이 정권은 앞으로 얼마 못 간다. 조만간에 무너지고 말 것이다. 그 후에는 그동안 저지른 거짓과 악행이 낱낱이 드러나고 그에 따른 심판은 곡식을 타작하듯 하리라. 조금만 참고 기다리라. 그날은 지체 않고 속히 닥치리라.

이른바 말세가 되었는가?

우한 폐렴 바이러스로써 코로나19는 가련한 요양원에 숨어들어 그 잔인한 이빨을 드러내고 있다. 노년의 후반에 이른 황혼 객들에게 무자비한 절망을 안겨 주었으니.

양로원도 아닌 요양원은 어른들이 늙고 지병까지 앓기에 죽음을 예비하며 남겨지는 나날을 연명하는 곳이련만 저승길을 재촉하려는가? 코로나19가 너무 하는 것 같다.

늙고 병들어 아픈 것도 심히 슬픈 노릇인데 악질인 우한 폐렴까지 걸리시다니? 슬프구나! 말세의 재앙이 틀림없나 보다. 인정사정이 없으니(겔 9:4-6 참조).

하늘에 자비와 용서를 빌어도 아무 소용이 없는가? 의인들의 중보마저 효험이 없는가? 성전에서의 가증한 일로 탄식하며 우는 자들만 구원을 구원받는 때가 이르렀는가? 주여!

코로나19라는 일컫는 우한폐렴

　코로나19라 일컫는 우한 폐렴 바이러스의 감염유행이 발발한지 1년이 다 차가는 데 좀처럼 기세가 꺾이지 않으니 때는 점점 더 불길하다. 도대체 이 재앙은 인류를 어디로 몰고 갈 추세인가? 지난 11월 말경의 통계에 의할 것 같으면 현재 우리나라의 감염자는 3만명이 훨씬 넘었고 사망자는 5백명이 훨씬 넘고 있다고 했다. 그들 중 권력자나 재력가들은 별로 없고 가난하고 힘없는 서민들이 대부분 같으니 마음이 너무 아프다. 중국 우한에서 바이러스가 신속히 침투케 한 OOO이란 놈은 어찌 감염되어 죽지도 않는지? 아마도 살아 있어 더욱 심한 꼴을 보고 극한 형벌을 당케 하려는 하늘의 뜻이 아닐까? 하기야 나 자신도 OOO보다 나을 게 없는 자이기에 바이러스에 감염되어 죽는다 해도 항변할 여지가 없는 필부에 지나지 않는다만 난 그래도 전 국민에 끼친 악질적 영향은 OOO만큼은 아니잖은가?

　OOO아, 이번 기회에 코로나로 너나 나나 같이 죽자! 그것이 바로 너와 내가 나라와 국민을 위하는 일이 아니겠느냐? 난 기저질환자에 나이도 70이 넘었다. 그러나 너는 디룩디룩 건강한데다가 나이도 아직은 60대이니 죽는대도 죽기 싫겠지? 하지만 네가 대한민국의 대통령으로서 이 나라의 도덕과 이념과 경제와 민주주의의 질서를 어지럽혀 망국으로 이끌 바엔 얼른 죽어야 싸지 않겠느냐? 네게 아부하고 너를 지지하는 국민 절반 이하의 문빠들만 보고 그들의 말만 듣지 말라. 오히려 너를 반대하고 탄핵하는 국민 절반 이상의 문퇴들을 보고 그들의 탄식에 귀를 기울여라! 그래야만 국민이 살고 너도나도 살지 않겠느냐?!

어린양이신 구주 예수님이시여

보아라, 살생을 마다 않는 잔인한 우한 폐렴 바이러스가 저승사자같이 인류를 구렁으로 몰아 붙이고 있다. 남녀노소를 불문하고 걸렸다 하면 확진자가 되고 속절없는 중증자로서 고통하다가 천하보다 귀한 목숨이 끊어지고 마는구나!

아아, 저 먼 옛날 애굽에서 열 가지 재앙이 닥칠 때에 마지막 재앙인 죽음의 사자가 각 세대 맏아들의 목숨을 거두려 문지방을 넘어들은 공포의 사태가 바야흐로 재현되고 있는 것인가?
그렇다면 희생된 어린양의 피를 문지방과 문설주에 흩뿌려야 한다. 그 피를 보고 죽음의 사자가 "아, 이 집에는 이미 죽을 자가 죽었구나" 라고 인지하여 유월하게 말이다.

세상 죄를 지고 가신 어린양 예수여, 당신께서 흘리신 보혈의 능력으로 구원하신 교회와 성도들, 그리고 그 가족들을 이 어찌 할 수 없는 죽음의 재앙에서 보호하여 주옵소서.

사방으로 살길이 막힐 때에

천하장사 항우는 사면초가 속에서 살길이 막혀 자결하고 만다. 아무리 뛰어난 용사라도 사방으로 살길이 막히면 자결로써 생을 그만 마감해 버린다.

작금의 우리나라는 자살률이 세계 1위라고 한다. 도무지 뜻밖이지만 어인 연고인가? 그만큼 살길이 막연한 사람들이 많고도 많다는 실증이 아니겠는가!

더구나 오늘날은 우한 폐렴 감염의 유행으로 집합 금지와 대면 금지 정책 때문에 대부분 상공인들은 살길이 막연하다는 탄식 소리로 천지를 울리고 있다.

이대로라면 전국에서 자살자들이 속출할 지경이 아닐까, 우려된다. 아니 벌써? 그런 조짐들이 나타나고 있다. 언론 보도상으로는 하루에 한 건 이상이 보도되고 있으니 말이다.

친애하는 동포들이여, 아섭시다! 마십시다! 하늘이 무너져도 솟아날 구멍이 있다낳습니까? 오늘의 괴롬과 슬픔을 참고 견디노라면 머잖아 좋은 날이 오리라는 희망의 나팔 소리에 힘을 내어 분발합시다.

아아, 이 절망의 시대에 희망의 나팔 소리는 어디에서 들려 오고 어느 누가 불고 있는가! 하나님의 집에서 들려 오는가? 오, 광야에 외치는 자의 소리여, 절망 가득한 이 세대에 새 희망을 선포하여라.

코로나19와 늙은이들

코로나19 바이러스의 위협에 가장 두려워하는 사람들은 뜻밖에도 소년도 청년도 장년도 아닌 노년, 곧 늙은이들인 것 같다. 그것도 70대와 그 전후의 노인들 말이다.

충분히 살 만큼을 사신 터에 코로나바이러스에 감염되어 죽을까 봐서 그런가? "코로나, 코로나" 하면서 주책없는 호들갑을 떠는지 약간은 꼴볼견스럽다.

어린이와 젊은이는 많은 삶을 살아보지 못해서 생의 애착이 덜할 수도 있는 반면에 늙은이는 삶을 거의 살아보았기에 생의 애착이 더할 수도 있다.

그만큼 삶의 소중함을 현저히 알고 있기에 그렇다고 할까? 그렇다 해도 좀 더 오래 살아야 할 이유가 대체 무엇이기에. 사회에 도움 되는 일을 하는 것도 아닌 소일만 할 뿐인데.

겨우 이런 것이 수많은 세월을 살아온 인생의 결과란 말이던가?
왜 재앙과 환난과 죽음 앞에서 연장자답게 후세들에게 의연한 모습을 보이지 못하는가?

인간 일생의 후반이 결국은 모두 이 모양이라면 인생은 참 치사하다.

물론 노인들 모두가 천박스러운 것은 아닐 게다. 하지만 거의 다이다 시피 코로나 앞에 벌벌 떠는 모습이니.

신의 형상을 따라 지음 되었다는 영장이 역병과 그로 죽음에 대하여 한심할 정도로 초라하니! 소년 청년 장년들의 장래도 보나 마나 뻔하다.

"여기 어디 노인다운 노인 없소?!"

거리두기에 대하여

    끊임없는 코로나19 바이러스의 감염 확진으로 사회적 거리두기(social distencing)가 연장 또 연장되다 보니 이만저만 답답하고 불편한 게 아니다.

    거리두기? 이런 정황은 참 낯설기 짝이 없다. 인간적 관계에서 거리를 좁히라는 얘기는 들어본 적이 있는 것 같은데 거리를 벌리라는 소리는 처음 접하는 것 같다.

    인간관계에서는 거리를 좁힌대도 개운찮은 노릇인데 오히려 거리를 넓혀야 한다니! 참 희한하다. 이는 물론 공간적인 거리두기를 말하는 것이지 심리적인 거리두기를 두고 하는 말은 아닌 줄 안다.

    그러나 신중히 생각해 보면 심리적 거리두기도 요구되는 때가 없잖다. 옛 어른의 말씀에 "사람을 가려서 사귀라"는 것은 심리적으로 거리를 두어야 할 사람이 있다는 것이 아닌가?

    문제는 거리 두지 말아야 할 사람을 거리 두고 거리 두어야 할 사람을 거리 두지 않는다는 것이다. 코로나바이러스의 재앙적 의미가 여기에 있다. 거리 두지 말아야 할 사람을 거리 두게 하는 까닭이다.

예를 들면, 부부는 물론 부모와 자식 형제와 친구 동기와 동료는 언제나 가까운 사이가 되어야 한다. 가깝되 더욱 가까워야 한다. 헌데 거리두기 때문에 거리를 두어야 하니 이 무슨 낭패인가?

인제 그만 거리두기 제한이 풀리길 바란다. 사람이 무슨 물건인가 따로따로 떨어트려 놓다니? 안된다. 사람은 떨어져서 못산다. 가까이 더 가까이 하며 살아야 하는 존재이다.

마스크를 쓸 때마다

코로나19 바이러스라고 이름하는 괴질 때문에 입코가리개 마스크는 공공장소의 출입증이 되어졌다.

감염예방을 위한 것이어서 필히 쓰긴 해도 얼른 벗고 싶다. 그러나 어떤 의미를 부여하게도 된다.

이참에 말 좀 삼가자는 의미 말이다. 한동안 입 다물고 할 말 안할 말을 가릴 줄 아는 훈련을 하자는 것이다.

이와 같이 입을 막는 것은 일리가 있겠다만 숨을 쉬는 코까지 막는 것은 무리가 아닐까? 그렇진 않다.

입을 막는 것은 내 속에서 나오는 것을 조심하고 코를 막는 것은 내 속으로 들어가는 것을 조심함인즉

마스크를 쓸 때마다 나는 할 말을 삼가겠다 하고 내 속에 악한 것이 침투하지 않도로 주의한다.

이 또한 지나가리라?

정말 그럴까, 그럴 수도 있다마는 오늘날같이 험한 일이 계속되는 상태를 보아서는 보다 더한 일이 생기지 않으면 다행이겠다 싶을 정도이다. 코앞의 상황은 물론 온 세상은 우한 폐렴 바이러스 감염의 대유행으로 속수무책의 난관에 처해 있다. 조만간엔 지나가리라 기대하며 참아 왔지만, 상황은 점점 더 악화일로에 치닫는 추세이다. 거의 1년이 다 되어 오고 있지만, 바이러스의 팬데믹은 여태 안 지나가고 있다.

지나가기는커녕 아예 터주대감 노릇할 것 같은 태세이다. 심지어는 더욱 험악한 날이 닥쳐올 조짐만 보여오니 유연한 척 하면서 "이 또한 지나가리라"고 한가한 소리를 할 때는 아니다. 그러면 어떡해야 한단 말인가? 지나가길 바랄 것이 아니라 견디어낼 각오와 함께 이겨낼 몸과 마음의 무장을 단단히 하여 폭거하는 재앙을 물리쳐야 한다. 지나쳐야 할 것들이 지나가지 아니 하는가? 그렇다면 내가 그것들을 추월하여 지나가리라!

코로나바이러스와의 장기전

인류 역사가 21세기에 이른 오늘날 우한 코로나19라는 바이러스의 팬데믹은 가장 큰 재앙으로서 심한 재해를 입히고 있다가 그 피해의 치명적 상황은 감염고(感染苦)와 감염사(感染死) 이전에 관계성의 차단과 몰락이다. 사람과 사람 아이의 관계들이 단절되고 있으니 모든 인생사가 장애물에 부딪혀 고장 난 자동차같이 시동만 부릉 발진을 못한다.

우선, 무엇보다 상거래(商去來)가 막히니 경제의 숨통이 조여지고 상인들의 살길이 막막해지는 중이다. 이 어디 상인들 뿐이랴! 모든 국민이 생존의 위태로움을 떨고 이다. 다음은 정(情)을 나눌 수가 없는 것이 큰 문제이다. 거리 두기와 비대면이 상례화가 되어 만남이 비상식화로 여겨져서 제한되니 마치 생이별을 해야 되는 슬픈 현실이 되었다.

큰 명절이 다가와도 동료와 친구는 물론 부모와 형제, 가족과도 마음 놓고 만날 수가 없게 되었다. 이 정도로 코로나19 바이러스는 인류에게 저주를 퍼대는 것 같다. 돌파구는 과연 어디에 있는가? 공동 대처에 앞서 개인은 어떡해야 하는가? 그 무엇보다 마음이 무너지지 말아야 한다. 이른바 강하고 담대하여 끝내 버티어 내야 한다.

포스트코로나와 화잇트코로나

식재깨나 쓰는 사람들은 언어유희를 하는 듯 포스트 코로나를 운운 하지만 성급해 보일 뿐입니다. 우한 폐렴 바이러스의 창궐이 더욱 거 세지는 판에 포스트 코로나!를 언급함은 성급이기 때문입니다. 심지어 코로나바이러스의 전횡은 이제 시작이 더 나아가서는 지독한 악성으 로 변종되어 인류에게 치명적 재난으로 확대될 조짐이 보이는데도 말 입니다.

익숙 편안했던 일상이 어색 불편한 일상으로 바뀜으로 그동안 삶을 가치롭고 보람되게 했던 귀중한 것들을 상실하거나 포기해야 하는 때 가 이르렀습니다. 따라서 포스트코로나를 운운하기보다는 아직은 화 잇트 코로나!를 당부해야 할 때입니다. 악질 코로나에 대하여 정면으 로 부딪혀 파이팅! 하지 않고는 희망하는 포스트 코로나는 기대할 수 가 없을 것입니다.

이에 반드시 잊지 말고 끊임없이 정진해야 할 것이 있습니다. 첫째 는 배우고 성장하는 일, 둘째는 사랑하고 교제하는 일, 셋째는 맡은 바 임무에 충성하는 일, 넷째는 깨어있어 기도하는 일입니다. 오늘날 인 류에게 극심한 재난으로 닥쳐온 코로나 시대에 이 네 가지 원칙을 성 실하게 지켜만 간다면 희망적 포스트 코로나를 충분히 장담해도 괜찮 을 것입니다.

나라를 위해 기도하고 나서

　이념과 관점이 다르다고 폄훼를 하는 자들도 있겠지만 아무리 객관적으로 애써보아도 지금 우리나라의 정권자들은 내로남불 적반하장의 독재정치를 하는 것이 명약관화하다. 일일이 들추어서 갈파한다는 것이 진부하여 나열할 필요조차 느끼지 않을 정도이다. 경제, 교육, 윤리, 외교, 신앙 등 국정 전반에 있어 나라 모양을 엉망으로 만들면서 그들만의 잔치를 벌여 국민들을 좌파의 골짜기로 몰아붙이고 있으니 전망이 절망스럽다.

　백성들의 신음 소리, 탄식 소리, 지친 소리, 원망 소리가 저들 귀엔 안 들리는가? 왜 안들리겠는가? 들려도 국민들을 무시하고 못들은 척! 안 들은 척! 하는 거겠지. 너희 놈들아! 하나님이 두렵지 않느냐? 조만간에 천벌이 내려 너희놈들은 처참히 망하고 남을 줄 각오하라. 나는 믿는다 하나님께서 이 나라 이 민족을 버리지 않으시고 보우하실 것을. 악한 자의 통치가 아닌 사랑과 공의로써 다스려지는 하나님 나라가 이 땅에 임할 것을.

제11장

자아에 대하여

흰 구름이 흘러가듯

눈을 들어 파아란 하늘을 우러러보니 흰 구름이 둥실둥실 흘러간다. 아, 저 흰 구름은 정처없이 흐르다가 어디론지 모르게 사라지는 나 자신의 모습이 아닐까? 구름이 가는 길을 어느 누가 알랴! 나 역시 내 가는 길을 알지 못한다. 언제 어디까지 갈 것인가를 알지 못한다. 그러면서도 나는 가고 있다. 흰 구름은 가다가 머물기도 하지만 어느새인가 사라져 버린다. 눈을 씻고 찾아봐도 보이지 않는다. 나는 그렇게 사라질 것이다. 나는 나 자신이 흰 구름과 같다는 것을 비로소 알고야 말았다.

나의 인생길

1. 새벽길

동트는 새벽길을 나 혼자 나설 때에는 아무도 몰랐다. 아무도 주목해 주지 않았다. 혼자였지만 가야할 길이 너무나 멀다 싶어 쓸쓸해 할 사이도 없었다. 더딜새라 바삐 걷기만 하였다. 발등에 젖은 길섶의 새벽 이슬이 다 마른 정오까지 나는 뒤돌아 볼 겨를없이 달려가듯 하였다. 아아, 새벽길 처음 나설적엔 예수신앙 밖에 몰랐다. 그것 하나만 갖고 길을 나섰다. 나는 지금도 그것 하나만 갖고 야곱처럼 길을 가고 있다. 그

분이 나와 함께 걸어 주심을 믿으며….

2. 정오길

갑자기 많은 사람들의 발길이 요란하다 저잣거리를 지나는 중이다. 호객소리, 다툼소리, 잡담소리, 먹탕 소리, 온통 시끄럽다. 이욕에 눈먼 인간 세상의 현장이다. 미혹되어 주저 앉을 수는 없다. 내가 머물 곳은 아니니 난 가야 한다. 세상을 등지고 저 멀리 보이는 나의 시온 성을 향하여. 동지들을 새기거나 두루 만나 양떼처럼 선한 목자 예수님을 순조로이 따르도록 조력해야 한다. 저녁놀이 붉어지며 목동의 피리소리가 골짜기에 메아리 친다. 아, 목동아, 노래소리가 반갑구나.

3. 황혼길

어디까지 왔는가? 저무는 황혼길을 걷기 시작한다. 같이 걷는 동반자가 있고 제법 지켜보아 주는 사람들도 있다. 그래선가? 새벽 길을 떠날 때처럼 홀가분하진 않다. 주위가 의식된다. 그만큼 세상적이 되었었나 보다. 걷기가 점점 힘들다. 그래도 가야 한다. 힘들다고 이대로 주저 앉으면 난 뭐가 되겠는가? 가다 만 사람이 되겠지! 저 하늘 집 고향에 이르기 까지 중단없이 가야 한다. 저녁이슬이 머리와 어깨를 적신다. 내 인생길도 얼마 남지 않은 것 같다.

내가 예수님을 따르는 이유

흔히 주여~ 주여~ 라고 부르면서 예수 그리스도를 따르는 자들은 목자가 양과 염소를 분간하듯 둘로 나누어 볼 수 있다.

부귀와 영화를 누리려고 예수님을 따르는 염소와 같은 자들이 있고 선한 목자를 순종하는 양과 같이 예수님을 따르는 자들이 있다.

결과는 명확하다. 염소 같은 자들은 결국 예수님을 떠나 자기의 길로 가고 말 것이지만 양 같은 자들은 예수님을 끝까지 따를 것이다.

나는 왜 예수님을 따르고 있는가? 세속적 성공과 명예를 위함인가? 아니다, 나는 예수님을 사랑하여 예수님을 따르고 있는 것이다.

성경은 내 인생의 등불

나의 길 내가 가야만 하는 인생의 길은 정해진 것일까? 아니면 길도 없는 광야를 가로지르는 것일까?

창공에는 구름이 가는 길이 있고 대지에는 물이 흐르는 길이 있고 바다에는 고기들의 길이 있다.

나의 행할 길은 어디에 있는가? 나는 그 길을 성경에서 발견했다. 성경에는 진리가 있는 것이다.

나는 시 119:105의 신앙고백을 공감한다. "주의 말씀은 내 발에 등이요 내 길에 빛이나이다" 라는.

그렇다, 성경은 그 자체가 길은 아니어도 나의 갈 길은 옳바로 알려주는 안내서요 나침판이다.

진리를 따르는 나의 인생

　사람들 대부분은 재물과 재산은 그리고 명예와 권세는 사모해도 진리는 사모하지 않는다는 것을 알았습니다. 심지어는 술과 고기 취미와 쾌락은 좋아해도 진리는 좋아하지 않는다는 것도 알고 있습니다. 그래서 나는 슬픕니다.

　심지어 예수님의 제자리는 예수쟁이들도 예수님의 진리조차 별로 사모하거나 좋아하지 않는 것을 보노라면 나는 더욱 슬픕니다. 그분 안에서 세상적 복만 구하는 자들이 대부분이어서 슬프다 못해 분노가 치밀 때도 있습니다.

　저들에게는 진리가 번거로운가 봅니다. 혹자들은 "진리가 밥 먹여 주느냐?"고 비아냥까지 합니다. 예수께서 "거룩한 것을 개에게 주지 말고 진주를 돼지 앞에 던지지 말라"(마 7:6) 하셨으니 저들은 개와 돼지인 것입니까?

　같은 인간으로서 나는 삼가 연민을 느낍니다. 저들 역시 영혼이 있는 사람들일진대 어찌하여 영혼의 양식인 진리에 주리지 않는 것인지! 도무지 안타까울 뿐입니다. 영혼이 주리고 목말라서 아예 죽어 버려서 그런 건가요?

진리가 무엇인가요?(What is truth?) 로마 총독이던 빌라도가 예수께 던진 질문이기도 하지요(요 18:38) 논리적으로 참된 이치, 실천적으론 참된 도리라 하겠습니다. 덧붙이면 마음의 양식이고 삶의 정도라고도 하겠습니다.

진리를 탐구하는 것을 과학이요 철학이라 하며 추구하는 것은 종교요 신앙이라 하지요 삼가 나는 신앙인입니다. 신앙인이어서 진리를 사모하고 좋아한다 하겠습니다만 달리는 진리를 사모하고 좋아하다 보니 신앙인이 되었다 하겠습니다.

그렇습니다, 나 자신이 신앙인인 게 행복인 것은 재물이나 명예보다는 진리를 더 사랑한다는 데 있습니다. 혹자들은 "진리가 돈 벌어 주느냐?" 힐문하겠으나 진리가 내 영혼의 양식이 됨은 물론 나를 바른 길로 인도하여 주는 것은 사실입니다.

그 진리는 하나님의 말씀입니다. 나는 소년 시절부터 이 말씀을 따라 이제껏 살아왔습니다. 아니, 말씀이 나를 예까지 이끌어 온 것입니다. 앞으로도 나는 생을 다할 때까지 그렇게 살아갈 것입니다.

내가 걷고 있는 길

많은 사람들이 가지 않는 길이었다. 할 수 있으면 피하고 빠져 나가려는 길을 나는 어리석게도 찾아 들었고 고집하여 걸어왔다. 이 길은 좁은 길이었나? 걷는 동안 멸시와 천대를 당했다. 그러나 나는 울면서 견디어왔고 딴 길로 가지 않았다. 오랜 세월이 지난 동안 나는 길위의 시인이 되었다. 지극히 가난한 자로 길을 떠나왔지만 이제는 영혼의 부자가 되었다. 이 길은 예수 그리스도께서 열어 놓으신 길이었고 의인들만이 쫓아간 길이었는데 감히 나도 쫓아가고 있는 것이다.

혼자 걷느냐? 함께 걷느냐?

어떤 길이든 모든 길은 그 자체가 외길이기에 외롭습니다. 그렇기에 길을 혼자 간다는 것은 외로움에 외로움을 더하는 것인즉 한없이 외로울 수밖에 없습니다. 저 멀리로 뻗친 길을 홀로이 걷는 나그네를 보십시오. 얼마나 외롭습니까?

하지만 둘이 걷는 모습을 보십시오. 얼마나 보기 좋습니까? 가는 길이 험하면 험할수록 보기가 더욱 좋지 않습니까? 아무리 꽃길이라도 혼자 가는 모습은 불행해 보입니다. 반면 가시밭길이라도 둘이 가는 모습은 행복해 보입니다.

길고 험한 인생길을 홀로 걷는다는 것은 불행입니다. 그 길이 아무리 좋은 길이라도 말입니다. 그렇지만 함께 걷는다면 하여튼 행복입니다. 문제는 함께 가는 사람이 있느냐?입니다. 여생을 다할 때까지 맘과 뜻이 하나 되는 길벗들 말입니다.

아, 주님, 나의 길벗이 되시는군요.

탄탄대로

지금, 내가 사는 예산에서 공주에로 문상을 가는 가을 아침에 자동차로 상쾌하게 달려가는 길은 탄탄대로여서 기분이 매우 상쾌하다 문득 나의 살아온 길이 이같이 탄탄대로였었다면 지금 나의 처지와 형편은 태평천하를 누리리라는 상상을 하게 된다.

그러나 이제껏 살아온 길은 험난대로였기에 어려서부터 나의 인생길은 험악하였다. 이제 앞으로의 하늘 가는 밝은 길은 지금 달려가고 있는 길처럼 탄탄대로이기를 높고 파란 하늘을 바라보며 기도하는 마음가짐으로 저 높은 곳을 향한다.

나의 길 나의 삶

삶이란 무엇이든 간에 일을 하는 것이고 길이란 그 삶의 목적으로 향하는 것이다.

나는 나의 삶으로서 무슨 일을 하고 있는가? 내가 현재 하고 있는 일은 곧 나의 삶이다.

그리고 나는 지금 어디로 무엇을 향하여 가고 있는가? 이야말로 내 인생의 목적이다.

내 삶은 기도와 설교이고 내 삶이 향하는바 목적은 하나님이시다. 난 하나님께로 가는 삶을 살고 있다.

아아, 언제까지 어느 만큼을 가야 하나? 그건 내가 모르고 어쩌면 알 필요도 없다. 아나 마나 이니~

가는 데까지 갈 뿐이다. 목적지에 도달하면야 좋겠지만 도달하지 못해도 괘념치 않을 일이다.

하던 일을 다 못하고 가던 길을 다 못가도 할 수 있을 때까지 하고 갈 수 있는 데까지 간다는게 대견하다.

중요한 것은 기쁘게 일하는 것이고 즐겁게 길을 행하는 것이다. 고단한 인생이지만 감사하면 행복이다.

좁은 길로 가는 자의 고백

좁은 길을 갑니다. 협착한 길을~, 그리하여 많은 사람들이 외면하고 찾지 않는 길을~,

이 길 가는 날 보고 세상 사람들은 참으로 어리석기 짝이 없는 바보라 손가락질을 하며 비웃겠죠.

그래요. 난 바보예요. 그런데도 좁은 길을 갈래요. 왜냐하면 주 예수께서 앞서가셨으니까요.

진리의 길 생명의 길 내 아버지께 가는 길 힘이 들고 어려워도 죽을 때까지 갈 겁니다.

무엇보다도 쓸쓸하고 외로우니 서글프네요. 이전에 좋았던 일들을 다 버렸으니 아무 재미가 없어요.

부귀와 영화에 대한 질긴 욕망도 이젠 끊어 버렸어요. 이젠 예수로만 만족하며 살아가니까요.

결과는 상관없어요. 의의 면류관을 못 쓴대도 괜찮고 천국에 못 간대도 원망이나 후회하지 않겠어요.

나는 다만 살아생전에 예수께서 앞서 가신 길을 따라서 진실하게 산 것으로써 기뻐할 것입니다.

나머지 길을 걸으며

인생의 아침 나절인 소년 시절부터 오늘날 인생의 황혼이 물드는 초로의 언덕에 이르기까지 그동안 걸어온 길이 몇백 리 몇천 리 아니 몇만 리나 되었을까? 이루 헤아릴 수가 없다. 또한 도중에 만나고 헤어진 길벗들은 얼마나 많았던가? 아직 동반하고 있는 고마운 친구들도 적진 않다만 한동안 여러 인연들이 맺어졌다가 끊어졌다. 그 중에는 얇은 인연들이 대부분이었다만 지금도 잊지 못할 깊은 인연들도 있었다 끊어져 아쉬운 인연들. 지금은 다 어디서 무엇을 하고 있을는지? 다시 찾아 맺을 수가 없어 아쉽다. 내가 그들을 생각하는 것처럼 그들도 나를 생각이나 할까? 모두 다 부질없는 생각이다. 이제는 다만 그들 모두가 나와 함께 했을 때처럼 주님의 샬롬 안에서 영생을 상실치 않기만을 빌어줄 뿐이다. 그러면서 내 나머지 길을 이제까지와 같이 변함없이 걸어간다.

마음의 수도원에서

내 마음이 속세를 떠났다. 세상의 부귀와 명예와 향락과 애모하던 사람마저 떨쳐 버리고 수도원에 깊숙이 들어 왔다. 세상 속에서 세상을 차단하듯이 가난과 고독과 기도를 벗삼아 고요히 살고 있다. 왜 무엇 때문인가? 가난하게 살고 고독하게 살고 기도하며 사는 게 행복이기 때문인가? 아니다, 가난한 것은 불편하고 고독한 것은 쓸쓸하고 기도하는 것은 매우 어렵다.

그럼, 무엇 때문인가? 나를 새롭게 하여 온전케 하려 함이다. 나의 나됨, 나의 사람됨이 완성될 때까지 나는 속세의 유혹을 절제하고 새로 남을 위하여 허물진 나 자신을 조물주께 반납하고 있는 것이다. 은총으로 말미암아 새로운 피조물이 되어지는 날, 나는 이 수도원에서 화살이 시위에서 떠나 가듯이 세상으로 튕겨 나갈 것이다. 소금으로, 빛으로 살기 위하여.

난 최상의 보화를 가졌는가?

인생 70년을 살아왔는데 나는 가장 소중한 것으로서의 보화를 찾았고 소유하였는가? 명예와 재산 같은 한때 뿐이면서 사라질 것들 말고 한평생 영원히 사라지지 않는 참된 보화 말이다.

그 보화는 무엇인가? 가지고 있으면 마음이 부요하고 세상이 좋다 하는 그 어떠한 것들이 조금도 부럽지 않아 하찮게 여겨지고 무엇과도 바꿀 수 없이 만족하여 행복한 단 하나가 바로 그것이다.

과연 이런 보화가 있긴 있는 건가? 있다, 분명히 있다! 이 보화의 이름은 찾은 자마다 각각 다르다. 어떤 이는 진리라고 한다. 어떤 이는 사랑이라 한다. 또 어떤 이는 평화라고 한다. 그밖에 또~

위대한 사도 바울은 그 보화를 예수님이라고 하였다. 나 역시 예수님이라고 믿는다. 그러나 나는 충분치 않다. 예수님을 절대 보화로 소유하지 못한 까닭이다.

내 마음은 아직도 예수님으로 말미암아 충만하지 못하기에 종종 육신과 물질과 세상 것에 아쉬움을 느끼고 있다. 예수께서 절대 보화인 것을 알기는 하면서도 온전히 소유하지 못하고 있는 것이다.

아, 정말 어리석고 답답한 노릇이다. 예수님 말고 다른 보화가 있기라도 하단 말인가? 어떤 사람은 사랑하는 사람을 그 보화를 삼고 사는 것을 보았다 하나 나역시 사랑하는 사람이 있긴하나 절대 보화로 여기진 않는다.

오직 예수님뿐이라 그렇게 믿는다. 내게 길이요 진리요 생명은 예수님 외에는 발견하지 못했다. 그렇지만 난 예수님을 온전히 발견했거나 모셨다곤 할 수 없다. 온전하기 위해 난 그 분을 더욱 사랑해야 할 뿐이다.

목사와 시인

시인이나 문장가들은 한 줄의 글과 한 장의 글을 곱게 다듬고 진솔하게 꾸밉니다만 자신의 마음은 얼마나 곱게 다듬고 자신의 인격은 얼마나 진솔하게 꾸미면서 살까요.

강연자나 설교자는 연설과 설교를 잘하기 위하여 아름답고 감동적인 말을 얼마나 잘 구사 구연하는지! 하지만 회중은 그들이 정말 그렇게 사는 건지? 궁금해 할 겁니다.

나는 목산데 남들은 시인이라고도 불러 줍니다. 시인이면 뭐고 목사면 뭡니까? 쓴 글처럼 정갈하게 살아야 하고 외치는 설교처럼 성스럽게 살아야죠. 그리해야 나는 목사요 시인이라 할 것입니다.

나는 나를 안다

나는 누구인가? 무엇을 하는 자인가? 나는 내가 누구인가를 알고 무엇을 하는 자인가를 안다. 나는 하나님의 목장의 목자로서 하나님께서 내게 맡겨주신 하나님의 양들인 성도들을 지키고 돌보고 생명의 양식을 먹이는 일을 하는 자이다.

그러니까 나는 목자이다. 어떠한 목자인가? 예수님처럼 "나는 선한 목자라"(요 10:11) 할 수만 있다면 얼마나 좋을까! 그러나 나는 그냥 목자다. 솔직히 말하면 삯꾼 목자다. 왜냐? 하나님의 목자라는 명분으로 먹고살기 때문이다.

그러나 목자장이신 예수께서 목자의 사명을 받았다고 확신한다. 예수께서 베드로에게 "시몬아! 네가 나를 사랑하느냐?" 하시고 "내 양을 먹이라!"고 분부하셨던 것과 같이 나 역시 그와 같은 소명에 응답하여 나섰기에 나는 주님의 목자이다.

세 번째 소원

사랑이 많으신 나의 아버지 하나님! 이 불초한 자식의 소원을 들어주소서 아버지께선 이미 나의 소원을 들어주셨나이다.

첫째는 제가 목사가 되고 싶어하는 소원을 들으주셨고, 둘째는 제가 예수님을 닮고 싶어하는 소원을 들어주셔서 오늘날도 예수님을 닮아가게 하시나이다. 이제 세 번째 소원을 들어주소서 들어주실 줄을 믿고 비옵니다.

제가 칠순이 되어 아버지의 뜻을 쫓아 시작한 아가페 교회를 결실한 사과나무 같게 하여 주옵소서. 30석의 의자를 예비하여 놓은 것 같이 30명 성도의 교회로 자라게 하여 아버지의 아름다운 은총을 널리 전파하게 하시고 성도들이 힘을 얻어 기뻐하게 하옵소서 저의 마지막 소원입니다. 저 살아있는 동안에 들어주소서.

나의 입술에 모든 말

내 입술에 욕설 없으니 향기롭고 정결합니다.

내 입술에 저주 없으니 축복으로 가득합니다.
내 입술에 비난 없으니 다투잖고 평화합니다.
내 입술에 원망 없으니 감사하여 행복합니다.

물과 같이

물은 그 무엇과도 그 어디서라도 화합하지 못하는 적이 없네

세모에는 세모답게 네모에는 네모답게 어울려 적응하네

자기 모양을 상대에게 강요하지 않고 상대의 모양이 되어주네

물은 그 어느 곳에든 스스로 안기고 또한 그것들을 안아주네

물은 언뜻 누구에게나 소유되는 것 같지만 결국은 모두를 소유하네

이토록 영묘한 물의 실존 원리! 신의 성품에 이른 자는 물과 같네!

삶의 카운트 다운을 하면서

인생 70 古稀를 지나고 부터는 죽음을 카운트 다운하는 버릇이 생겼다. 한해, 두해, 세해, 앞으로 살해를 종종 헤아리게 된다. 그만큼 삶이 줄어들어 얼마 남지 않겠다는 긴장감 때문에 그렇다. 인생 70 고희를 살았다면 이제는 삶의 커트라인에서 벗어났다고 봐야 한다. 즉 죽음의 에어리어에 들어섰다는 말이다. 그러므로 언제 갑자기 죽음의 페널티 킥을 범할는지 모르는 처지에 놓인 것이다.

그런 순간이 오기 전에 삶이라는 경기를 잘 마쳐야 한다. 혹 페널티킥을 허용했더라도 그리 절망은 말자! 죽음의 키커가 실축을 할 수 있고 나의 키퍼가 슈퍼세이블를 할 수도 있잖은가?

삶이란 끝나야 끝나는 운동경기와 같은즉 죽을 때까지는 승리의 삶을 위해 힘껏 살아야 한다. 힘껏 산다? 이는 어느 누구에게 좋게 보여지는 삶이라기보다는 우선 나 자신에게 보람되고 어엿한 삶을 이름이다. 하루라는 삶에서 기도를 우선하고 이모저모의 생각을 글로 정리하며 섬기는 교회에서 맡은 일에 충성을 바친다. 그리고 친우와 지우들과 교제를 통해 동역에 정성을 다하면서 지내는 등 이렇게 나는 사는 것이다.

지금 당장 내 삶의 카운트 다운이 끝난다면 나는 아무 여한이 없다. 칠순을 넘긴 삶이 만족한 까닭이다. 나는 조금이라도 더 살길 빌지 않을 것이다. 곧 죽더라도 오직 감사만이 내 삶의 피어리드가 될 것이다.

나 자신을 놓아주며

흐르는 세월을 따라 흐르다 보니 어느덧 고희를 넘어섰는데 눈앞에 보이는 것은 얼마남지 않은 나의 인생이로구나 하지만 언제 어느 때 그 끝에 이르는지는 알 수가 없으니 막연할 뿐이다.

이렇게 속절없이 흐르는 것이 세월이고 이렇게 허무하게 사라져 가는 것이 인간의 일생인가? 한이 많고 사연 많은 인생살이도 한 번 죽으면 그만이니 세상에서 장구할 자가 그 어딧으랴!

그래 모두가 떠나가니 나도 떠날 것이다. 아직 살아있는 동안 아무것도 꺼려말고 마음 평탄하게 살자. 하고 싶은 것은 하고, 말고 싶은것은 말며 아무 제약을 받지 않는 신선처럼 살다 가자.

이제 그만힘들지도 어렵지도 말자. 칠십 평생 나는 나를 채찍질만 하고 학대하여 왔다. 많은 고생을 겪었고 눈물도 많이 흘렸다. 이제는 그만 편히 놓아주자. 맘 가는 대로 살도록 내버려 둘때도 되었잖은가~

나는 나를 버리지 않고

예수님은 생전에 버림을 당하셨다. 형제에게 버림을 당했다. 친구들에게 버림을 당했다. 동족에게 버림을 당했다. 세상에게는 물론 버림을 당했다. 하나님에게도 버림을 당했다.

자기 스스로도 자기를 버렸을까? 아니다. 예수님은 자기 자신을 부인햇을 망정 버리지는 않으셨다. 당신 영혼을 하나님께 부탁하며 죽으셨 잖았는가? 그렇다. 예수님은 자기 자신을 버리지 않으셨다.

하나님 마저 버렸다면 끝난 것이다. 더 이상 소망은 없다. 그러나 자기 자신이 자기를 버리지 않는다면 아직 끝난 것은 아니다. 내가 나를 버리지 않는다면 결국은 하나님도 나를 다시 거두실 수밖에 없다.

세상의 친구들과 동료들은 이해관계에 따라서 나를 버릴 수가 있다. 부모와 형제들도 나를 버리는 경우가 있는데 그 밖의 사람들이야? 때로는 하나님 마저 나를 버리신다. 하지만 나까지 나를 버리진 말자!

내가 나를 끝내 버리지 않는다면 하나님도 나를 버리지 않으시고 사람들도 나를 못버린다. 오히려 다시 찾아주고 더욱 깊은 사랑을 하게 되어 나의 영광은 이전의 영광보다 더 높다랗게 될 것이다.

무엇을 사모하고 있는가?

은혜를 사모하는 사람은 사라을 입고, 정의를 사모하는 자는 용기가 솟으며, 진리를 사모하는 자는 자유를 얻으며, 주님을 사모하는 자는 구원을 받는다.

은혜를 저버리는 자는 폐인이 되고
정의를 외면하는 자는 악인이 되며
진리를 비웃는 자는 걸인이 된다.
또한 주님을 거역하는 자는 영원한 탕자가 되고 만다.

은혜를 사모함은 사랑의 길을 걷는 것이요. 정의를 사모함은 승리의 길을 걷는 것이며, 진리를 사모함은 지혜의 길을 걷는 것이다. 주님을 사모함은 행복의 길을 걷는 것이다.

은혜 아닌 요행은 변장된 재앙일 수 있고, 정의 아닌 요령을 피우다 간 함정에 빠진다. 진리 아닌 이설을 따르다간 악령의 종이 되고 말지니 오직 주님만을 경외하자!

선함과 악함

너무 잘 살려고 애쓸 필요가 없는 것 같다. 잘 살려지까 스트레스만 더하지 좋은게 없다. 그냥저냥 사는 것이 속 편하지 않을까?

악하게 살지 말아야 함은 물론 선하게 살려고 용쓸 것도 없다. 그리 살아 봤자 모자란 취급을 받고 보는 것은 손해뿐이다. 너무 악인이 되지 말고 너무 의인도 되지 말라는 말이 지당한 듯하다. 그러나 나는 하나님이 두렵다. 의롭지 않고 선하지 않으면 죽은 후에 받을 판결이 무엇이겠는가?

선을 행한 자는 생명의 부활로~ 악을 행한 자는 징벌의 부활로~ 나아간다고 예수님은 이르시지 않았던가? 그러므로 나는 선함과 의로움으로 잘 살려고 애쓰고 힘쓰지 않을 수가 없다.

나는 평생 청춘이다

청춘은 생기롭고 아름답다. 그래서 기쁘고 즐거운 청준은 늙어서도 사라지지 않는다. 몸에서는 또 얼굴에서는 사라진 것 같아도 마음과 생각에서는 여전히 남아 있습니다. 육신은 늙어간다만 살아 있는 동안의 내 인생은 젊은이들 못지 않은 싱싱한 청춘입니다.

깊은 밤 나 혼자서

난 혼자 산다. 아니 혼자 산다. 물론 나를 사랑하여 가끔씩 돌봐 주려 들려주는 이들이 아주 없는 것은 아니다만 어쨌든 나는 혼자 지낸다. 혼숙을 하고 혼식을 하며 혼거를 한다. 아마 이렇게 혼자 지내다가 어느 날 어느 때에 아무도 보는 이가 없이 죽을지도 모르겠다. 그럴 것이라 해서 나는 서러워 않는다. 그저 담담하게 지낼 뿐이다. 기왕이면 아무도 슬퍼하지 않는 죽음이었으면 좋겠다.

길다면 길었던 인생이었고 짧다면 짧았던 인생을 70이 넘도록 살아왔으니 무슨 미련이 남았겠는가? 족하련다! 다만 이 깊어가는 밤에 고독이 찾아와서 나를 외롭게 하니 을씨년한 생각이 들어 투덜거려 보는 것이다. 아아~ 그날이 오면 난 두려워하지 않았으면 좋겠다. 오히려 편안하게 세상을 떠나기를 바란다는 내가 어릴 적부터 신앙해온 하나님의 은총이 숨지는 그날까지 나를 저버리지 않을 진대는...

주님 저는 당신의 은총안에 있어요.

또 다시 삶을 매듭질하며

어차피 내겐 다른 길이 없구나! 주님이란 길 외에는 소년 시절부터 노년 시절에 이른 지금까지 때론 쓰러지고 넘어지긴 하였지만 난 그분 만을 진리의 길로 믿고 따라왔다. 그러나 실망스러운 일이 없지 않다. 간절한 기대와 소망과는 달리 나는 이렇다한 성장을 못했기 때문이다. 이를테면 겉사람은 날로 쇠퇴하나 속사람은 나날이 새로와졌어야(고후 4:16) 했는데 그렇지 못해 실망스런 것이다.

그래도 난 포기하지 않고 다시 시작하련다. 인생 60세는 유년이요 70 세면 소년이며 80세면 청년이요 90세면 장년이며 100세라야 노년이 란 말이 있으니 그날대로라면 난 71세이니 아직 소년이다. 마침 날더러 어느 자매들이 각각 날보고 문학 소년이라! 어린 왕자라! 이름하여 준 것처럼 그런 착하고 맑은 영혼으로 살자 그래야 천국에 들어갈 수 있다 고 예수님을 말씀하셨잖나~

나의 여생 10년

어젯밤 꿈속에서 나의 여생은 10년이라는 확신을 하였다. 특별한 이유가 있는 것은 아니고 오늘날 평균적 수명이 그런듯하여 내린 결론이다. 지금 내 나이는 칠십하고도 하나이다. 성경에도 "우리의 연수가 70이요 강건하면 80이라"(시 90:10) 하였으니 나는 나름대로 여생을 후히 잡고 있는 것이다.

금보다도 더욱 귀한 앞으로의 10년 곧, 3천 6백 50일을 무엇을 하고 어떻게 살까? 우선 나는 소일을 하며 살고 싶지는 않다. 꼭 해야 할 일을 함으로써 가치로운 보람을 느끼며 즐거이 살고 잔다. 이를테면 하나님을 사랑하고 경외하는 그리스도인으로서 그분을 영화롭게 하는 여생을 살겠다는 참한 뜻이다.

남 탓 아닌 내 탓이다

내 인천의 아들 이야기다. 결혼하여 남매를 둔 40대의 가장이 있었지만 처갓집 식구들이 무능한 남편이라 억지로 이혼하여 내어쫓김을 받아 혼자가 되고 말았다.

그 인간들~ 참 나쁘다고 여겼지만, 내용을 좀 더 알고 보니 그럴 만도 해겠구나 싶을 정도로 그 녀석은 문제가 있어 그같은 결과를 초래한 것이었다. 문득 나도 그랬었다는 반성이 됐다. 내게 억울함을 안겨줬던 나쁜 놈, 꼭 그렇게만 생각할 것은 아니었다. 그가 내게 그런 못된 짓을 하도록 나는 동기 부여를 했던 까닭이다.

남들로 말미암아 분통 터진 일들은 모두 나 자신이 유발시킨 것이었다. 남 탓 말고 내 탓하여 날 개조시키자. 그러하면 남을 원망하는 못난이는 되지 않을 것이다.

나는 사랑받는 사람이다

나는 사랑받는 사람, 나 처럼 아니 나보다 사랑을 더 많이 받는 사람이 있을까? 물론 있다. 할 수 있겠지만 혹시 나만큼 사랑을 받지 못하는 사람이 있을진대 그들에게 나는 정말 미안할 정도로 사랑을 많이 받고 있어 행복에 앞서 송구한다.

우선 나는 가족들의 사랑을 받고 있다. 당연한 일이지만 오늘날 가족들에게조차 사랑으로 여김을 받지 못하고 있는 독거노인들이 얼마나 많은가? 그러나 나는 처와 아들과 딸 며느리와 사위 그리고 손주에게 사랑받으니 만족하다.

또한 나는 교회에서 주 예수님의 종이라고 성도들에게 사랑과 존중을 겹쳐 받고 있다. 얼마나 귀히 여겨들 주시는지~ 나의 골육 중에 어느 누가 이렇게 챙겨줄까? 내가 성도들을 섬겨야 마땅한데 도리어 섬김을 받으니 너무 과분하다.

그리고 내 친구~ 한 손가락으로만 꼽는다만 그야말로 나를 자기 같이 아니 자기 이상으로 사랑하여 귀히 여겨준다. 내가 그럴 용의가 있듯이 그 친구는 날 위해 목숨을 버려야 할 상황이라면 반드시 그럴 것인즉 이보다 더 큰 사랑이 어딨으랴!

하늘을 우러러 보니 파아랗게 드높아지며 가을이 한껏 자태를 드러낸다. 둥둥둥~ 하얀 뭉게구름 사이로 가을이 하늘과 함께 나를 사랑하다며 축복을 하는것 같다. 이처럼 내가 받는 사랑의 발원은 사실 내 주 하나님으로부터이다.

나 살던 곳 떠날 때에

나의 입김이 군데군데 서려 있고 나의 흔적이 켜켜이 묻어 있는 내가 살아온 곳~ 언젠가 떠날 때는 심어 놓은 정이 내 옷자락을 꼬옥 매어 달리리라.

가지 마오 가지 마오 여기 나랑 조금만 더 같이 살자구요. 가야 하네 가야 하네 난 더 이상 여기에 있을 수가 없어 저 머나먼 곳으로 가야 하네.

있을 때에 행복했던 곳 떠날 때에 아무런 미련이 없을 수 있을까? 잠시 쉬느라 앉았던 자리도 일어서 뒤돌아보게 되는데 나 살던곳~ 어이 쉬이 떠날까?

아아 장구하지 못한 인생이여~ 떠나갈 거면서 왜 왔는가? 오랜 인연, 깊은 인연, 맺어 놓고 한 순간에 끊노라니 매정하다. 올땐 쉬웠는데 갈땐 어렵구나.

제12장
노년에 대하여

내 인생의 가을날에

가을이다 가을이면 뿌린 것을 거둘 때이다. 뿌린 것을 낱낱이 다 거둘 것인가? 성경은 모두 거두지 말고 가난한 사람들과 새와 들짐승을 위하여 어느 정도 남겨 두라 하였다.

내 인생의 가을이 되었다. 거둘 열매가 있을까 싶어 둘러 보니 드문드문 자그만히 거둘 게 눈에 띠는 것 같다. 모두 거두 거둔다 해도 넉넉지 못할지니 아낌없이 다 거둘까나?

아니다, 뿌린 것 모두 거둔대도 욕심을 어찌 다 채우랴! 노욕이라는 추함을 버리기 위하여 할 수 있는대로 나보다 더 어려운 이를 위해 남겨야겠다. 그것이 현자의 길이 아닐까~.

내 남은 년한을 계수하며

깊어가는 밤 중 세상에서 살아가야 할 나의 여생을 계수하여 봅니다. 오늘날 평균수명이 늘어 80 이상을 사는 것이 보통이고 장수하면 90을 넘겨사는 추세입니다.

나는 70세를 넘겼으니 평균으로는 10년이 남았고 장수하면 20년이 남은 셈이네요. 하지만 주님께서 80전에 부르신다면 가야 하고 90후에 부르신다면 그리 살아야죠.

앞으로 20년이면 과다한 것 같고 10년이면 적당하다 싶겠습니다. 하지만 10년을 살든 20년을 살든 얼마나 사느냐가 중요한 게 아니고 어떻게 사느냐가 중요한 것입니다.

그것은 무엇을 하며 사느냐? 에 확답이 있습니다. 뚜렷하게 할 일이 없다면 사는 건 사는 게 아니지요. 그렇습니다. 수명이란 할 일이 있는 만큼만 주어진 것이 아닐까요?

하늘 아버지께서 나를 일하라고 세상에 보내신 줄 아는데 그 일이 많으면 오래 살고 그 일이 적으면 짧게 살지 않을까요? 만일 불충을 한다면 얼른 죽고 말겠지요.

이는 내 생각일 뿐입니다만, 나는 이제부터 한 10년은 더 살리라는 계수를 해봅니다. 무엇을 하면서 살아야 할는지, 그 일은 확정되어 있어 이미 알고 있습니다.

외양간 목회에 충성하는 일, 일이 끝날 무렵에는 젊은 목자가 이어받아 안정된 목회를 할 수 있는 목장으로 성장되옵기를 바랍니다. 기간은 10년으로도 넉넉합니다.

아니, 10년의 3분의 1년만으로도 얼마든지 가능합니다. 단 하나님이 함께 하여 주셔야만 할 일이지요. 주님, 저의 사역에 성령을 충만히 부으사 알찬 열매를 맺게 하소서.

이제 10년 후에는 내 모든 수고를 다 내려놓고 영원하신 아버지 계신 저 하늘 내 고향으로 돌아가리라. 가서 아버지께 아뢰리라 "부족하나 이르신 심부름을 다 했노라."고.

2020.4.29.에 씀.

생일을 맞으며

내년이면 6.25사변이 일어날 줄 모르고 나는 겨울날 밤에 이 세상에 태어났다고 한다. 이듬해 가을에 전쟁통속에서 아버지를 여의고, 난 어려서부터 가난 중에 어렵게 세상을 살아 왔다. 이제 67년이 지나는 지금, 만 70년의 나이를 맞이 한다. 그동안 참 많이 살아 왔다. 30도 못되어 돌아가신 아버지의 몫을 막내 아들인 내가 다 산 것 같다. 이제 얼마나 더 살게 될지. 지난 삶이야 어찌 살았든 이만 지나 갔으니 가타부타는 하나마나다. 얼마일지 모를 남은 여생, 허리를 바짝 동아리고 한 발 한 발 살얼음을 딛듯 삼가, 또 삼가며 살 일이다. 무엇을 삼간단 말인가? 무엇보다도 나는 그리스도인으로서 주체성을 잃지 말고 그 다운 자세에 흐트러짐이 없이 정갈하게 살아야겠다. 그나마 내 뒷모습을 보며 쫓아오는 이들에게 미력할지라도 최소한의 이정표 노릇은 해야 되지 않겠는가?

나잇살을 공짜로 얻어 먹는 주제에 말이다. 내 생일, 생일보다 더 중한 것은 기일이 아닐까? 생일은 내가 기억하고 기일은 남들이 기억한다. 생일(태어난 날)보다는 기일(죽는 날)이 더욱 좋은 날이 되도록 후회없이 살 것을 다짐한다. 살아 남는 이들에게 그런대로 괜찮았던 사람, 곧 그리스도인으로 기억되기를 소망하며….

생일보다는 기일을

생일을 살아나기 시작하는 날이요 기일은 살아옴을 끝마치는 날입니다. 생일을 축하받기 보다는 기일을 축하받게 되기를 원합니다. 생일 축하는 응원이지만 기일축하는 찬사이기 때문입니다. 생일은 아무라도 축하받지만 기일은 아무라도 축하받지 못하지요.

올곧고 선하게 잘 살아왔기에 사람들은 존경하며 축하하는 거니까요. 살아온 날들보다 살아갈 날들이 적게 남은 오늘(만 70세 생일), 늦으막히나마 기일이 축하받는 날이도록 예수님을 본받아 더 잘 살아 가기를 다짐하며 기도합니다. 그런 의미에서 당신들의 축하를 선물로 받습니다.

여생을 살아가며

얼마 남지 않은 나의 인생, 나의 가는 길, 이제 그만 조바심은 갖지 말자. 이런 일과 저런 일로 좋았던 궂었든, 겪을 만큼 다 겪었기에 어느 정도 내구력도 생겼잖은가? 우선은 내일 일이 어찌 될까 미리 염려하여 마음을 힘들게 말자. 좋으면 어떻고 나쁘면 어떤가? 이럴수도 있고 저럴수도 있고, 인생을 너무 장밋빛으로만 색칠하려 말자. 장미에는 꽃만 말고 가시도 많잖던가? 행복도 삶이고 불행도 삶이다. 그저 강물같이 천천히 흐르면서 살아가자! 그러다가 죽으면 그만이다. 모든 것을 신의 뜻대로 될 뿐이다. 나는 다만 마음을 다 편안하게 달래면서 여생을 살면 된다.

내가 죽어야 할 때

사람의 생사는 참 알다가도 모를 일이다. 겉보기로는 분명히 죽어야 할 사람이 사는가 하면 멀쩡히 살아야할 사람이 죽기 때문이다. 죽어야 할듯한 사람이 죽는 것이야 덤덤히 지켜볼 수 있겠다만 살아야 할 듯한 사람이 죽는 것은 실로 충격적이다.

난 지금 살아야할 사람인가? 죽어야 할 사람인가? 그것은 세간의 이목이 어떠할 것이냐를 짐작하면 정답이 나올 것 같다. 사람들이 나의 죽음을 알고 덤덤할 것인가? 충격일 것인가? 생각건대 내가 오늘 죽으면 나를 아는 사람들은 잠시나마 충격적일 것 같다. 그렇다면 나는 아직 열심히 살아야 한다. 그리고 바르게 살아서 나다워야 한다. 비록 산다는 것이 힘만 들고 보람이 별로 없더라도 주어진 일에 최선을 다하며 정성껏 살자. 그러다가 내가 죽더라도 사람들이 평범하게 생각할 즈음이 되면 그때 가서 죽자.

작은예수운동

30-40대 젊은 나이의 사람들이 졸지에 죽었다는 부음이 부쩍 잦다. 죽음은 젊음과 늙음에 차별이 없다. 젊었다 늦게 찾아 오는 것도 아니고 늙었다 빨리 찾아 오는 것도 아니다. 각자의 운명? 이나 태도에 따라 죽음은 속히 오기도 하고 더디 오기도 한다. 죽음은 삶의 마침표이다. 작가로 말하면 긴긴 글쓰기가 끝난 것이다. 더 이상은 쓰고 싶어도 쓸 수 없게 말이다.

살아 있다는 것은 무엇인가? 이는 무엇인가를 할 수 있다는 것이요 꼭 해야 된다는 것이다. 나 지금 살아 있어 무엇을 할 것인가? 밥이나 먹고 잠이나 자고 돈 많이 벌고 높은 자리에 유명세를 타면서 올라 호강이나 즐기면 되는 것인가? 아니다, 이를 삶이라고는 할 수 없다. 삶은 이 이상의 무엇을 하는 것이다. 그게 무엇이란 말인가? 사명(mission)이다.

기독신앙에 의하면 인간이란 하늘로부터 사명을 받들고 태어났다고 한다. 나는 이를 사실로 믿는다. 그렇다면 나의 사명은 또한 무엇인가? 그리스도이신 예수님을 닮아 예수님처럼 사는 것이다. 즉 예수님의 형상을 나의 인격으로 온전히 이루는 것이다(이는 정녕 모든 그리스도인의 사명이다). 그때 나는 예수님 계신 천국의 안내자로 죽음을 맞게 되리라.

그런데 이를 알지 못하는 그리스도인들이 너무 많고 안다 해도 건성으로 알고 행치 않는 그리스도인들이 너무 많다는 노파심에 안타깝다. 안 그런가? 그리하여 나는 감히 뜻을 같이하는 지체들과 함께 이를 일깨우고 예수님의 형상을 본받고자는 작은 예수운동을 제2의 사명으로 알고 신명을 바쳤다. 형제와 자매들이여, 이에 함께하지 않겠는가!

내 생의 마지막 날

내 생의 마지막 날, 그 날은 내 숨이 끊어지는 날이다. 즉 죽는 날이다. 나의 죽음은 어떠할까? 남부러운 죽음일까? 남사로운 죽음일까? 아무쪼록 부끄럽고 불쌍한 죽음이 아니고 훌륭하고 행복한 죽음이길 삼가 기도한다.

행복한 죽음? 천사들이 내 영혼을 광명의 나라로 데려가는 것 말이다. 아아, 그러나 나는 그럴만한 자격이 있을까? 정말, 자신이 없다. 오오, 내 주 예수 그리스도시여, 이 죄인을 불쌍히 여겨 주옵소서. 내 죽음의 때에 주님의 나라로 이끄소서.

그 날을 위하여

그날이 언제일까? 내가 세상을 떠나는 날, 그 날이 오더라도 난 아쉬움 없이 떠나갈까? 지금 같아선 준비공부도 없이 시험치는 학생처럼 막막할 것 같다. 하나님께서 주신 삶을 충실하게 살지 못해서 죄스러운 까닭이다. 어찌할꼬.

더 늦기전에 이제라도 충실한 삶을 살아야겠다. 허실하게 살았다간 죽는 날을 제대로 맞지 못할 게 뻔하니 그렇다. 충실한 삶? 이는 먼저 하나님 앞에 정결하고 다음에는 내 양심에 가책이 없으며 그 다음은 사람들에게 덕스러운 삶이다!

이 몸이 죽고 나서

이 몸이 죽고 나서 어느 누군가에게 몇 년 후든 수년 후든 그리운 사람으로 기억된다면 나는 인생을 잘못 산 건 아니겠지?

내겐 과연 그럴 이들이 몇 명이나 될까? 몇이 되든 간에 그 사람들은 내가 진정으로 사랑했고 또 나를 진정으로 사랑한 이들일 거야.

그래, 인생을 살고 나서 남는 것은 사랑 뿐인 거야! 이후로는 얼마나 남았을지 모를 나의 인생, 오직 사랑만 더하면서 살아야겠구나.

바다와 같이

이 세상에서 바다는 가장 넓다. 그 품에 받아들이지 못하는 것이 하나도 없다. 하늘에서 내리는 비와 눈은 물론 육지에서 흘러오는 온갖 것까지. 냇물과 강물을 통하여 침수되는 오수와 폐수마저 받아들이고 또 받아들인다. 그리고는 소금으로 정화시킨다.

그런 바다가 존중스러워 나도 바다를 닮고 싶지만 내 속이 워낙 좁은

지라 넓히기가 너무나 힘든다. 어느 누구든 무슨 말이든 어떤 모양이든 바다처럼 순연히 받아들이길 원하나 시시콜콜 거부감이 발동하니 맘은 불편하고 힘만 든다. 역시 나는 안되는 것인가?

바다는 온갖 더러운 것들과 해로운 것들이 제멋대로 침투하지만 스스로 정화하며 해독하는 천혜의 능력이 있다. 나를 추악하게 하는 것들이 이목(耳目)을 통하여 침수하더라도 바다처럼 포용할 뿐 아니라 더불어 정화하는 마음의 소금이 내게도 주어지기를.

태양같이 밝은 얼굴로

인상을 쓰지 말자. 안 그래도 늙어가는 얼굴이 주름지고 어두워지는 판에 근심과 짜증으로 늙음을 가속시킬 필요가 뭐 있는가?

인상을 펴자. 일부러라도 웃음을 짓고 좋은 생각으로 맘 편히 먹는다면 험상궂게 주름진 얼굴도 온화하고 행복하게 펴질 수 있다.

밝은 태양이 온 세상을 화창케 하듯이 밝은 얼굴은 주변 사람들과 자신의 인생을 화창케 한다. 얼굴에 미소를 짓자. 어둑한 삶이 대낮같이 밝아지리라(방긋).

큰 일 아닌 바른 일

예부터 어른들은 장래가 촉망되는 어린이나 젊은이를 보면 큰 일을 할 사람! 이라고 덕담을 했다. 큰 일을 한다는 의미는 성공을 한다는 뜻이고 위대한 사람이 된다는 뜻이다. 하여 교회 안에서도 신앙이 독실해 보이는 어린이나 젊은이를 보면 하나님께서 크게 쓰실 사람! 이라고 축복을 하는 경우가 예사이다. 나 역시 소년시절에 여러분들로부터 그런 말씀을 더러 들은 바 있었다.

큰 일을 하고 크게 쓰임받는다는 것, 매우 소망스러워서 그리 되길 바라며 살아 왔다. 70여 성상을 지나온 동안 난 하나님께 크게 쓰임을 받은 건지? 잘 모르겠으나 이제 와선 그게 그리 중요한 것이 아니라는 사실을 깨닫고 있다. 큰 일을 하고 크게 쓰임받는 것이 귀하고 중요한 것이지만 보다 귀하고 중요한 것은 올바른 일을 하고 올바르게 쓰임을 받았느냐? 는 것이기 때문이다.

큰 일을 하였다지만 잘못한 일이 많고 크게 쓰임을 받은 것 같지만 잘못된 자들도 적지 않다. 크고 작음이 문제 아니다. 옳고 그름이 문제이다. 작으면 작은 대로 옳게만 하면 잘하는 일이거늘 욕심을 부려 크게 하려다가 도리어 망치는 결과가 얼마나 허다한가? 예수님은 큰 일 했다! 칭찬치 않으신다! 작은 일에 충성했다! 칭찬하고 상 주신다(마 25:21, 23). 그것도 "지극히 작은 일에"(눅 19:17) 말이다.

나는 나은 작음을 아는 것이 중요하다. 큰 줄로 착각해서 허파에 바람을 넣었다간 꼴볼견이 되고 말 것이다. 또한 큰 이들과 비교해서 시기하거나 자신의 크지 못함을 비관해서도 안될 일이다. 나의 작음을 알고 작음에 주어진 상황과 임무에 충실하면 그 나름대로 아름답잖을까? 아름다움은 생의 최상이다. 크대서 아름답고 작대서 추한 것은 아니다.

오히려 크면서도 추한 것이 있고 작으면서도 아름다운 것이 있다. 물론 반대의 경우도 있을 터이지만, 그러나 큰 것이 아름답다는 말은 없어도 작은 것이 아름답다는 말은 있다. 태산보다는 동산이, 큰 샘보다는 옹달샘이, 바윗돌 보다는 조약돌이, 태양보다는 반짝이는 별처럼. 난 그같이 작은 자 임을 자인하며 겸손히 살아 갈란다. 왜냐하면 난 본래 작은 자이니까.

아담한 뒷동산

굉장한 일을 해서 굉장해져야 훌륭한 거구 훌륭한 인생이 되는건가? 훌륭한게 뭔데? 나무랄 데가 없이 썩 좋은 거라는 데 흠이 많고 나약한 인간이 그럴 수나 있는 건가? 그랜드 캐년처럼 굉장한 것도 좋겠다마는 나는 아담한 뒷동산 같이라도 되었으면 좋겠다. 그마저도 나에게는 분수에 어울릴까 모르겠다만 감히 희망을 꿈꿔 본다.

진달래 묘종하여 심어 놓으니 봄날이 아름답고 가시밭의 흰백합은 온 여름을 향기롭게 하며 노오랗고 빠알간 열매가 주렁주렁한 감나무들은 가을을 풍요롭게 한다. 눈덮인 겨울에는 먼 산에서 토끼들이 마실 와서 놀다 가고. 아담한 오두막엔 금술 좋은 부부가 손주들과 해로하는 아담한 동산! 그렇게 정다운 사람일 수 있다면 더 원할 것이 무엇이랴!

청천(淸泉)

이마저도 나에게는 과한
욕심일수도 있겠지만
미미하나마 청천이고 싶습니다
고작해야 실개울만 이루고
널리 이롭지는 못하여도
가까운 주변만은 충족시켰으면 좋겠습니다

아울러 소수의 갈급한 영혼들이
우연찮게 나를 가까이 하였을 때
내게서 생수를 마시고 생기를 찾았으면 좋겠습니다
난그렇게 이 세상을
존재하며 살고자는 소원이 절절하니
누구든지 나를 훼방하지 마십시오

청춘을 한참 멀리 보낸 내 인생,
여생을 어찌살까 고민하고 궁구하던 끝에
청천으로 사는 것이 최후의 소명임을 깨우쳤습니다
내 영혼에 넘치는 그리스도의 진리와 사랑,
사막같은 세상에서 허덕이는 영혼들에게
청천되길 전심으로 원합니다.

거룩하라 완전하라

이제껏 내가 살아온 동안 하나님의 형상대로 지음을 받은 완전한 사람으로서 사람다웠던 적은 언제였었던가? 천진난만한 유년시절말고는 완전하지 못했던 것으로 기억된다. 소위 철이 들기 시작하고 부터는 줄곧 원죄의 욕망과 거짓으로 타락한 인간성을 점철하며 살아 왔다. 더구나 청소년시절부터는 예수님을 믿기 시작했지만 여전히 죄와 상관되어 살아 왔다. 실로 안타깝다. 아아, 난 이제야 겨우 하나님의 형상대로 지음을 받은 완전한 사람으로 여생을 살리라고 뚜렷하게 작심했다. 왜냐하면 그래야만 그동안 내가 예수님을 믿고 살아온 삶이 헛되지 않을 것이기 때문이다.

그렇다, 나는 처음부터 한참 동안은 잘 몰랐었다. 하지만 오랫동안 고심하고 궁구하던 끝에 드디어 예수님을 신앙하는 목적이란? 사람이 되는 것이라는 사실을 늦으막히나마 깨달았다. 이를테면 예수를 믿고 구원받는 것이란 다름아닌 완전한 사람이 되는 것이라는 사실을 말이다.
그렇다면 하나님의 형상을 그대로 지닌 완전한 사람은 누구인가? 네 가지 성품대로 사는 사람이다. 첫째는 온유와 겸손이요, 둘째는 진실과 정결이요, 셋째는 자비와 긍휼이요, 넷째는 성실과 충절이다. 이 네 가지 성품은 그 각각의 요소만으로도 한 사람을 완전케 한다. 즉 온유하고 겸손한 사람인가? 그 자체만으로도 그는 완전하지 않던가?

진실하고 정결한 사람, 긍휼하고 인자한 사람, 성실하고 충실한 사람, 역시 그 자체로써 완전하다. 오랫동안 나는 원죄사상에 중독되어 사람은 완전할 수 없는 존재라고 믿어 주눅들어 살았다. 그래서 나는 아무리 기도를 하며 신앙생활에 힘을 써도 여전히 죄인인 따름이고 성인(聖人)은 될 수 없다고 단정해 왔다. 그런데 나는 두 절의 성경말씀을 근거로 원죄적 고정관념을 깨뜨려 버렸다. ① "내가 거룩하니 너희도 거룩할지니라"(레 11:45)이고 ② "하늘에 계신 너희 아버지의 완전하심과 같이 너희도 완전하라"(마 5:48)이다. 첫 번째는 야웨 하나님께서 이스라엘 백성에게 하신 말씀이고 두 번째 말씀은 예수께서 제자들에게 하신 말씀이다.

결국은, 둘 다 예수님을 믿어 하나님의 자녀된 사람들, 곧 나에게 주신 말씀이다. 이는 다시말해 〈하나님처럼 거룩해라, 하나님같이 완전하라〉는 분부인데 사람이 할 수도 없고 될 수도 못할 일인데 하나님께서는 분부하신 걸까? 아니다 할 수 있고 될 수 있는 일이기에 분부하셨음이 분명하다. 그러므로 나는 하나님처럼 거룩할 수 있고 하나님같이 완전할 수 있다!고 확신하는 나머지 하나님께서 당신의 형상대로 지으신 그대로의 완전한 사람이 되고자는 것이고 나는 정녕 그와같이 될 것이다. 그래서 나는 이제까지, 그리고 이 세상 끝날까지 예수님을 믿고 따르는 중에 있다.

나의 마지막 소망

내 나이 지금 70이 훌쩍 넘었는데 그동안 뭘 했는지 모르겠다. 무언가 하노라곤 한 것 같은데 이렇다 할 것이 없다. 도대체 그 많은 세월을 무얼 하며 산 건가? 남은 게 아나도 없으니. 이제라도 뭘 또 할 수 있는 걸까? 한다면 무슨 일을 할 수 있단 말인가? 이젠 역부족인데다 시간이 부족하지 않겠는가? 그래, 이제는 뭘 또다시 하려 하고 그동안 해온 일이나 잘 마무리 하자.

그렇지, 바로 그것! 예수님을 닮는 것! 내 안에 그 형상을 온전히 이루는 것! 주여, 어느 때까지리이까? 속히 주님의 형상을 내 안에 이루어지게 하옵소서. 이제 제가 산다면 얼마나 살리이까? 죽기 직전에라도 주님을 온전히 닮는다면 영광이 오려니와 그래도 얼마 만일지라도 살아있는 동안에 주님의 형상을 본받은 자가 되옵기를 원하오니 주여, 이 소원을 들어주소서.

후대들의 시대

나의 시대는 저 멀리로 사라졌다. 난 이제 감격의 무대에서 내려와 다시는 올라 볼 기회가 주어지지 않을 것이다

지금은 너희들이 시대이다. 주연은 물론 조연까지도 너희들의 몫이고 나는야 관람석에 끼어 앉아 너희의 연기를 감상할 뿐!

하지만 아쉬움이란 없다. 내 인생의 무대에서 나는 언제나 주연이었다. 관객들로부터 아낌이 없는 찬사를 받았기 때문이다.

어느 날엔 관람석에서도 물러나야 할 것이라. 그러나 너희들의 시대는 여전히 한창때일 것인즉 행복하라. 세월은 흘러간다.

여보게, 우리는 이제 늙었네, 그려, 늙어간다는 말도 안 어울리는군. 기력이 쇠해 가고 기백도 빠져가네.

몸이 약하니 그런가? 맘도 약해지네! 예사로운 말 한마디조차 오해하여 괜히 상처를 입고 서러우니 말일세.

그리고 나면 밥맛이 떨어지고 잠도 잘 안 온다네. 이런 게 바로 늙었다는 징표지 뭣이겠나?

그러니 우리 늙은이 끼리라도 미리 헤아려서 서로의 마음을 이해하고 말과 행실을 부드러이 나눔세.

행여 자네와 언쟁이라도 나누고 나면 안 그래도 짧아진 수명이 더 짧아졌다는 느낌이 되네.

우리 늙은이에게는 젊었을 때와는 달리 한날한시가 아깝지 않은가? 그야말로 사랑하며 살기도 짧다네.

우연일까 필연일까 우린 해로하는 인연으로 만났네! 기왕이면 다정히 살다가 죽을 때는 고맙다고 함세.

늙는 것과 귀찮은 것

늙으면 근력이 쇠하거니와 그 때문일까? 매사가 귀찮아진다. 어디를 가는 것도 누구를 만나는 것도 심지어 먹는 것도 말이다. 늙는다는 것은 귀찮아진다는 것, 이는 게을러진다는 뜻이다. 게을러지니까 무슨 일이든 하기 싫어서 늙은이는 뭐 하나 제대로 할 수가 없다. 늙어서 귀찮은 걸까? 귀찮아서 늙는 걸까? 두 번째인 것 같다. 실제로 나이를 많이 먹었어도 귀찮은 게 없다면 그는 젊은 것이다. 반면에 나이가 연소해도 귀찮은 게 많다면 그는 늙은 것이다. 이처럼 사람을 늙게 하는 것은 나이가 아니라 귀찮음이다.

늙지 않길 원하는가? 귀찮아 하지 말자! 늙었어도 젊어지길 원하는가? 귀찮아 하지 말자! 나이가 들면 들수록 생기는 병이 있는데 그것은 귀찮병이다. 이 귀찮병을 어떻게 하면 고칠 수 있을까? 부리전하여 게으르지만 않으면 되는 것일까? 어허, 그게 안되는 것이 귀찮병이다. 방법은 단 한 가지! 좋아하는 일을 갖는 것이다. 즉 재미로 할 수 있는 일을 가져야 한다. 재미가 있으면 귀찮병은 고쳐진다. 자아 이제 내게 재미 있는 일은 무엇일까? 그걸 찾아 신나게 하는 거다. 하지만, 재미있는 것이 하나도 없다고? 그럼 죽을 일만 기다리자!

청춘은 옛날이 되고

꽃들도 어리고 젊어야 예쁘고 아름다워 보기에도 좋습니다. 늙고 쇠하여 낙화 되려는 모습을 보노라면 맘이 아프고 안쓰럽습니다.

사람이 또한 그렇습니다. 어렸을 적에는 귀여웠고 젊어서는 어른들이 보시고는 참 좋은 때라며 칭찬하시며 부러워들 하셨지요.

버스는 지나갔는데, 손들면 무엇하겠습니까? 젊은 날은 다시 오지 않습니다. 하지만 쇠하여 늙노라니 남들 보기에 흉악스러울까 조심스럽습니다.

아, 후패해 가는 육신이야 어찌하겠습니까? 가녀린 인격이나마 곰스러이 다져 노욕으로 추하지 않고 모시처럼 깨끗하게 영혼을 삶아야 하겠습니다.

황혼녘의 단상

나이 들어 늙노라니 온 몸이 쇠약하여 고택의 기왓장처럼 삭아지고 부서지는 것 같다. 이렇게 육신이 소멸되는 줄을 진작 몰랐던가? 물론 알기야 알았지만 지금 같이 실감한 것은 아니었다. 비로서 실감하노라니 해가 저무는가 보다.

내 영혼이 이 세상을 살고 있는 것은 육신이 숨을 쉬는 동안만이다. 그동안 육신은 영혼의 보금자리였나? 혹은 감옥이었나? 영혼은 날 세상에 보내신 이의 뜻을 행하려 하였지만 육신은 그 정욕으로 훼방만 놓았다. 영혼과 육신의 애증이었다.

영혼과 육신, 서로가 서로에 의해 공존 하면서도 늘 갈등하는 사이였다. 영혼은 양심으로 육신을 선도 하였으나 육신은 정욕으로 영혼을 힘들게 하였다. 이제 겉사람 육신은 후패하나 속사람 영혼은 나날이 새로워질 때인가 보다.

노후의 걱정을 물리치며

　보다 늙은 다음의 생활을 곰곰이 생각하니 노후에 대한 안온한 삶이 보장된 것은 아니고 무슨 요행이 생길 법도 없다 싶으니 내일 일을 생각하면 짐짓 암담하다. 지금까지 70여년을 넘겨 살아왔으면서도 물려받은 가난을 떨쳐 버리질 못한 것이 한이로구나. 이럴 줄 알았다면 돈을 축적하는 일에 집착할 것을. 그리하지 않은 것이 새삼스러이 후회롭다. 하지만 이제 와서 어이하랴!

　그냥 예수님만 알고 예수님과 함께하는 일만 하며 살아왔다. 무엇을 먹을까 무엇을 입을까 무슨 집에서 살까를 걱정하지 않았고 늙어서의 염려도 하지 않았다. 그냥 주님을 믿고만 지내왔다. 결국은 주님의 도우셨음은지 오늘날까지 잘 살아왔는데. 이제야 겨우 걱정이 일고 있다. 하지만 이제까지 날 도우신 주님께서 세상 끝날까지 도우시지 않으시랴? 계속 믿음으로 쭈우욱, 살아 나가는 것이다!

내 인생의 황혼은

누구인들 자기 인생의 황혼을 아름답게 물들이고 싶지 않은 사람 있으랴! 하지만 수많은 황혼객들이 우울하게 물들이며 사라지는 모양을 자주 대하노라니 남의 일 같지 않아 마음이 쓸쓸하다. 원인은 가난한 노년 때문이다. 거기에다가 병까지 짊어지면 황혼은 우울로 흐려지다 못해 먹장구름이 잔뜩 낀채 어둡기만 하다. 가난하다는 이유 하나 만으로 저렇게 저물고 말아야 하나?

예수께서는 가난한 자는 복이 있다(마 5:3) 하셨는데 헛말씀이었는가? 나 역시 가난하니 머잖은 내 인생의 황혼, 또한 우울함으로 먹장구름이 잔뜩 끼일 것인가? 나는 그렇지 않으리라 믿는다. 나의 황혼은 복스러이 아름답게 물들여지고 편안하게 이승의 고개를 넘으리라 믿는다. 왜냐하면 나의 갈 길 다가도록 예수 인도하실(찬 384장 1절) 것이기 때문이다. 그러고 보니 나의 믿음은 내가 봐도 좋으니 기분이 참 좋다.

고희 유감

　칠순까지 살았으니 많이도 살았다. 예부터 고희라는 말대로 한이 없게 산 것이다. 육순 때도 나머지 생은 보너스라 생각했는데 이제부턴 진짜 실감 난다. 이후로는 나의 생이 어느 시에 끝나도 손해될 것이 없다.

　아, 벌써 이렇게 되었구나. 만시지탄 이라더니? 젊어 못아낀 세월이 아깝고 옳게 못산 나날들이 죄스럽구나. 이제 주어지는 세월은 얼마나 되든 인생의 흑자를 보려기 보다는 적자를 메우는 데 주력할 노릇이다.

삶의 카운트다운을 하면서

인생 70 고희(古稀)를 지나고부터는 죽음을 카운트다운하는 버릇이 생겼다. 한해, 두해, 세해, 앞으로 살 해를 종종 헤아리게 된다. 그만큼 삶이 줄어들어 얼마 남지 않겠다는 긴장감 때문에 그렇다.

인생 70 고희를 살았다면 이제는 삶의 커트라인에서 벗어났다고 봐야 한다. 즉 죽음의 에어리어에 들어섰다는 말이다. 그러므로 언제 갑자기 죽음의 패널티킥을 범할는지 모르는 처지에 놓인 것이다.

그런 순간이 오기 전에 삶이라는 경기를 잘 마쳐야 한다. 혹 패널티킥을 허용했더라도 그리 절망은 말자! 죽음의 키커가 실축을 할 수 있고 삶의 키퍼가 슈퍼세이브를 할 수도 있잖은가?

삶이란 끝나야 끝나는 운동경기와 같은즉 죽을 때까지는 승리의 삶을 위해 힘껏 살아야 한다. 힘껏 산다? 이는 어느 누구에게 좋게 보여지는 삶이라기보다는 우선 나 자신에게 보람되고 어엿한 삶을 이름이다.

하루라는 삶에서 기도를 우선하고 이모저모의 생각을 글로 정리하며 섬기는 교회에서 맡은 일에 충성을 바친다. 그리고 친우와 지우들과의 교제를 통해 동역에 정성을 다하면서 나는 살아갈 것이다.

지금 당장 내 삶의 카운트다운이 끝난다면, 나는 아무 여한이 없다. 칠순을 넘긴 삶이 만족한 까닭이다. 나는 조금이라도 더 살길 빌지 않을 것이다. 곧 죽더라도 오직 감사만이 내 삶의 피어리드가 될 것이다.

타산지석

가난한데다가 나이가 많아지고 병마저들어 단칸방에 홀로 지내고 있는 저문 녘 땅거미 같은 노년의 인생이여, 너무나 가엾구나! 고독의 극치가 바로 이렇던가?

하많은 세월 어이 살았기에 늙도록 가난하고 동무하는 사람이 하나도 없단 말이냐? 한 몸 이뤄 한피 나눈 가족들은 어디에 있고, 또 그 많던 친구들은 어디로 갔단 말인가?

쇠약해진 몸 스스로도 돌볼 수가 없다 보니 반갑잖은 병마가 찾아와 동무하자면서 귀찮게 하는 구나. 안됐지만 알만하다. 지금의 구차한 처지는 게으른 나날의 결과려니.

이제 더 무엇을 할 수 있겠는가! 한창 젊을 때의 나날들을 헛되이 보낸다면 생의 말년이 너와 같이 처량하리라는 타산지석의 교훈만 후세들에게 남길 뿐이다.

나의 여생 10년

어젯밤 꿈속에서 나의 여생은 10년이리라는 확산을 하였다. 특별한 이유가 있는 것은 아니고 오늘날 평균적 수명이 그런 듯 하여 내린 결론이다. 지금 내 나이는 칠십하고도 하나이다. 성경에도 "우리의 연수가 70이요 강건하면 80이라"(시 90:10) 하였으니 나는 나름대로 여생을 후히 잡고 있는 것이다.

금보다도 더욱 귀한 앞으로의 10년 곧, 3천6백50일을 무엇을 하고 어떻게 살까? 우선 나는 소일을 하며 살고 싶지는 않다. 꼭 해야 할 일을 함으로써 가치로운 보람을 느끼며 즐거이 살고 잔다. 이를테면 하나님을 사랑하고 경외하는 그리스도인으로서 그분을 영화롭게 하는 여생을 살겠다는 참한 뜻이다.

백세시대 유감

인생 백세시대라고 한다. 어찌하면 백세까지 잘 살까 보다는 백세까지 살까 두려워 걱정이라면 날 보고 부정적인 생각만 한다고 비판들을 할까? 백년 그 이상을 살아도 재정적인 걱정이 염려가 없을 만큼 재물이 넉넉하다면 몰라도 10년 20년은커녕 2-3년의 생활비도 예비 못한 처지라면 오래 사는 게 축복이 아니라 저주일 것이기 때문이다.

　젊어 가난은 노력으로 극복하거나 극복할 수 있다는 꿈이라도 꿀 수 있겠다만 늙어 가난은 어찌하여 볼 수가 없으니 궁상스럽기만 할 뿐이다. 백세인생을 논한다는 자체가 주제넘은 것 같다. 오늘 하루를 살고 있다는 자체에 의미를 두고 가치롭게 살아가자. 앞으로의 몇 살까지가 아니라 지금 살아있음이 중요한즉 오늘을 귀히 행복하게 살자.

아침에 눈을 뜨고

　걸어놓은 달력의 날짜를 확인하다 보니 5월이 금방 지나는 것 같아 깜짝 놀라게 된다.

　느끼는 계절도 그렇다. 진달래꽃 목련꽃 등 피어나는 봄이 온다 반겼었는데, 이미 여름 초엽이다.

　세월이 막 달려간다. 이러면 나의 남은 삶이 속절없이 줄어드는데 조마조마하다.

　젊었을땐 세월 아까운 줄 모르더니 늙어서야 아까운 줄 아는구나 너무 늦은 것 아닌가?

　그래도 얼마든 간에 세월은 아직 남아있다. 이 남은 세월이나마 아껴 실속있게 산다면은 그로써 충분하다.

황혼자살을 슬퍼하며

한 날의 황혼이 물감을 뿌린 듯이 아름다움처럼 인생의 황혼도 그렇길 바라지만 갑자기 칠흙같이 어두워지는 참상이 허다하다. 이른바 황혼자살이 그 현상이다. 황혼이혼이 많아졌대서 씁쓸했는데 황혼자살이 많아진다니 끔찍스럽다. 가난 때문이란다. 치매와 지병으로 말미암은 경제적 핍절, 자식들에게 짐이 되기 싫다며 극단을 선택하는 80세 이상의 고령일수록 점점 많댄다. 연민하여 안타까워 하다가 결국 자신을 돌아보게 된다. 나 역시 늙어가고 있으며 가난하니까 나도 황혼자살을 해야 하는가! 도무지 그럴 수는 없다. 나는 그리스도인이기에 그래서는 안되는 사람이라고 뼛속에 각인하고 있다. 하지만 나도 연약한 인간이기에 장담은 할 수 없다. 다만 의지하는 나의 주님을 더욱 의지할 뿐이다. 동시에 황혼자살을 하는 이들에게 미안하다. 아무런 도움을 주지 못하고 있으니….

왜 이렇게 저녁나절은 쓸쓸한 것일까? 그래 아무도 없이 혼자이니까. 그런 거지, 대낮에는 길가를 오가는 사람들을 구경이라도 하니 괜찮았지만 어둔 저녁엔 쓸쓸할 수밖에 없는 것 같아. 이래 봬도 젊었을땐 사느라고 고달팠지만 저녁때 집안에 들면 아내와 자식들이 있어 쓸쓸하진 않았었지. 그러나 지금은 자식들도 어른이 되어 자기들의 둥지를 틀고 사느라 떨어져 지내기에 한 달 두 달 석 달이 지나도 만나기가 어렵지. 그리고 아내와도 형편상 떨어져 있다 보니. 아, 마침내 인생의 저녁나절을 지내고 있음을 실감케 되는구만.

그래, 이렇게 사는 것도 인생이야! 세상에 올 때 혼자 왔던 것처럼 세상을 떠날 때도 어차피 혼자 가는 걸 그래서 혼자되는 연습을 미리 해두는 게 좋은 것 같아 이것은 나를 많이 사랑하는 사람이라도 어쩔 수 없는 거지. 함께 할 수 없는 처지에 나홀로 외로워함을 앓아 봤자. 가슴이 찢어지는 듯이 아파 슬프기만 할테니 할 수 없지 뭐야. 쓸쓸함을 나 혼자서 친구삼을 수밖에. 저녁나절은 한밤중이 되어 가건만 단잠은 쉬이 오지 않는구나. 사랑하는 이여, 안녕히 주무세요. 이런 나 때문에 가슴 아파하거나 슬퍼하지 마세요. 사실은 당신도 외로우실테니까요.

인생의 후반(後半)에서

인생의 선배님들은 누구나 벌써 느끼셨을 일이지만 나 역시 나이를 들 만큼 들고 보니 젊었을 때 젊음을 잘 보내지 못한 것이 심히 아쉽다.

잘 보내지 못했다? 젊음이 얼마나 좋고 귀한 것인데 귀한 줄 모르고 되는대로 보낸 것이다. 정말이지 철딱서니 없이 살아오고 말았다.

왜 그리 어리석게 보냈는지! 좋은 스승이라도 만났었다면 허탄하게 살진 않았을 것을. 지금 늦게라도 깨달았으니 늙음이나마 잘 살자.

어느 노신자의 하루

젊음과 늙음의 차이는 하는 일의 많고 적음 더 심하게는 있고 없음에 있다. 기운마저 별로 없으니 혼자서 성경을 보고 글을 쓰고 아니면 침대에 뒹굴뒹굴 누어서 아깝게 시간을 보낸다는게 불만스럽지만 이게 늙은이의 일상이다.

그나마 소중하게 하루를 지내고 싶어 예수님을 생각한다. 제쳐 그분의 원하시는 바도 생각한다. 가만히 있어서 아무것도 안하기보다는 생각이라도 귀하게 가져 하루를 보람스레 보내려는 것이다.

그러다가 막상 할 일을 주신다면 얼른 반갑게 할 것이다. 어허, 노신사는 이렇게 특별히 하는 일도 없이 오늘을 보낸다. 다만, 예수님과 그 뜻을 생각했다는 사실을 만족삼으면서.

늙어 할일 없다고?

운동을 해야 하고 공부를 해야 한다. 건강하게 살아야 하고 유식하게 살아야 하기 때문이다. 노쇠하여 골골 거리고 현대의 상식에 뒷쳐져 있노라면 그 얼마나 꼴볼견인가? 살아온 삶보다 살아갈 삶이 힘들겠구나. 젊어서는 만난(萬難)을 패기 하나로 버티었는데 이제 늙어서는 일난(一難)도 힘이 부치는구나.

이런 때를 대비하여 체력이라도 쌓아두었더라면 노년이 좀더 수월할걸. 아니면 지식이라도 많이 쌓아두었더라면 마음이라도 든든할걸. 이제 와서 껄껄 하면 무슨 소용 있나? 이제라도 할 수 있는대로 운동을 하고 배울 것 배워서 남은 삶을 실속있게 살자. 늦었다고 생각하는 때는 아직 늦은 것은 아니랬다.

전철 안에서

전철을 탔다. 좌석은 이미 다 차 있었다. 40대쯤의 젊은이가 내게 자리를 양보하려 했다. 난 괜찮다며 극구 사양했다. 그러자 또 옆옆 자리에 앉았던 30대쯤의 숙녀가 내게 얼른 자리를 양보하며 문간 쪽으로 비켜가는 것이었다. 할 수 없이 고마움을 표하면서 자리에 앉아 생각했다. "내가 그렇게 늙어 보이나?" 하면서 근심하였다. 나 비록 70줄에 걸렸다만 아직은 젊은데.

영혼의 독백

젊어서는 인생이 곤하다고 느끼지 않았는데 고희의 나이를 넘고 나니 그런지 사는 게 시시로 곤하다.

이제는 삶이라는 자체도 쉬고 싶나 보다. 그래, 흙수저로 태어나서 70 평생 가난한 중에 많이도 살았다.

왜 이리 곤한가? 가난했어도 돈과 출세욕을 자제하며 청렴 겸손한 목사로 살렸던 게 그리 힘들었나!

그 모두 다 지나간 일, 생각해서 뭐 하겠나? 이젠 얼마 않았을 여생은 마음의 무거움을 내려놓고 살자.

근심과 걱정 모든 염려는 아무리 해봐야 소용없는 일인, 물처럼 그냥 흐르면서 살아가는 것이다.

영원한 바다에 이르든지 아니면 증발하여 공중으로 사라지든지 그건 하나님께 맡기고 살아가자.

어허, 웬일이야?

희수(稀壽, 70)를 넘긴지 1년이다. 살 날이 많잖다 싶다마는 왜 이렇게 아직도 배워야할 것이 많고 해야할 일이 많아 보이는지? 남은 세월이 모자랄 것 같다. 어허, 웬일이야! 늙어가면서도 삶의 의욕은 넘쳐나나 보다.

그래, 늙는다고 미리부터 자포자기할 것은 없다. 죽음이 오는 그 날까지 배우고싶은 것은 열심히 배우고 하고 싶은 일은 열심히 하는 것이다. 저승에는 배울 것도 할 일도 없단다. 늙더라도 배울 것과 할 일이 있다는 사실은 큰 축복이다.

노년의 벌판에서

이 풍진 세상에서 나 지금 바라는 것은 무엇인가? 인생의 한창때인 젊음이 모두 쇠진되는 노년의 벌판에서 내가 절실하여 집요하게 원하는 것이 정녕 있다는 말인가? 그 흔히들 탐하는 돈이라는 재물? 왕성한 육체의 정욕을 따른 쾌락? 사람들의 존경과 칭찬에 휩싸인 명예? 이 세 가지를 바라거나 혹은 이 중 하나라도 바라는가? 아니다, 이것들은 내가 바라는 바가 아니다. 이 나이에 그런 것들이 내게 주어지기엔 시기적으로 늦었고 또 주어진다 한들 잠시 뿐일 것인즉 그 무슨 가치와 보람이겠는가? 모두가 헛된 것들 뿐이니 오직 주 예수님을 바라며 삶을 마무리함이 많은 돈과 쾌락과 명예를 취함보다 귀하고도 귀할 노릇이다.

밖을 나서자

내 나이 30-40대때, 아니 50-60대때 까지만 해도 어디를 가고 싶거나 갈 일이 생기면 단 하루를 미루어볼 겨를도 없이 부리나케 쫓아 다녔었다. 이제는 70 고개를 넘어선가? 어디를 가고 싶거나 갈 일이 생겨막상 갈라치면 귀찮거나 힘든 생각이 들어 그만 두는 경우가 많아졌다.

이렇게 늙어지노라니 운신의 폭이 좁아지는구나. 안 그래도 오라는 데는 점점 없어지고 만나자는 사람도 줄어들고 있는데 스스로가 귀찮음과 곤고함의 족쇄에 채여 나서지를 못하니 저승사자만 기다릴 때만 되었는가? 아니다, 아직은 기다리고 있을 때가 아니고 밖을 나설 때 이다.

귀찮음에 직면하며

늙어 죽음에 이를 때가 가까워지고 있다는 심리적 질병 증상이 뚜렷이 나타나고 있습니다. 매사가 귀찮은 것입니다. 예를 들면 이전에 즐기던 오락이나 취미마저 귀찮아서 하기 싫어진 것이지요. 심지어는 그렇게 좋아하던 사람 만나는 것도 귀찮고 싫을 때가 있으니 이쯤이면 병세가 보통 심한 게 아닙니다. 어떤 때는 가족들과 함께 하는 것 조차 귀찮을 정도이니 이러면 정말 큰 일입니다.

이러다가는 내가 평생 믿고 따라온 예수님마저 귀찮아 할까? 겁납니다. 지금은 그렇지 않다만 혹 치매라도 걸려서 그런 일이 생겨나지 않기를 제발 빌고 빕니다. 내 진정 바라기는 이 생명 다하도록 내 구주 예수님을 사랑하여 주 예수님께 기도드리고 찬송하며 주 예수님의 말씀을 따라 순종하며 널리 전파하는 일은 더욱 기뻐하고 즐거워져서 귀찮아지지 않기를 원하고 원합니다.

시대와의 조화

　시대는 젊은이의 것, 하루라도 더 젊었을 때 시대를 풍미해야 한다. 늙으면 시대는 더 이상 내 것이 아니 된다. 스쳐 지나간 세월을 어찌 내 것이라 하겠는가?

　시대는 처녀와 같아서 젊음과 궁합이 맞는다. 노인과 처녀의 결혼은 모양부터가 안좋다 젊어 시대와 불화하고는 늙어 붙잡으려 함은 놓친 버스에 손들기 이다.

　아니, 비록 늙었더라도 한 살 덜 먹은 지금이 기회라면 기회이다. 시대의 막차는 아직 떠나지 않았으니까~ 멀쩡히 살아있음이 젊음이니 시대를 풍미하자.

내 뒤엔 아무도 없다

　내 부모의 세대는 어제 셋째 고모의 죽음으로 한 분도 남김없이 모두가 이 세상을 떠나셨다. 이제는 내가 세월의 방파제가 되었으니 이후의 죽음은 내 자신이 맞부딪혀야 한다.

마침내 사선(死線)에 올라서고야 말았다. 언제 어느 날 죽음이 닥쳐올 것인지 이제는 예측은 예측이 아니고 사실 그대로가 될 것이다.

사랑하는 사람들아 나를 살아있는 사람으로 여기지 말라. 죽음은 이미 내 곁에 바짝 붙어 있어 언제 나의 숨통을 죄일는지 모르겠으니.

난 그렇게 각오한 채 살고 있다. 실상 살 만큼은 다 살았다 싶으니 이제는 생을 마무리해야 할 때가 아닌가? 죽음을 반길 준비를 하자.

죽을 준비? 최후의 순간까지 함께한 사람들과 사랑하여준 사람들에게 크게 고마워 할 준비를 하고 마지막 남길 말이 아름답기 위해 기도하자.

이 세상을 떠나갈 때

잠시나마 정착하여 있던 곳에서 문득, 떠나게 될 때 초가삼간 오막살이라도 돌아갈 곳이 있다는 게 얼마나 다행스러운가? 가자 가자 어서 가자 사랑하는 사람이 날 영접하려 기다리고 있다. 아아, 고마웁고 고마워라 갈 곳이 없었다면 어떻게 할 뻔 했나? 생각만해도 끔찍하다.

내 영혼이 이 세상을 떠날 때도 그렇겠지. 인생여정을 끝마치고 저마다들 집으로 돌아갈 때 나 혼자 갈 곳 없어 황천을 떠돌면 어떻게 하나? 살면서 저 세상에 장만해 놓은 집도 없는데 어이할꼬, 내가 너희의 처소를 예비하러 간다(요 14:2-3). 하신 주님 예수만 신뢰할 뿐이로다.

놓치지 않은 열차

꼭 타야만 하는 마지막 열차. 시간은 정해져 있다. 촌각을 다투는 순간이다. 아슬아슬 1초를 남기고 간신히 올라 탔다. 정말 다행이었다. 깨어보니 꿈! 꿈 가운데서 열차는 인생의 목적을 향해 가는 정상적인 수단이다.

나는 인생의 목적을 위해 살아감에 있어 열차를 놓치고 말아야 한다는 사실을 꿈꾼 것이다. 그러나 한순간도 안일하지 말라는 경고를 또한 간과해서는 안될 노릇이다. 만일 그랬다간 인생의 타락자가 되고 말 터인즉.

잔뜩 긴장할 수밖에 없는 문제는 시간이다. 시간이 많지 않다는 것 때문이다. 나이가 늙을수록 더욱 아껴야 할 것은 다만 시간 뿐이다. 열차를 놓치지 말아야 한다. 어쩌면 내 인생의 마지막 희망으로서의 그 열차를 열차의 이름은 무엇인가?

종점

나는 긴긴 인생길을 달리는 한 대의 버스이다. 멈추고 멈추는 정류장 마다마다에서 옛사람은 내려 주고 새사람은 태워 준다.

달리고 달리는 동안 손님된 사람들과 미운 정 고운 정을 나누면서 긴 긴 여정을 한사코 달려 간다. 가면 갈수록 내리는 사람은 있어도 타는 사람은 별로 없다.

버스 안은 점점 비어 가고 마침내 종점에 다달으니 마지막까지 타고 있던 한 두 사람마저 내치듯이 내려서는 저 멀리로 달아 난다.

아아, 여기는 종점이다. 인생의 종점이다. 운전수는 나의 심장인 엔진을 꺼버리고 더 이상은 상관없는 듯 나를 버려 두고 제 곳으로 가고 만다.

손님들은 다 떠나 갔고 둘도 없던 운전수도 가버렸다. 그래, 나는 달릴만큼 다 달렸고 종점에 이르렀다. 이제 그만 편히 잠들기만 하면 된다.

나 죽을 때

미련없이 눈을 감겠습니다.

사랑을 할만큼 다 했고

받을만큼도 다 받았습니다.

굉장했다 할 순 없지만

인기와 명예도 조금은 누려 봤습니다.

다만 부귀는 못 누렸지만 별로 아쉬움은 없습니다.

칠십 평생을 살았으니 더 산다한들

보다 나은 일이 뭐가 있겠습니까?

이만하면 됐고 이만큼 살았으면 됐지

더 이상 무엇을 바라겠습니까?

감사할 것은 나는 한 평생 그분의 긍휼을 무한 입은 것입니다.

이 분토같은 육신에게

언제 어느 때라도 주저말고 오시구료

나는 준비되어 있습니다.

제13장

소명에 대하여

내 목숨이 여러 개라면

나라를 위해 바칠 수 있는 목숨이 하나밖에 없어서 슬프다고 주 하나님께 눈물로 기도했던 방년 18세 유관순 누나, 그 기도 한 마디가 내게 아찔한 영감을 준다.

나의 한 목숨은 일찍이 주님 위해 바친다 하였으니 당연히 바치겠다마는 내게 만일 여러 개의 목숨이 있다면 그마저도 주님 위해 다 바칠 수가 있을까? 그럴 수만 있다면.

내겐 주님밖에 없네

오오 주님, 내겐 주님밖에 없음을 알게 하셨나이다. 믿었던 이들에게 버림을 받아 상처를 입고 실망을 함으로써 내겐 주님밖에 없음을 확증하게 하셨나이다.

사람들은 다만 이해하고 용서해야 할 나 자신과 다름없이 연약하고 불쌍한 죄인이니, 혐오와 저주의 대상이 아니라 아가페의 마음으로 품어야 할 대상이옵니다.

사람들에게는 어떠한 기대도 말게 하소서. 내가 기대할 이는 천지 중에 오직 주님 뿐이십니다. 아, 주님께서 나의 소망이 되신 것이 얼마나 큰 행복인지요.

주님께서 나의 소망이 되시지 않았다면 나는 난파선이 되었을 것입니다. 놀랍게도 주님께서 내 소망이 되어 주셔서 난 저 하늘나라로 즐거이 항해합니다.

내게 참 친구는

내게 참 친구는 주 예수님 뿐이네! 그분만이 이 세상 끝날까지 나와 함께 하시고 그 이후에도 영원히 함께 계심을 나는 믿는다네. 내에 예수님이 안 계시다면 나는 텅 빈 지갑처럼 아무 쓸모가 없네! 그냥 의미없이 서랍 속에 넣어져 있다가 결국은 쓰레기가 될 거네.

그러나 예수께서 나의 친구 되셔서 늘 나와 함께 하시니 뿌듯하고 어깨가 으쓱! 세상이 험악하여도 자신만만하여 담대히 살 수 있네! 그리고 나처럼 예수님의 친구 된 형제와 자매들, 그들 또한 예수님 안에서 나와 절친이 되어 주나니 내 삶의 행복은 더욱 증가되네.

예수님과 사랑에 빠졌으면

내가 누군가와의 사랑에 빠졌다면 난 그의 생각으로 늘 깨어 있어 한시라도 그를 잊지 못하게 될 것이다. 떨어져 있으면 너무나 보고 파서 그리움은 상사병으로 번진다. 혹시 만나 같이 있을 때조차도 보고 싶다, 함께 살고 싶다, 늘 동행하고 싶다, 잠시라도 떨어져 있고 싶지 않다. 무슨 일이 생기더라도 결단코 헤어지기 싫다. 난 그렇게 예수님과 사랑에 빠져 있고 싶다. 앉으나서나 당신 생각이란 노랫말처럼 언제 어디 어느 때라도 예수님을 사모하며 사는 자 이기를 소원한다. 남들이 보고 "저 놈 미쳤어! 참 정상 아니네~"라고 비난을 받는대도 좋다. 아니, 차라리 예수님을 사랑함으로써 진짜 미친대도 난 좋다. 하나님보시기에 심히 왜곡되어진 세상에서 미치는 것이 오히려 정상일지도 모르니까.

내가 예수님을 믿는 이유

예수님, 난 처음에 예수님을 통해 무언가를 얻으려고 믿었지요. 이를테면 구원을 받는다거나 복을 받아 형통한 삶을 산다거나 지옥에 가지 않고 천국에 가기 위해 믿기 시작했어요. 그러나 제가 어느 정도 성장해설까요? 깨닫다 보니 그것은 올바른 믿음이 아니었더군요.

이제 내가 예수님을 믿는 것은 예수님으로 말미암은 그 무엇과 그 어떤 것들을 바라서가 아닙니다. 나는 예수님이 좋아서 믿는 것이고 좀 더 진하게 말하면 사랑해서 믿는 것입니다. 나는 예수님께 바라는 건 없습니다. 꼭 하나 있다면 예수님을 더욱 사랑하는 것 뿐입니다.

감히 고백합니다만 나는 솔직히 천국에 가려거나 지옥에 가지 않으려고 예수님을 믿는 것은 아닙니다. 물론, 복을 받으려고 예수님을 믿는 것도 아닙니다. 예수님은 정녕 믿어야 할 분이시고 또 믿을만한 분이시기에 믿는 것입니다. 앞서 거듭 언급하면 예수님이 좋아서 믿는 것입니다.

사실, 나는 예수님으로부터 받을 것을 이미 다 받았습니다. 이를 어찌 말로 다 하겠습니까? 게다가 구주가 되어 주셨고 세상에서 둘도 없는 친구가 되어 주셨습니다. 그러하니 무얼 더 바라겠습니까? 오히려 나는 예수님께 무언가라도 드려볼 심산으로 살 뿐입니다.

St.빌립의 무덤 앞에서

나는 울었네, 아니 나는 통곡했네, 히에라폴리스(성스러운 도시)에서 순교하신 사도 빌립의 무덤 앞에 엎으러져 참회하며 고백했네. 20대 후반경에 예수님의 부름을 받고 세상의 부귀영화를 분토같이 버리고 젊음은 헌신하여 한평생 주님을 본받고 주님의 말씀을 전파하다가 끝내는 목숨을 잃은 사도 빌립! 그분의 삶의 끝인 무덤 앞에 서고 보니 심히 부끄럽고 심히 죄송하여 어쩔줄을 몰라 왈칵, 울음이 터져나올 수밖에 없었네.

나 역시 일평생 주님을 따르겠다고 철없던 10대적부터 나서기는 했다만 그후 반세기동안 나는 진정 주님을 제대로 따랐던가? 주님을 빙자하여 호강과 명예만 누렸지 주님 위해 내 한 일은 무엇인가? 주님만 날 위해 고생하셨지. 난 주님 위해 이렇다 할 일이 없으니 어찌 통회하지 않을 수가 있단 말인가? 더구나 이제 와서(젊음을 다 보내고 늙음에 직면하여 온전치 못한 몸이 되어) 주님 위해 어떻게 해보려는 나 자신이 딱하다 못해 한스러워 눈물만 솟았네.

하지만 나는 사도 빌립의 무덤을 뒤로 하고 내려오며 기도하는 마음으로 다짐했네. 나 비록 많은 나이가 들어 늦은 듯 하나 얼마일지 모를 여생만은 주님을 온전히 따르기를! "사도 빌립이여, 예수님과 함께 날 위해 아버지께 빌으소서. 나도 당신처럼 주님 가신 길을 마지막까지 따를 수 있도록" 나는 계속 흐느끼며 사도 빌립의 무덤을 떠나왔네. 은혜 충만을 느끼면서….

"빌립이 이르되 주여 아버지를 우리에게 보여 주옵소서. 그리하면 족하겠나이다. 예수께서 이르시되 빌립아, 내가 이렇게 오래 너희와 함께 있으되 네가 나를 알지 못하느냐? 나를 본 자는 아버지를 보았거늘 어찌하여 아버지를 보이라 하느냐"(요 14:8-9) 그리하여 예수님을 본 빌립은 하나님을 본 바 되었고 그후로 빌립을 본 자들은 예수님을 본 바 되었던 것 같이 오늘날 나(그리스도인)를 본 자들도 예수님을 본 바 되게 살아야 할 것이네. 이것이 과연, 그리스도인의 본분이 아니겠는가?! 주님 사랑합니다.

난 주님의 종입니다

난 주님의 종입니다. 이렇게 천명을 합니다만 면구로움을 부인할 수가 없습니다. 과연 난 주님의 종으로서 "주님의 종 다웠느냐?"의 물음에는 떳떳하지 못하기 때문입니다. 그럼에도 불구하고 감히 천명컨대 나 자신은 이제까지 주의 종이었고 앞으로도 주의 종일 것입니다.

부모의 자식으로서 동기간의 형제로서 남편으로서 아비로서 또는 친구와 동료로서 그리고 한 나라의 국민으로서는 비록 살지 못하더라도 주의 종으로서는 살 것입니다. 그렇게 사노라면 모든 입장에서도 나다웁게 사는 바가 되겠지요.

주님의 종! 주님의 종으로서 나는 첫째는 늘 깨어서 기도하겠습니다. 둘째는 주님의 교회를 사랑하고 섬기겠습니다. 셋째는 내 안에 계신 주님의 거룩하심을 뭇 사람들에게 나타내어 보이겠습니다. 이는 나의 사명인즉 이 사명의 완성을 위하여 나는 여생을 살다 죽겠습니다.

내게 있는 모든 것을

지금 내게 있는 것은 무엇일까 재능과 재산? 명예와 세력? 솔직히 이렇다 할 것이 내겐 하나도 없구나. 여태껏 나는 무엇을 했기에 이것들 중 하나라도 얻지 못했단 말인가? 인생 70년을 그저 목숨 하나 겨우 부지하며 살았구나 이조차도 어디 내 힘이었던가? 오직 하늘의 은덕이었다. 이제 나 자신을 뒤져보니 내게 있는 것이라곤 늙고 쇠약해진 육신과 이를 붙들고 있는 목숨 뿐이다. 아아, 이 마당에 내가 사랑하는 주군께 드려볼 것이 없구나. 지금 내게 있는 모든 것은 가난한 목숨 하나! 하지만 이뿐이라도 주군께 드려볼 수밖에 없도다.

받아주소서, 받아주소서. 이 늙어가는 육신의 목숨을 새삼 드리오니 받아 주소서. 이제, 아니 처음부터 내게 있는 모든 것은 목숨 하나 뿐이었으니 이럴 수밖에 없습니다. 나의 주군이시고 나의 사랑하는 예수님, 이 느지막한 여생 가운데서 혹시라도 작든 크든 재물이나 명예, 그 밖의 또 무엇이 내게 주어진다면 그 역시 주군께 드리겠습니다. 내가 이제 무엇을 위해서 일까? 오직 주님만 위해 살겠습니다. 또한 주군께서 허락하시는 나를 사랑하고 내가 사랑하는 이들과도 함께 주님만 위해 살겠습니다. 받아 주옵소서.

나는 주님의 생명을 사네

나 이제 나를 위해 살지 않고 주님 위해 삽니다. 난 이제 나를 살지 않고 주님을 살아 갑니다.

왜냐하면 주님은 나의 죽음을 대신 죽으시고 당신의 삶을 내게 주셨으니 나는 주님을 살아야 합니다.

주님 나의 죽음을 대신 죽으셨으니 나는 주님의 생명을 삶이 마땅합니다. 절망의 땅에서 소망의 삶을.

살든 죽든 주님 위해

나는 살아도 예수 위해 살고 죽어도 예수 위해 죽어야 한다. 어찌하여 그렇게 살고 그렇게 죽어야 하는건가? 예를들어 사도 바울은 일찍이 예수님의 극적인 소명을 받고 예수와 주종관계의 인연을 맺었기에 그의 생사가 예수만을 위한 것이 되었지만 난 그렇다할 증험이 없다. 교회생활을 하면서 경전과 교리를 통해 배운 것을 신념으로 여겨왔을 뿐 내가 정말 예수의 것이라는 뚜렷한 실감을 갖고 있지는 못하다.

이제껏 나는 예수께 짝사랑과 같은 신앙을 하여온 것은 아닐까? 또한 그분께서 나를 당신의 것으로 삼으시지 않으셨건만 제맘대로 그렇다고 간주하여 지나온 것이 아니었는가? 내가 정녕 예수의 것이라고 확증되고 확지한다면 난 당연히 그분을 위해 살고 죽어야 마땅하다. 다시 묻는다. 난 정말 예수의 것인가? 즉 예수께서 나를 당신의 것으로 삼으셨는가? 이는 그분의 소관이니 내가 주관할 일이 아니다. 다만 나의 결정이 중요할 뿐.

그러므로 정녕 중요한 것은 내가 그분께 내 자신을 드렸는가? 이다. 그렇다, 나는 나를 주 예수님께 드렸다! 그러니까 나는 다른 누구의 것도, 심지어 나의 것도 아닌 주 예수님의 것이다. 그렇기에 나는 살아도 주를 위해 살고 죽어도 주를 위해 죽어야 당연하다. 이제 내가 주 예수님을 위해 살아야 하고 죽어야 함에 있어 더 이상의 고민은 말자. 다만, 그렇게 살고 죽으면 되는 것이다. 주여, 저는 그렇게 살고 죽어가기를 소원하나이다.

주님 위해 사는 것은

주님 위해 사는 것은 주님 뜻대로 사는 것이지만 과연 어떻게 사는 것이 주님 뜻대로 사는건지 아는가? 모르는가? 주님을 기쁘시게 주님을 영화롭게 하는 것이 주님 위해 사는 것이 아닌가? 이 또한 어떻게 해야 주님을 기쁘시게 하고 어떻게 하는 것이 주님을 영화롭게 하는 것이 될까? 주님 보시기에 좋은 모습을 하고 있으면 기쁘시게 하는 것이고 뭇사람들에게 칭송을 받는 자가 된다면 주님을 영화롭게 한 것이리라.

내 삶의 목적

세상적으로 목적하는 은과 금이 아니요. 명예와 권세도 아니다. 그리고 정신과 육신의 쾌락이나 장수도 아니다. 오직 예수님을 닮아 예수님과 같이 되는 것이 내 삶의 목적이다.

태어난 처음부터 이를 안 것은 아니다. 예수님을 주님으로 믿고 살기 시작한 지 한참 후에 깨달은 사실이다. 분명히 기억하기로는 내 나이 50에 이르러 지천명(知天命)하듯 알게 된 것이다.

무려 23년 전의 일이다. 그런데 난 아직도 그 목적을 온전히 이루지 못했다. 스스로가 후히 평한다면 절반(折半)은 이루었을까? 나는 여전히 목표에 도달하지 못했다. 바울처럼 아직도 달려가고 있는 중이다.

예수님의 숭고하신 거룩과 영광과 권능과 큰 자비는 고사(古事)하고 그분의 온유와 겸손만이라도 닮으려고 한다만 아직은 미달이다. 그래도 고지(高地)가 보이기 시작한다. 좀 더 노력하면 목표에 이를 수 있겠다.

내가 뭐 예수님처럼 위대한 일은 못 하겠지만 그분의 이웃들에 대한 사랑과 아버지께 대한 순종(順從)은 꼭 본받고자 한다. 사랑은 온유에서, 순종은 겸손에서. 그러므로 나는 예수님처럼 온유 겸손 하고 잔다!

내가 죽도록 충성해야 할 일

내 사랑하고 사모하며 존경하는 주 예수 그리스도의 종으로서 내가 온갖 정성 다하여 죽도록 충성해야 할 오직 한 일은 그 무엇인가?

내게 맡겨주신 당신의 사람들에게 때를 따라 양식을 나눠주는 일, 곧 생명과 진리의 양식인 하나님의 말씀을 풍성히 먹게 하는 일이다.

베드로 사도에게 내 양을 먹이라! 하신 예수님, 삼가 나도 그 명령을 받들어 당신의 양들인 성도들에게 영생의 양식을 나누어 드립니다. 이 크고도 놀라운 영광의 직무를 제가 감히 수행케 되다니! 진실로 두렵고 떨립니다. 주여, 실수 없이 잘 감당케 하옵소서.

주님의 뜻대로

내가 이리하리 저리하리 굳은 다짐을 했다만 이리하고 저리한 것이 무엇인가? 말만 번드르르하게 늘어놓았지 정작 그리된 것은 얼마런가? 물론 그리된 것이 없진 않으나 그게 어디 내가 이리하고 저리해서 된 것이던가? 모두 다 하나님께서 되게 하셔서 된 것들 뿐이었다.

이제는 이리하리 저리하리 하지 않겠다. 다만 하나님의 뜻대로 되어지리이다! 하겠다. 내가 무엇을 한다고 해서 제대로 된 것은 무엇인가? 아무것도 없다. 주여, 저를 도구로만 사용하여 주옵소서. 방안의 걸레든, 마당의 빗자루든, 부엌의 부지깽이든, 저는 아무것도 좋사옵나이다. 주여, 나를 주님의 도구로 써주소서.

나를 주님의 도구로 써주소서

　난 도무지 알 수 없었네. 내가 주님을 위해 있는 건지? 주님께서 날 위해 계신 건지? 내가 주님 위해 있는 것이 온당하건만 이제껏 주님께선 날 위해 계신 듯이 나를 지키시고 돌보아 주시었네.

　난 정말 알 수 없었네. 내가 주님의 일을 하는 건지? 주님께서 내 일을 하시는 건지? 혹 내가 주님의 일을 한다고는 하였지만, 결과는 주님의 일을 빙자하여 나의 일을 한 것이 되고 말았었네.

　열네 살 소년 시절부터 칠순을 넘게 살아온 지금껏 주님의 뜻을 따라 주님 위해 산다곤 하였지만, 과연 주님 위해 일한 것이 무엇인가? 한 것이 있다 하면 그 역시 주님께서 하게 하심의 결과가 아니었던가?

　이제는 똑바로 알고 분명히 행하길 원하네. 나는 주님을 위해 존재하는 자요, 주님의 일을 하기 위해 살아 있는 주님의 종이라는 사실을! 그리하여 정녕 이제부턴 주님만을 위해 일하며 살고 죽으려네.

　이마저도 주님의 도우심이 없다면 어찌할까? 아무리 좋은 도구라도 사람의 손에 쥐어 있지 않으면 아무것도 할 수 없는 것 같이 주님께서 날 주관 않으신다면 난 주님 위해 아무것도 할 수 없네.

내 인생의 목표

내겐 나름대로의 목표가 있다. 그 목표는 오직 예수님 닮는 것이다. 여기에서 예수님을 닮는다 함은 예수님과 비슷하게 되는 것을 일컬음이 아니라 예수님과 똑같이 되는 것을 일컬음이다. 예를 들면 아바타(신의 인간화)나 도플갱어(똑같은 분신)가 된다고 할까? 그러니까 내가 예수님을 닮겠다 함은 예수께서 내 안에 성령으로 좌정(坐定)하셔서 나를 사신다는 아바타적 의미와 내 자신이 성질과 성품이 예수님과 같은 도플갱어적 의미가 있다.

좌우간 나는 예수님을 닮는 것이 내 인생의 목표이다. 육체적으로 닮는다 함이 아니라 마음과 인격이 닮는다는 뜻이다. 과연 이 목표에 도달할는지? 목표를 정해 놓은지 무려 20여년이 지났다 하였지만, 여전히 멀었다. 그래도 나는 목표를 수정하지 않는다. 마침내 도달할 때까지. 언젠가는 사람들이 나를 보고 "예수님을 닮았구려. 예수님을 뵈온 것 같습니다"라 하는 덕담을 들을 때가 오리라는 생각을 하면 얼마나 설레는지! 주님의 성령이 내게 역사함으로써 이루어지이다.

선한 목표를 향하는 과정

목표를 정했거나 목표가 있다 해서 꼭 도달할 수 있는 것은 아니다. 정상을 향해 달려 가는 사람은 많으나 오르는 사람은 많지 않듯이 목표가 있다 해서 모두가 도달하는 것은 아니다. 여기에서 중요한 것은 그 목표를 향해 나아가는 과정인 것이다. 즉 과정이 의롭고 성실했다 하면 목표에 도달한 것 못지않게 보람된 것이다.

아니, 옳지 않은 방법으로 목표에 도달한 것 보다는 훨씬 훌륭하다. 나는 나름대로 선하고도 정의로운 목표가 있다. 그러나 아직 도달하지 못했다. 아마 도달하지 못한 채 생을 마칠지도 모르겠다. 그렇지만 나는 내가 정한 목표를 향하는 발길을 멈추지 않을 것이다. 나의 목표가 무엇이냐고? 주 예수 그리스도의 형상을 내 안에 이루는 것이다.

내 평생의 소원은

내 소원은 무엇인가? 한때의 소원이 아니라 내 평생의 소원은 무엇인가? 내 평생이라야 충분히 잡아 10년? 더하여 내 나이 90을 산다면야 앞으로 20년이다.

10년이든 20년이든 나는 무엇을 소원하는가? 어느 신실한 성도는 평생의 소원을 "주의 일 하다가 이 세상 이별하는 날 주 앞에 가리라"(찬 450,1)고 하였다.

그럼 나는? 내 마음과 내 인품이 예수님을 본받아 감히 예수님과 같이 되어 예수님처럼 하나님을 순종하다가 이 세상을 떠나서는 예수님과 함께 하는 것이다.

이야, 소원 한번 야무지다! 과연 그럴 수가 있을까? 물론 어렵다. 그러니까 소원이 아닌가! 그렇지만 하나님께서 나를 기뻐하신다면 정녕 이루어주실 줄 난 굳게 믿는다.

내가 예수님을 옷 입고 예수님의 마음을 품고 예수님의 말을 하고 예수님의 행실을 하면 예수님과 같을 것이다. 제자가 스승을 따르다 보면 스승을 꼭 닮는 것처럼.

나의 성공은

내가 예수님을 닮은 성인이 된다면 난 성공한 사람이고 내가 예수님을 닮은 성인의 삶을 살고 있다면 내 인생은 성공가도를 달리고 있는 것이다. 조금 닮았다면 조금 성공한 것이겠고 많이 닮았다면 많이 성공한 것이겠다.

그렇게 조금씩 조금씩 그리고 자꾸만 더 많이 닮고 닮아서 결국에는 예수님을 온전히 닮는 것이 나의 목표이고 내 인생의 목적이다. 이를 위해 한 치의 흐트러짐이 없이 하루 하루를 거룩함의 길로 줄기차게 나아가자!

나의 목표와 내 인생의 목적은 예수님을 본받아 예수님의 형상을 내 안에 이루고 예수님처럼 사람들을 사랑하며 살고 하나님을 순종하여 죽는 것!
(예수 그리스도 나의 주님이시여, 이 죄인을 불쌍히 여겨 주소서) 아멘.

예수님을 닮으려면

내 영혼아, 네가 정녕 예수님을 닮은 성인이 되려거든 세 가지 욕심을 버리거라! 부하려는 욕심과 높아 지려는 욕심과 큰 공을 세우려는 욕심을. 부하려는 욕심은 돈에 대한 애착이요 높아지려는 욕심은 권위에 대한 애착이며 큰 공을 세우려는 욕심은 명예에 대한 애착이다. 돈에 대한 애착은 매사에 이해관계를 따지게 하고 권위에 대한 애착은 시기와 다툼을 일으키며 명예에 대한 애착은 삿된 허영심으로 칭찬과 비난에 민감한 반응을 하게 한다.

이해관계를 따진다면 이기주의자이고 시기와 다툼을 일으킨다면 옹졸한 자이며 칭찬과 비난에 민감하다면 인격이 모자란 자이다. 예수님 께서 이기주의자 였던가? 옹졸한 자 였던가? 인격이 모자란 자 였던가? 아니다! 전혀 그 반대의 사람이셨다. 이타주의자셨고 바다같이 관대하셨고 완전한 인격자 이셨다. 내 영혼아, 너는 이타주의자여라, 관대 하여라, 꾸준한 경건훈련으로 인격을 가꾸거라, 그리하면 너의 소원하던 대로 예수님을 닮은 성인이 되리라.

주의 형상을 닮아

겸손은 존귀의 앞잡이(잠 18:12)라 하였으나 사실은 존귀 자체이다. 겸손보다 더 값진 것이 내겐 무엇일까? 나는 더러 사람들에게 겸손하다는 말을 듣곤 했는데 내가 보기에도 제법 겸손하려고 삼가는 편이 아닌가? 고 스스로 후한 점수를 메겨 본다. 최소한 교만하진 않으려 했다는 것이다. 그런데 "뭐, 교만해야 할 게 있어야 교만하지!" 나는 잘난 게 아무것도 없다. 돈이 많은가? 지위가 높은가? 학문이 깊은가? 공적을 쌓았는가? 남다른 재능이 있어 널리 이름이 알려졌는가? 아니면 용모라도 준수하게 생겼는가? 쌓은 덕도 없고. 생각해보니 교만할 건덕지가 없는 것이 참 다행이다. 만일, 이런 것들 중에 하나라도 내게 있었더라면 나름 잘난 체를 하고 거만을 떨을텐데 말이다.

차라리 가난이 감사하고 낮은 신분도 감사하고 학문이 얕은 것과 공적이 없는 것도 감사하며 뛰어난 재능과 높은 덕이 없는 것과 미남이 아닌 것도 감사하다. 겸손의 빌미가 되고 있는 까닭이다. 하지만 이로 인한 겸손은 참된 겸손이 아닌 듯 하다. 자기비하의 발로인 것 같아서이다. 못났기에 겸손한 것이 아니라 잘났어도 겸손한 것이 참된 겸손이라 생각된다. 예수님의 겸손이 바로 그러했다. 지극히 높으시면서도 낮아지셨잖은가? 전능의 하나님이시면서도 연약한 사람이 되셨고 가장 부요하시면서도 매우 가난해지셨으며 섬김을 받으셔야 마땅하심에도 도리어 섬기셨다. 이것이 진짜 겸손 아닌가? 부족해서 겸손한 것이 아니라 완전해도 겸손한 것, 이런 겸손이어야 과연 예수님의 형상을 이루는 겸손이리라.

예수님을 닮아 살려

나는 그리스도인이다. 그리스도인으로서 내 인생의 목표는 그리스도이신 예수님을 닮아서 그분처럼 사는 것이다. 첫째로 예수님을 닮는다 함은 나의 마음이 예수님처럼 온유하고 겸손하게 되는 것이고 둘째로 예수님처럼 산다 함은 그분과 같이 섬김과 베품의 삶을 사는 것이다. 이는 나의 인격이 예수님을 닮아야 하듯 나의 행실이 예수님과 같아야 한다는 말이다. 그런즉, 나는 나의 모습에서 예수님을 닮았는가? 나는 나의 행실에서 예수님과 같았는가? 확신이 없고 자신이 없다 이마저도 다만 예수님의 도우심을 바랄 뿐이다.

완전한 사람

완전한 하나님이시고 완전한 사람이신 나의 주 예수님, 나도 주님을 닮아 완전한 사람이 되고자 합니다. 나를 만지시사 나도 주님과 같이 완전하게 만들어 주옵소서. 나는 신학교에서 사람은 원죄로 인해 완전할 수가 없는 존재라고 배웠습니다. 그리고 나는 그 사실을 인정하여 왔습니다. 그런데 주님께서는 "완전하라"(마 5:48)고 가르치셨습니다. 사람이 불완전한 것은 사실이지만 그럼에도 정녕 완전할 수 있기에 주님은 "완전하라" 하신 네 가지 성품! 겸손하고, 진실하고, 인자하고, 성실하다면 그야말로 완전한 사람인 거죠. 완전한 하나님이 완전한 사람 되신 나의 주 예수님, 나도 주님을 닮아 완전한 사람 되어 마침내 완전한 하나님의 형상을 이루도록 나를 빚으소서. 내가 진실로 완전하길 원하나이다.

예수 그리스도로 옷입자

"자복요지복(子服堯之服)하며 송요지언(誦堯之言)하며 행요지행(行堯之行)하면 시요이이의(是堯而已矣)요"

어느 날 유교의 경전 중 하나인 맹자를 읽다가 〈고자장구하편〉에서 윗글을 발견하고 반가움으로 깜짝 놀랐습니다. "자복요지복하며 송요지언하며 행요지행하면 시요이이의요"라는 소리로서 번역하면 "그대가 요임금의 옷을 입고 요임금의 말을 외우고 요임금의 행동을 하면 요임금이 되는 것이다"의 뜻입니다. 요임금은 중국 고대의 태평천하를 이룬 성군(聖君)으로서 성인(聖人)으로 존경받는 의인입니다. 이같은 맹자의 말을 읽고 저는 사도바울의 말씀이 떠올랐습니다. "누구든지 그리스도와 합하기 위하여 세례를 받은 자는 그리스도로 옷 입었느니라"(갈 3:27) 그렇습니다. 사람이 요임금의 옷을 입으면 요임금이 된다고 맹자가 말했듯이 그리스도인은 그리스도로 옷 입으면 그리스도가 되는 것입니다. 더 나아가 그리스도의 말을 하고 그리스도의 행실을 한다면 그는 완전하게 그리스도가 되는 것입니다.

아멘! 예수 그리스도를 믿고 따르는 신앙의 원리가 여기에 있습니다. 예수 그리스도와 같은 그리스도가 되는 것! 이것이 바로 그리스도인의 목적으로서 곧 작은 예수됨입니다. 그리하여 요(堯) 임금을 야(耶, 예수)님으로 읽으면 다음과 같습니다. "자복야지복하며 송야지언하며 행야지행하면 시야이이의요"(그대가 예수님의 옷을 입고 예수님의 말을 외우며 예수님의 행실을 안다면 예수님이 되는 것이다). 참 은혜롭고 오묘한 말씀입니다! 우리 그리스도인은 누구든지 반드시 작은 예수로서 그렇게 사는 것이 당연하고 마땅합니다.

그리스도로 옷 입은 자

군복을 입으면 군인이고 교복을 입으면 학생이며 양복을 입으면 신사이듯이 그리스도로 옷 입은 사람(롬 13:14)은 그리스도인입니다. 그리스도로 옷 입었다 함은 그 인격이 그리스도를 본받아서 닮았음을 의미합니다. 옛사람을 벗어버리고 새 사람을 입으라(엡 4:22-24)는 말씀과 같이 예수님과 다름 없는 사람이 되는 것입니다.

이른바 그리스도인이라고 하지만 이 진리를 깨닫고 과연 이 진리대로 예수 그리스도와 꼭 닮은 자들이 한국교회에는 얼마나 될까요? 언뜻 보아서는 한 사람도 쉽게 찾아보기가 어려울 것 같습니다. 왜냐하면 우선은 늙기까지 목사의 직분을 가지고 살아온 나 자신부터 그리스도를 꼭 닮지 못한 까닭입니다. 아아, 나는 언제나 그리스도를 닮은 자가 될 수 있을는지….

그러므로 나의 간절한 소원은 언감생심이오나 그리스도로 옷 입은 자답게 그리스도의 형상을 본받아 닮는 것입니다. 주 예수님의 빛나는 그 형상을 보고 제자들이 거룩한 황홀감을 느꼈듯이 날 보는 사람들이 예수님을 보는 듯 하다면야 무엇을 더 원하겠습니까? 하지만 나는 간절한 소원과는 달리 종종 한 눈을 팔아온 까닭에 소원을 이루지 못했습니다. 이젠 죽도록 매진하겠습니다.

주 예수 그리스도로 옷 입고

지금은 어느 때인가? 자다가 깰 때, 곧 정신을 차리고 오직 주 예수 그리스도로 옷입고 단정히 행해야 할 때이다. 그리스도로 옷 입고? 그리스도로 옷 입으면 그리스도와 같이 곧 그리스도가 된다. 이는 그리스도를 닮아 그리스도처럼 사는 것을 일컬음이다. 또한 그리스도라는 옷은 빛의 옷이다. 이 빛은 정결하고 거룩한 빛이다. 그리스도로 옷 입은 사람은 빛을 발한다.

주님의 형상이 내 안에

내 안에 구주 예수 그리스도의 형상은 어느 때에나 이루어질까? 이 썩을 육신을 벗어 내 영혼이 주님의 나라에 들어갈 때? 아니면 주님이 만왕의 왕으로 이 세상에 재림하실 때? 많은 기독신앙인들이 그렇게들 믿고 주장들도 하지만 나는 그들과는 다르게 믿고 안다.

확언컨대 나는 내가 지금 세상을 살고 있는 동안에 주님의 형상이 내 인격으로 이루어짐을 믿는다. 즉 예수님을 믿음으로 받은 구원의 완성으로서 성화(聖化)는 죽어 저 세상에서 이루어짐만이 아니라 살아 이 세상에서도 이루어진다는 확신의 고백이다.

나는 믿는다. 내가 살아 이 세상을 사는 동안 내게는 예수님의 형상이 이루어져 예수님을 온전히 닮을 줄 믿는다. 그 실예의 사람이 바로 사도 바울이요 St.프란시스코이다. 그러나 나는 아직이다. 그때가 내겐 언제일지, 급진적일까? 점진적일까? 아마도 점진적인 것 같다.

그러나 그 정점에 이른 순간에는 급진적일 때처럼 놀라움이 극할 것이다. 그때에는 그야말로 주 예수님의 거룩하심을 나도 입어 내 영혼의 간절했던 소원이 마침내 성취되는 때가 되리라 과연 그 날은 언제일까? 그리 머잖을 것 같다는 예감에 마음이 설레인다.

주의 형상이 이루어지는 날

그날은 언제일까? 그날이 오면 내 삶의 목적은 모두 이루어지리. 얼마나 사모하고 소원했던가? 고제 죽더라도 여한이 없으리라.

주의 형상이 나에게 이루어지면 더 살아 있을 이유가 있을까? 이 세상에 더는 살아 있을 이유가 없을 것 같다.

나는 주의 형상을 내 안에 이루기 위해 세상을 살아왔기 때문이다. 마침내 저 영광의 나라에 들어가 나는 빛으로 영존케 될 것이다.

자아 완성

사람은 욕망하는 존재이다. 나는 사람이다. 그러므로 욕망한다. 욕망이란? 고상한 말로는 소망이다. 이 욕망은 여러 가지가 있는데 그중에서 최상의 욕망은 자아완성(自我完成)이란 것이라고 한다.

이같은 자아 완성을 기독 신앙은 예수 그리스도의 형상을 본받음 (Imitate)이라고 가르치고 있다. 즉 예수님을 닮아 예수님 같은 사람이 되어 예수님처럼 사는 것이야말로 자아 완성! 이라는 말씀이다.

자아 완성이란? 인생의 목적이다. 이런 자아 완성은 저절로 되는 것이 아니다. 반드시 과정을 거쳐야만 한다. 그 과정이 바로 고난(苦難)이다. 고난은 사람으로 하여금 사람다운 사람이 되게 하는 담금질과 같다.

쇠붙이는 담금질을 통하여 온전한 강철이 된다. 사람 역시 고난이라는 담금질을 통하여 온전하게 된다. 그러므로 고난은 유익한 것이다. 그러나 고난당할 때에 절망한다면 그냥 피해만 입고 말 것이다.

나의 가야할 길

인생 칠십년의 길 많이도 걸어 왔습니다 이제 내가 가야할 길은 이보다 훨씬 짧을 것이 분명합니다 어느 길을 어떻게 가야할가요? 난 물론 나의 주 예수께서 가신 길을 가야합니다

주님은 첫째로 기도의 길을 가셨으니 나도 기도의 길을 가겠습니다 제자들 모두가 잠들어 있었어도 홀로 깨어 일어나 가신 길 나도 잠들지 않고 그길을 숨질 때까지 따라 가겠습니다

주님은 둘째로 순종의 길을 가셨으니 나도 순종의 길을 가겠습니다 자기의 뜻과 욕망을 이루기위해 사신 것이 아니라 아버지의 뜻을 이루기위해 죽기까지 순종하신 것처럼 나도 그렇게 그길을 가겠습니다

주님은 셋째로 사랑의 길을 가셨으니 나도 사랑의 길을 가겠습니다 동무들과 함께 소풍가는 아이처럼 즐거이 가신 길 사랑함으로써의 행복한 그길을 여생동안 나도 변찮고 가겠습니다

때때로 동행하는 이들이 없어 혼자서 걸을 때가 많아 쓸쓸겠지만 주님 나를 지키시고 이끄심을 믿기에 외로워하진 않겠습니다 다만 여생을 마치는 그날이 천국문에 이르는 날이기를 바랄뿐입니다.

제14장

영성에 대하여

거룩한 옹달샘

산골짜기의 옹달샘처럼 내 영혼이 맑고 깨끗했으면, 산새들과 토끼들과 노루들이 마른 목을 축이어 생기를 돋우듯이 갈급한 영혼들이 내게로 와서 생수를 마시게 된다면 얼마나 좋을까? 예수께서는 나를 믿는 자는 그 배에서 생수가 흘러 넘치리라 말씀하셨지(요 7:37) 이는 예수님을 믿음으로 말미암아 성령을 받은 사람은 오아시스의 샘이 된다는 사실을 선포하신 것이리라. 오, 성령충만! 내가 소원하여 받아야 할 가장 귀한 은사! 누구든지 성령이 충만하면 예수님처럼 목마른 자들에게 생수를 마시게 할 수 있다. 성령충만이란? 하나님의 사랑이 온 맘에 감전된 상태, 하나님의 권능이 온 몸에 충전된 상태이다. 딴 말로 하면 하나님께 꼼짝없이 사로잡힌 상태이다. 성령충만은 오직 그리스도인이 당연하는 모든 문제의 열쇠요 해답이다. 하나님, 제가 예수님처럼 성령으로 포박되어 이끌리게 하옵소서(마 4:1). 소원하고 소원하옵니다. 그리하면 제가 목마른 영혼들을 구휼할 수 있으리이다.

하늘을 닮고 산을 닮고

하늘은 그 누가 뭐라 해도 언제나 파아랗고 깨끗하다. 먹장구름이 두껍게 땅을 가리우고 비바람 눈보라 내리쳐도 그 너머 위에서 여상하다.

거대한 산은 세상이 아무리 요란하여 요동을 쳐도 언제나 그대로이다. 어느 누가 자기를 밟고 올라서서 큰소리로 쳐도 묵묵하다.

이 세상에 어떤 사람이 저 높은 하늘과 같고 저 장대한 산과 같으랴! 속된 인생들아, 하늘을 보면 하늘을 닮고 산을 보면 산을 닮자꾸나!

하늘을 닮으면 늘 맑고 희망차며 산을 닮으면 항상 강하고 담대하다. 정말이지 하찮은 시비에 연연하지 않고 사소한 감정에 좌우되지 않는다.

한 많은 세상을 떠날 때 하늘 닮은 사람은 하늘로 가서 하늘이 되고 산을 닮은 사람은 산으로 가서 산이 되어 후세를 축복할 것이다.

현자와 같이

　대개의 사람들은 자기의 좋은 일로 기뻐하고 자기의 나쁜 일로 슬퍼하지만 현자(어진 이)는 남들의 좋은 일로 기뻐하고 남들의 나쁜 일로 슬퍼한다. 내 좋은 일은 남들에게 미안해 하고 남 좋은 일은 기탄없이 좋아하는 현자의 자애로움, 백성을 위하는 성군의 마음이요 자식을 위하는 어버이의 성품이다.

　내 좋은 일이건, 내 나쁜 일이건, 아무 상관없이 남 좋은 일로 기뻐하고 남 나쁜 일로 염려하는 하늘같은 마음 가지고 살 수는 없는 걸까, 그렇다면 사람들은 바보라고 비웃겠지. 그래도 난 괜찮아. 너무 똑똑해서 탈인 때가 많은 걸. 이 지긋지긋한 자아의 집착으로부터 해방되어 자유한다면!

　나는 나로부터 벗어나고 싶다. 나는 나에게 유익하기보다는 유해할 때가 더 많았다. 걸림돌과 원수가 된 적이 몇 번 이었던가? 기가 막힌 노릇이었다. 나는 그래서 더 이상은 나를 사랑하지 않기로 했다. 물론, 미워하지도 않겠다마는. 그 대신 남들을 사랑하기로 했다. 현자(어진 이)와 같이.

주여, 바다처럼

주여, 내 마음을 넓혀 주옵소서. 내게 상처와 손해를 입힌 자들, 야비하거나 어리석은 자들, 자기만 알고 교만한 자들, 저 원수들을 이해하고 용서하고 포용하려 아무리 애를 써도 더 이상은 마음이 좁아 용납하기가 힘듭니다.

바다는 사방에서 온갖 오물이 흘러 들어와도 넓은 품안에 그대로 받아들인 나머지 3%로의 염분으로 정화하여 생물이 되게 한답니다. 주님께서 그리할 수 있도록 만드신거죠? 저도 그리할 수 있도록 마음을 새롭게 하여 주세요.

사막의 선인장처럼

시대가 요란하다만 아무런 실속이 없어서 적막하다. 세상은 광활한 사막과 같고 사람이란 저마다가 한 그루의 선인장과 같은데.

선인장아! 온몸에 잎새 대신 가시가 돋쳐 있어 지나가는 낙타와 새들도 가까이 하지 않아 너의 싸한 모습은 처량하기 짝이 없다.

한밤중 캄캄한 하늘에는 무수한 별들만 반짝이고 한낮에는 더위로 숨막힐듯한 모래 바다에서 온종일 홀로 서 있구나!

그렇게 살아가는 선인장에게 아주 어쩌다 비가 내리면 빗물을 생명수 삼아 전신에 오래 오래 간직하여서 주검의 사막에서 생존한다.

아아, 거칠고 메마른 사막에서도 꽃을 피워 향기를 날리누나. 천리 밖의 벌새가 그 향기에 이끌려 사랑 찾아 날아든다.

세상이 아무리 무덤같이 적막한 사막일지라도 맘속에 간직한 영생의 샘물로서 꽃피워 향기를 날리면 사랑이 찾아와 행복하리.

새하얀 빨래처럼

더럽고 냄새나서 지저분한 옷을 비누질로 말끔히 빨았다. 맑은 물로 헹구고 햇볕에 말렸더니

아아, 얼마나 깨끗한지! 빨래 냄새가 향긋할 정도이다. 흠과 티와 얼룩은 물론 하나도 없어 세마포 같다.

문득 나의 사람됨이 저토록 깨끗한 빨래와 같았으면 좋겠다는 소망이 간절하게 솟구친다.

온갖 더러운 때가 묻어 냄새나고 더러워진 나의 인성을 깨끗이 빨아 새사람으로 빛나길 소원케 된다.

욕심의 때, 교만의 때, 번뇌의 때로 더럽혀진 인간됨이 방금 맑은 물에 헹궈낸 하얀 빨래처럼 되옵기를….

예수님이 내게 보태지셨는가?

내가 예수님께 보태졌는가?

예수님께 내가 보태졌다면 예수님은 밑지신 거고 예수님이 내게 보태지겠다면 나는 수지를 맞은 거다.

어떻게 된 것일까?

결국, 예수님은 손해 보시고 나는 수지 맞았다.

아이구, 송구해서 이를 어쩌나? 언제까지 내가 예수님께 손해만 끼칠손가! 이제는 나도 예수님께 이익을 끼쳐 나로 인해 수지맞게 해드릴 때가 벌써 됐지 않았나?

하늘 아버지시여,

제가 더 이상은 예수님께 손해가 되지 않고 이익이 되길 원하나이다. 그리하여 예수님처럼 어느 누구에게나 조금치라도 손해를 끼치잖고 이익을 끼치는 삶을 살도록 성령으로 강권하옵소서. 아멘!

* 주익인간; 주님께 유익한 인간을 뜻함.

아, 존경하는 사도바울님

주 하나님의 부르심받은 종으로서 푯대를 향하여 줄기차게 달려갔던 사도 바울(빌 3:14)! 그는 과연 그 목표에 도달하셨겠지.

오직 한길 그리스도 예수께로만 한치도 좌우로 치우침이 없이 달려간 모범적 그리스도인! 참으로 위대하다.

오늘날 그와같이 그리스도를 따른다고 하는 나, 어림천만이어서 애통하는 마음 뿐이다. 어찌하면 사도 바울의 반만이라도 될까?

사도바울은 그리스도를 따름에 수많은 어려움과 괴로움을 겪으면서도 항상 기뻐하며 사셨는데 나는 그 기쁨을 맛보지 못하고 있다.

이래가지고서야! 나는 정녕 그리스도의 추종자인가? 내 푯대는 흔들리지 않는가? 사도바울이 부러워 본받고 싶다. 주여, 나를 부르소서!

아, 하나님의 엘리야

바알의 선지자 450인과 혈혈단신으로 맞서 통쾌한 승리를 하게 하신 엘리야의 하나님! 오늘날도 변함이 없으시건만 하나님의 엘리야는 어디 있나이까?

작금의 선지자들 대부분이 재물과 권력의 바알 앞에 무릎꿇고 이세벨의 음행과 향락에 빠져 붉은 마귀의 옹호자와 하수인으로 전향하고 타락하였나이다.

바알에게 무릎 꿇지 않은 자가 어디 있으며 이세벨과 행음하지 않은 자는 어디 있나이까? 주여, 저로 하여금 이 시대에 하나님의 엘리야가 되게 하소서.

여호와의 열심히 특심하여 기도로써 하늘 문을 열고 닫고 하늘에서 능력의 불을 내려 백성의 타락한 마음을 여호와께 돌린 것처럼 저를 엘리야같이 되게 하소서.

무엇을 바라리이까

옛날 성자 에녹과 같이 하나님과 동행하면 얼마나 좋을까! 오, 주님, 이 풍진 세상을 살면서 하나님과 동행하는 것 외에 제가 무엇을 바라리이까? 제 영혼의 간절함을 통촉하옵소서.

예루살렘의 시므온처럼

예루살렘 시므온은 의롭고 경건하며 민족의 위로를 기다리는 사람이었다. 그의 위에 성령이 계시었고 성령의 지시를 받았으며 성령의 감동을 따라 살았다. 이 얼마나 완전한 사람이며 완벽한 삶을 살았는가! 제발 나도 그렇기를 소원한다.

하나님의 사람이여

저의 소견으로는 일개 인간으로서 불리울 수 있는 가장 존귀한 이름은 하나님의 사람! 이라 여겨집니다.

저는 성인이니 군자이니 현자라는 이름보다는 주 하나님의 사람이라 불려지길 감히 소원합니다.

제게 있어 이같이 불려지는 것은 너무나 마땅한 일입니다. 왜냐하면 저는 예수님의 종이기 때문입니다.

아아, 뭇사람들이 저의 품성과 삶을 보고 하나님의 사람이라 칭한다면 그 얼마나 좋은 일이겠습니까?

저 자신의 자랑 됨을 위해서가 아닌 저로 인한 하나님의 영광이 빛나기 위해서 말입니다.

주여, 저로 하여금 모세, 사무엘, 엘리야, 디모데, 님들같이 온전한 하나님의 사람으로 만드소서.

이것은 저의 소원이요 이것은 저의 영광이니 숨질 때 되도록 하나님의 사람으로 살게 하옵소서.

* 하나님의 사람은 1) 온갖 욕심에 빠지지 않고, 2) 믿음의 선한 싸움을 싸우며, 3) 흠과 티가 없이 정결하다. (딤전 6:7-14 참조)

구름은 저 산너머로

목마른 대지에 단비를 흠뻑 내려주고 깊은 골짜기에서 일어서는 안개같은 구름이 큰 산을 넘고 있다. 어디로 가는 걸까? 저 산너머로 높이 날아가 파아란 하늘과 하나 되어 사라지누나

무슨 뜻의 계시일까? 오오, 목마른 영혼들에게 영원히 목마르지 않는 생수를 가득 마시우는 사명을 다한 후 비쏟은 구름처럼 가벼이 하늘나라로 돌아가는 나의 운명을 보여줌이구나.

새벽달

둥그렇고 노오란 달이 새벽까지 어둔 세상을 밝혀 주고 있다. 어제 저녁에는 주목하는 눈길들이 더러 있더니만 밤늦어지면서는 모두들 외면한 채 침소에 들고 말았다.

온밤 누구를 위해 빛을 비추었는가? 더구나 새벽달은 모두가 잠자느라 아무도 보아주는 이가 없다. 그래도 아랑곳 않고 어둔 세상을 밝혀 주고 있는 책무성이 갸륵하다.

누가 보든 안 보든 새벽달은 저 혼자서 낮의 태양을 대신하고 있는 것이다. 어두운 밤중 빛이 되기로 하였으니 그만둘 수가 없다. 아아, 나도 저 새벽달처럼 늘 깨어 빛 된 수고를 다해야 한다.

나무의 가지

나무의 가지(branch)는 착하다. 의리가 돈독하여 그렇다. 꽃들은 피었다가 사라지고 열매는 열렸다가 떨어져 나간다.

그리고 잎새들은 찬 바람이 몰아쳐 오면 못 견디고 떠나가 버린다. 그러나 가지는 나무를 떠나지 않고 죽기까지 함께 한다.

예수님은 나의 나무이시고 나는 그의 가지이다. 나는 죽을 때까지 예수님께 붙어 있어야 하는 가지이다.

가지가 나무와 함께 살고 나무와 함께 죽는 것처럼 나는 예수님과 애우(愛友)의 의리를 죽도록 저버릴 수 없는 예수님의 제자이다.

나무의 사계

봄에는 꽃피어 향기 날리고 여름에는 잎새를 울창케 한다. 가을에는 풍성한 열매를 달콤하게 익혀내고 겨울에는 모든 것을 내려놓고 홀가분한 편안함에 침잠한다.

나무의 일 년은 나무의 일생, 그 삶이 성실하여 일체 허무하지 않다. 헌데 사람의 일생은 왜 이리 무상한가? 차라리 사람이 나무이면 어떨까? 나는 문득, 나무처럼 살면 좋겠다는 생각을 한다.

사과나무를 보면서

　무더운 여름날을 견디어내며 풋풋한 열매들을 알알이 자아내고 장마 속 비바람을 이겨내며 능금들을 솔찬히 키워내고 있구나.

　거듭된 태풍의 몰아침 속에서도 어떤 열매라도 낙과(落果)시키지 않으려 한 개씩 한 개씩 꼬옥 붙들은 채 바람에 맞서 싸운 사과나무여.

　장엄한 너의 모습에 찬사를 보내는 데 파아란히 해맑은 가을 하늘 아래에서 빠알간 빛깔로 반짝이는 사과들은 어찌 저리 탐스러운고.

　우리네 인생은 왜 이리 나약할까? 코로나바이러스에 자의롭던 일상을 빼앗긴 채 포로수용소에 갇힌 수인(囚人)의 신세가 되었구나.

　영혼과 생각이 없는 사과나무보다 의연하거나 꿋꿋하지 못한 인생, 자칭 영장(靈張)이라고 허풍을 떨었던가? 인간은 갈대! 라는 말이 옳다.

　오오, 본을 받고 싶구나! 온갖 역경과 불운을 이겨내고 마침내 인간에게 맛난 과일을 선물하는 고맙기 짝이 없는 사과나무여.

완전에로의 소명

　세상은 벌써부터 혼란했다. 우리나라 대한민국도 오랜 동안 혼란했다. 둘 다 정의와 평화의 방향으로 나아갈 줄 모른다. 거기다가 교회마저! 그리스도의 교회마저! 그리스도의 길을 버리고 세상 길로 달려가고 있다. 이같은 경황들은 날보고 하나님 앞에서 온전하라는 압박처럼 양심을 조여온다. 그렇다, 흠과 티가 없도록 하자. 그래야만 세상에 대하여 예언자가 될 수 있고 교회에 대하여 설교자가 될 수 있다. 나 자신이 누구에게든 책망할 것이 없어야(딤전 3:2) 세상에 대하여는 정의를, 교회에 대하여는 진리를 선포할 수 있다.

성도의 신앙을 본받아

오 주님, 주님을 직접 본받기 전에 먼저 성도를 본받기 원합니다. 오 직 주님의 종으로서 충성을 다하기 위해 세상의 안일과 출세와 명예와 향락을 초개같이 버리고 순교자가 되기까지 정절과 신의를 지킨 초대 교회 성도들!

심지어 모진 고난을 받으며 죽어 가면서도 원수들을 용서했으니. 그 분들이야말로 예수님을 닮으신 분들이십니다. 그러나 지금의 나는 그 분들의 발치도 못 따르고 있는 심히 나약하고 부끄러운 자입니다. 그럼 에도 예수님을 본받겠다니?

오 주님, 주님을 본받기 전에 먼저 성도를 본받기 원합니다. 그럴 수 있게 하여 주옵소서. 옥중에 갇혀 있었으나 기뻐하며 찬송을 불렀던 그 위대한 신앙을 본받게 하옵소서. 아아, 정말 죽도록 충성케 하옵소서. 그리하여 기쁨이 충만케 하옵소서!

예수께서 심으시다

사람의 마음은 밭(마 13:19)이라서 심겨진 요소에 따라 인격이 형성되고 활동한다. 마음에 심어지는 씨앗은 귀를 통해 눈을 통해 뿌려진다. 생각으로 거르는 경우도 있으나 무의식 중에 심겨지기도 한다. 마음속에 좋은 것이 심어져서 자라난다면 좋은 사람이 되는 것이고, 나쁜 것이 심어져서 자라난다면 나쁜 사람이 될 것이다. 태초 후에 사단은 선한 인류의 가슴속에 악을 심어 놓았다고 성경은 말씀했다. 그리하여 인간은 선한가 하면 악하고 악한가 하면 선하여 도덕적으로 혼성인간이 되고 말았다. 다행히 그리스도 예수께서 하늘로부터 세상에 보냄을 받으셔서 죄악으로 묵은 땅이 된 인간의 마음들을 십자가의 쟁기로 기경하신 나머지 다시 선한 씨앗을 뿌리시고 심으셨다. 그렇다면 그리스도 예수께서는 내 마음에 성령으로 무엇을 심으셨나? 세 가지, 곧 진리와 겸손과 사랑을 심으셨다.

첫째로, 예수님은 내 마음에 말씀의 진리를 심으셨다. 진리는 옳음이다. 바름과 틀림을 분별한다. 예수께서 내 안에 진리를 심으셨기에 그 진리가 내 안에서 성장하여 나는 참과 거짓을 가릴 줄을 안다. 진리는 나를 모든 거짓으로부터 자유케 한다. 특히 진리와 정통을 가장한 종교적 이설과 사설로부터 자유케 한다. 나는 이성적으로 진리의 사람으로 성장했다. 진리는 내 영혼을 기쁘게 하고 만족케 한다. 둘째로, 예수님은 내 마음에 겸손을 심으셨다. 나는 아무 것도 잘난게 없으련만 나름 잘난체를 하며 살았다. 하지만 잘난체는 결국 못난체일 뿐이었다. 겸손을 알기까지와 하기까지에는 오랜 시일과 많은 연단이 있었다면 주님께서 심어주신 겸손은 그동안 내 인격으로 자라났다. 셋째로, 예수님은 내 마음에 당신 사랑을 심으셨다. 이는 예수께서 나를 사랑하심만이 아니라 내가 또한 내 안에 있는 예수님의 사랑으로 남을 정성껏 사랑하는 사랑이다. 그렇다, 진리와 겸손과 사랑은 나를 정녕 나 되게 함이다.

되기 위해

나는 되어야 한다, 되어야 한다. 예수님을 닮은 성도가 왜? 나는 예수님처럼 하나님의 아들이니까.

나는 될 수 있다, 될 수 있다. 예수님을 닮은 성도가 어떻게? 육정과 욕심을 십자가에 못 박음으로써

나는 어찌하여 아직도 예수님을 온전히 닮지 못했나? 마음속에 사소하고 누추한 욕심이 자리잡고 있어서다.

이 잡듯 해야 한다. 옷깃 사이에 까놓은 서캐까지 자근자근 씹어 잔멸하듯 사욕들을 낱낱이 제거시켜야 한다.

욕심이 이끌려 다니지 말고 성령에 이끌려 다니자. 그리하면 예수님처럼 성스러이 살게 되리라.

내 평생 소원을 위하여

주님닮음이 내 일생의 목적인 줄을 깨달은 후에 주님닮음은 내 평생의 소원이 되었네

온유하심과 겸손하심, 자비하심과 정의로심, 진실하심과 성실하심 그리고 거룩하심.

이 일곱가지 예수님의 성품은 마치 아름답고 소망스런 무지개의 일곱 색깔 빛과 같네.

나는 나의 본성이 혼성임을 아네. 주님의 성성과 비슷한 것 같아도 정반대의 악성이 있네.

주님닮음의 완성은 거룩하심! 그러나 나는 정욕으로 불결하니 인정도 절제 해야겠네.

예수님과 같이

예수님과 같이 예수님과 같이 기도하며 살겠습니다. 예수님과 같이 예수님과 같이 순종하며 살겠습니다.

예수님과 같이 예수님과 같이 겸손하게 살겠습니다. 예수님과 같이 예수님과 같이 거룩하게 살겠습니다.

예수님과 같이 예수님과 같이 사랑하며 살겠습니다. 예수님과 같이 예수님과 같이 섬기면서 살겠습니다.

오, 예수님 나와 함께 하여 주세요. 나를 도와 주세요. 나 또한 예수님 처럼 세상을 매일 이기면서 살아가도록.

주의 형상 인치소서

내 안에 주님의 형상이 온전히 이루어지는 날은 언제일까? 하나님께서 주님 예수 안에서 죄인들을 성도로 부르심의 목적이 예수님의 형상을 본받게 하려 하심이건만(롬 8:29) 오늘날 사람들은 그 목적을 왜곡함이 이만 저만 아니다. 예수님을 수단삼아 부자되고 출세하고 무병장수하는 것을 목적으로 삼으니 어처구니가 없다. 나도 한 때는 잘 몰라서 그랬었지. 그런데 그게 아님을 어느날 성령이 알게 하였지. 하나님께서 나를 불러 구원하사 자녀 삼으셨음은 나로 하여금 맏아들 예수님을 닮아 그 동생이 되게 하심이었지. 즉 태초에 하나님의 형상대로 지음을 받았던 완전한 사람(perpect man)이 되게 하심이었던 거야. 그야말로 어디까지나 진정한 인간!인 거지. 이를 깨닫고 난지 어언 10년하고도 7-8여년, 난 과연 예수님을 제대로 닮은건가? 온유하고 겸손하심, 인자하고 거룩하심, 자기 위해 살지 않고 남을 위해 살아 가심을 어느 만큼이나 본을 받고 있나? 나는 오늘도 주님 앞에 나 자신을 통회의 눈물로써 진흙같이 뭉개뜨려 당신의 형상을 다시금 빚어 달라고 갈구한다. 들어 주심을 굳게 믿으며.

애가 타서 간구합니다

주님은 나의 소원을 분명 아실 것이지요. 이루어주실 마음도 갖고 계신가요? 삼가 주님을 본받아 주님과 같이 신령하게 되는 것인데 그렇게 하여 주실런지요? 나의 소원하는 것은 오직 주님과 같이 되어 주님의 삶을 나도 살고자는 것인데 언감생심인가요? 나름 속된 것은 소원하지 않사옵니다. 다만, 주의 것을 소원합니다.

이 소원 이루어주시사 제가 주님을 앙망함이 헛된 일이 아니게 하옵소서. 터가 무너지면 그 위의 모든 것이 풍비박산 나듯이 주님을 신뢰함이 만일 헛된 일에 불과하다면 저는 그만 끝도 보이지 않는 음부에 떨어지는 한없이 가여운 자가 되고 말 것입니다. 하오니 주님 이 죄인을 불쌍히 여기시고 간절한 소원을 들어주소서. (제발 울며 간구합니다)

예, 알겠습니다!

온 세상의 구주이신 나의 예수님, 당신께서 십자가에 못 박히사 모진 고통 속에 울부짖으시며 돌아가셨음을, 저는 복음(기쁜 소식)으로 받았습니다. 당신의 수난이 내게는 복된 소식이라니?!

이런 모순(irony)을 믿고 좋아해도 되는 것인지? 골똘히 생각하니 납득되지 않아서 예수님께 너무나 죄송합니다. 결국, 예수님께서는 나의 불행을 안으시고 당신의 행복은 제게 안기신 것입니까? 웬 은혜인가 몰라서 좋아만 할 수가 없나이다.

아, 알겠습니다! 저를 보시고도 당신같이 하라고요? 당신께서 제게 주신 바 행복을 남들의 가슴에 안겨주고 그들의 불행을 제 가슴에 안으라고요? 그리하여 당신의 영광에 영원히 함께 하자고요? 예, 알겠습니다! 예수님~

하지만, 하지만, 제가 어찌 그럴 수가 있나요? 저는 여늬 사람들과 다름없이 자신의 행복과 안일을 갈망하는 이기적 인간인걸요! 그렇지만 예수님, 저를 성령으로 도와 주세요. 그리하면 저는 능히, 예수님처럼 할 수 있으리이다. 아멘!

주님을 닮는 것은

나 주님을 닮기 원합니다. 아니 원할 뿐만이 아니라 정녕 닮아야 하겠습니다. 아아, 어찌하면 주님을 닮을 수가 있습니까?

누구든지 자기를 부인하고 자기 십자가를 지고서 주님을 따른다면 그것이 바로 주님을 닮는 바가 되겠지요!

나의 욕심 나의 자랑 티끌 같이 버리고 주님만 위하여 온갖 수고 다하며 고난을 감수하게 하옵소서. 주님!

주님을 닮기 원하여

예수님 저는 예수님을 꼭 닮고 싶어요. 그런데 여전히 못 닮고 있으니 너무 죄송합니다.

예수님을 닮고 싶어 한 적이 벌써 몇 해 인데 아직도 못 닮고 있다니! 일부러 안 닮은꼴 같습니다.

죽기 전 살아있을 적에 닮아야 하는데 죽고 나서 겨우 닮으려나요? 그럼 무슨 소용이 있겠나요.

온유하고 겸손하신 예수님, 인정 많고 자비하신 예수님, 정의롭고 담대하신 예수님 남섬 기고 희생하신 예수님,

오오, 진정 닮기 원합니다. 왜냐하면 내 안에 예수님의 형상이 이루어져야 하고 나는 예수님처럼 살아야 하니까요.

오직 그렇게 되는 것이 내 인생의 목표이고 오직 그렇게 사는 것이 내 인생의 목적이기 때문입니다.

예수께서 사신 삶을

　그 옛날에 예수님은 평생을 명예를 외면하시고 가난하게 사셨는데 오늘날 그분의 종이라는 자들 중에는 그분을 빙자하여 재벌이나 군주처럼 부유 부강하게 살며 명예를 쫓는 목사들이 적지 않다. 결코 자신들의 인간됨이 훌륭해서 그런 것도 아니련만 자기가 잘라서 그런 줄로 확신하고 거들먹 거리기까지 한다. 도무지 예수님께 죄송해 하거나 빈핍하고 무명한 동료에게 미안해 하지도 않는다.

　오히려 그들을 멸시한다. 이런 목사들은 무조건 가짜 목사이다. 아니 목사이긴 하겠다만 예수님의 종은 아니고 마귀의 종이다(마 4:8-9). 그는 마귀에게 절하여 세상의 부귀와 명예를 누리는 까닭이다. 아, 아, 한동안은 나도 그 길로 향했었다. 그 길을 걸었었다. 거짓 선지자였던 것이었다. 심히 죄송하여 회개한다.

　늦은 감이 없잖으나 나는 이제라도 가난을 친구인 양 사랑하련다(이제 와서 부유할 수는 물론 없는 노릇이겠고) 예수님처럼 가난하고 무명스레 살아갈 것이다. 왜냐하면 예수님께서 나를 당신의 종으로 삼으셨는지는 확신할 수는 없다만 일찍이 나 스스로가 예수님의 종으로 자초한 예수님의 종인 까닭이다. 사실 가난하게 산다 해도 난 굶진 않고 있다. 그럼, 나 역시 부자가 아닌가?!

돈 없이

주님은 공생에 동안에 돈을 벌지 않으셨지만 쓰지도 않으셨다. 이르자면 돈 없이 사신 것이었다. 어찌 그럴 수가? 하는 의구심을 가질 만하다만 하여튼 주님께서는 그렇게 사셨다. 돈에 구애(拘碍)를 받지 않고 사신 것이다. 그렇다면 나도 그처럼 살아야지 않겠는가? 나는 그분의 제자이니까.

닫는말

　저는 비교적 생각이 많은 것 같습니다 그렇다 보니 번뇌가 많아 산다는 게 편치 못할 때가 종종 있습니다 (전1:18). 내 자신에 관한 문제로 인한 번뇌도 그렇지만 요즘 같아선 특히 우리 나라와 우리한국교회에 대한 걱정으로 번뇌가 더욱 많아 심란합니다. 이는 노파심인즉 이제는 저도 조금은 늙어졌나 봅니다 그래서 그때 그때 떠오르는 생각들을 기록하고 잔뜩 모아 놓다보니 삼가 수상록이라 이름하는 책을 출판하게 되었습니다. 허나 수상록(隨想錄)이라 고는 하나 실상은 저의 수준낮은 인생관과 세계관, 그리고 인생관과 가치관을 피력한 것에 지나지 않는 잡문이라 해도 과언은 아닙니다.

　그럼에도 불과하고 이 불초한 자와 뜻을 같이하는 형제들과 자매들, 즉 제가 지금 정성을 다해 섬기고 있는 아가페 교회의 성도들과 작은 예수 선교회의 애정어린 성원으로 인하여 한 권의 책으로 엮어 출판하게 되었습니다 물심양면의 협력에 어찌 보답해야할지, 송구함을 금할 수가 없습니다.

　진실로 바라옵긴 이분들께, 그리고 이 책을 접하시게 될 분들께 조금이나마 유익함이 되셨으면 기쁨이고 큰 보람이겠습니다. 혹시 어느 누가 저에게 이 책을 누구에게 바치겠느냐? 고 물으신다면 그야 물론, 제가 사랑하고 사모하는 구주 예수께 바칠 뿐입니다! 라고 대답하겠습니다 읽어 주셔서 감사합니다.

주후2022 정월에 필자 정락유 올림

닫는 말

저는 비교적 생각이 많은 것 같습니다. 그렇다 보니 번뇌가 많아 산다는 게 편치 못할 때가 종종 있습니다(전1:18). 내 자신에 관한 문제로 인한 번뇌도 그렇지만 요즘 같아선 특히 우리 나라와 우리한국교회에 대한 걱정으로 번뇌가 더욱 많아 심란합니다.

이는 노파심인즉 이제는 저도 조금은 늙어졌나 봅니다. 그래서 그때 그때 떠오르는 생각들을 기록하고 잔뜩 모아 놓다보니 삼가 수상록이라 이름하는 책을 출판하게 되었습니다 허나 수상록(隨想錄)이라 고는 하나 실상은 저의 수준낮은 인생관과 세계관, 그리고 인생관과 가치관을 피력한 것에 지나지 않는 잡문이라 해도 과언은 아닙니다.

그럼에도 불과하고 이 불초한 자와 뜻을 같이하는 형제들과 자매들, 즉 제가 지금 정성을 다해 섬기고 있는 아가페 교회의 성도들과 작은 예수 선교회의 애정어린 성원으로 인하여 한 권의 책으로 엮어 출판하게 되었습니다. 물심양면의 협력에 어찌 보답해야할지, 송구함을 금할 수가 없습니다.

진실로 바라옵긴 이분들께, 그리고 이 책을 접하시게 될 분들께 조금이나마 유익함이 되셨으면 기쁨이고 큰 보람이겠습니다.
혹시 어느 누가 저에게 이 책을 누구에게 바치겠느냐고 물으신다면

그야 물론, 제가 사랑하고 사모하는 구주 예수께 바칠 뿐입니다! 라고
대답하겠습니다. 읽어 주셔서 감사합니다.

필자 정락유 올림